A PSICOLOGIA
DA ESTUPIDEZ

A PSICOLOGIA DA ESTUPIDEZ

SOB A SUPERVISÃO DE
JEAN-FRANÇOIS MARMION

COPYRIGHT © FARO EDITORIAL, 2021
COPYRIGHT © SCIENCES HUMAINES ÉDITIONS, 2018

Todos os direitos reservados.
Nenhuma parte deste livro pode ser reproduzida sob quaisquer meios existentes sem autorização por escrito do editor.

Avis Rara é um selo da Faro Editorial.

Diretor editorial **PEDRO ALMEIDA**
Coordenação editorial **CARLA SACRATO**
Preparação **TUCA FARIA**
Revisão **DANIEL RODRIGUES AURÉLIO E BARBARA PARENTE**
Capa e diagramação **OSMANE GARCIA FILHO**
Ilustração de capa **MARTIN BERGSMA | SHUTTERSTOCK**
Imagens internas **ARTUR BALYTSKYI, ILYNEA, EVERETT COLLECTION, TANSHY, BOYKO.PICTURES, MORPHART CREATION, ALEX74, NICKU, MRBENBA, ALEXANDER_P, MAMITA, OLEG GOLOVNEV | SHUTTERSTOCK**

Dados Internacionais de Catalogação na Publicação (CIP)
Angélica Ilacqua CRB-8/7057

Marmion, Jean-François
　　A psicologia da estupidez / Jean-François Marmion ; tradução de Leonardo Castilhone. — São Paulo : Faro Editorial, 2021.
　　320 p.

　　ISBN 978-65-86041-58-3
　　Título original: Psychologie de la connerie

　　1. Psicologia 2. Incapacidade intelectual I. Título II. Castilhone, Leonardo

20-4301　　　　　　　　　　　　　　　　CDD 153.9

Índice para catálogo sistemático:
1. Psicologia

1ª edição brasileira: 2021
Direitos de edição em língua portuguesa, para o Brasil, adquiridos por FARO EDITORIAL.

Avenida Andrômeda, 885 — Sala 310
Alphaville — Barueri — SP — Brasil
CEP: 06473-000
www.faroeditorial.com.br

Sumário

O estudo científico dos estúpidos **15**

A tipologia dos estúpidos **25**

A teoria dos cretinos **37**

Da burrice à tolice **47**

O ser humano engana-se redondamente **57**

Estupidez e vieses cognitivos **73**

O pensamento em duas velocidades **83**

Sobre a estupidez dentro do cérebro **95**

A estupidez com conhecimento de causa **105**

Por que pessoas muito inteligentes às vezes acreditam em disparates? **115**

Por que vemos sentido nas coincidências? **125**

A estupidez como delírio lógico **133**

A linguagem da estupidez **139**

As emoções não nos tornam estúpidos
(nem sempre, pelo menos)   151

Estupidez e narcisismo   157

Os piores manipuladores midiáticos?
As mídias!   167

Burros e perversos das redes sociais   179

Internet: a derrota da inteligência?   193

Estupidez e pós-verdade   201

As metamorfoses das loucuras nacionalistas   217

Como lutar contra os erros coletivos?   227

Por que consumimos como estúpidos?   233

Ser humano: a espécie animal que
se atreve a tudo   241

Como combater os cretinos?   253

A estupidez segundo as crianças   263

Nós sonhamos com estupidezes?   271

A pior burrice é se achar inteligente   281

Viva em paz com as suas estupidezes   291

A estupidez é o ruído de fundo do bom senso   301

"**U**m tempo atrás comecei a fazer uma pesquisa sobre a estupidez. Os primeiros resultados foram bastante promissores. Além do mais, voluntários para serem estudados não faltavam. O problema foi a época em que a fiz. Então, tive esperança de que um dos meus alunos se apropriasse da minha ideia, do meu projeto. Era um bom tema para tese! Mas não era! Minha proposição os colocaria em situação desconfortável... Faltava respeitabilidade ao assunto... E a noção em questão, como objeto científico, viam-na com maus olhos. Há uma porção de problemas como esse, que vagam pelas ruas da existência, e os psicólogos simplesmente ignoram."

— René Zazzo, "Qu'est-ce que la connerie, Madame?"
in *Où en est la psychologie de l'enfant?*, Denoël, 1983.

ADVERTÊNCIA

Vós que aqui entrais, abandonai toda a esperança

"O bom senso é o que há de mais universal no mundo", escreveu Descartes. Mas e a estupidez?

Quer transpire, quer borbulhe; quer goteje, quer se alastre; ela está em toda parte. Sem fronteiras, sem limites. Por vezes, doces ondulações quase suportáveis; eventualmente, águas paradas imundas e repugnantes; de quando em quando, sismos, ventanias e inundações que consomem tudo que cruza o seu caminho, despedaçando, ridicularizando, desonrando, a estupidez mancha a reputação de qualquer um. Pior, sussurram pelos cantos que nós somos a sua origem. Eu já nem me sinto tão bem.

A insustentável lerdeza do ser

Cada um de nós vê, entende e lê estupidez, todos os dias, sem exceção. Ao mesmo tempo, cada um de nós faz, pensa, rumina e fala coisas estúpidas. Todos somos estúpidos ocasionais, que, de tempos em tempos, regurgitamos estupidez sem ligarmos para as consequências. A questão é conscientizar-se e arrepender-se, já que errar é humano e admitir o erro é meio caminho andado para o perdão. Somos sempre o estúpido de alguém, mas muito raramente de nós mesmos... Salvo pela estupidez que ronrona aqui e ali, infelizmente temos que conviver com os rugidos dos estúpidos profissionais, estúpidos majestosos, maiúsculos. Esses estúpidos, com os quais deparamos no trabalho ou nas nossas famílias, não são nada divertidos. Eles nos consternam e martirizam com a sua obstinação pela idiotia medíocre e arrogância injustificada. Perseguem, aprovam e reprovam a seu bel-prazer a nossa opinião, as nossas emoções, a nossa dignidade, tudo com uma simples canetada. Eles contaminam o nosso ânimo e nos impõem o desafio de crer numa justiça que existe nas trevas. Mesmo com toda a tolerância do mundo, recusamo-nos a reconhecê-los como iguais.

A estupidez é uma promessa não cumprida, promessa de inteligência e confiança traída pelo estúpido, traidor da humanidade. O estúpido é uma "besta", um animal! Adoraríamos respeitá-lo, fazer dele um amigo, mas o estúpido não está à altura — ou melhor, à nossa altura. Ele sofre de uma doença sem cura. E como recusaria receber tratamento, convencido de ser o único caolho num mundo de cegos, a tragicomédia está completa. Não admira que seja fascinado por zumbis, com os seus simulacros de existência, a sua carência intelectual e a sua necessidade básica e imperiosa de rebaixar os vivos, os heróis, os mocinhos à sua condição. Afinal de contas, o estúpido também quer arrancar o seu cérebro: os fracassados não querem ser superados. O cúmulo do estúpido é que, às vezes, ele é inteligente, culto, à sua maneira: ele queimará muitos livros e os seus autores em nome de outro livro, outra ideologia ou do que ele aprendeu com grandes mestres (estúpidos ou não), tamanho é o seu talento para transformar a sua grade de leitura em barras de prisão.

A dúvida enlouquece, a certeza estupidifica

O estúpido por excelência condena sem dar direito a resposta, imediatamente, sem circunstâncias atenuantes, na mera crença das aparências que, além de tudo, não passa de um entrever com os olhos tapados. Ele sabe mostrar-se zeloso para convencer os seus semelhantes, fazer incitações a linchamentos, em nome da virtude, das conveniências, do respeito. O estúpido caça em bando e pensa em manada. "A pluralidade não vale de nada ao homem, é assim que somos/ Mais de quatro, somos um bando de estúpidos", cantava Georges Brassens. Que também proclamou: "Glória àqueles desprovidos de ideal sacrossanto/ Limitam-se a não chatear demais os seus vizinhos". Ai de mim! Vizinhos nunca se privam de nos chatear!

Não contente em gerar a infelicidade alheia, o estúpido inoportuno ficará contente consigo mesmo. Inabalável. Imune à hesitação. Certo de estar no seu direito. O imbecil feliz não se importa em perturbar os outros. O estúpido considera as suas crenças como verdades gravadas no mármore, embora todo o saber esteja alicerçado na areia. A dúvida enlouquece, a certeza estupidifica, é preciso escolher um lado. O estúpido sabe mais que todo o mundo, inclusive o que se deve pensar, sentir, expressar e como se deve votar. Ele sabe melhor que você quem você é, e aquilo que é bom para você. Se você não concordar com a opinião dele, o estúpido irá menosprezá-lo, insultá-lo e magoá-lo, literal ou figurativamente, para o seu próprio bem. E já que ele pode se arriscar impunemente em nome de um ideal superior, talvez atente contra essa escória a que, na visão dele, se resume à sua existência.

Amarga constatação: a legítima defesa é uma armadilha. Se tentar argumentar com o estúpido, ou tentar mudá-lo, você estará perdido! Portanto, se acha que é seu dever lapidá-lo, então você também julga saber como ele deveria pensar ou se comportar... no caso, como você. Pronto! Você virou um estúpido. Além de ser um ingênuo, pois considera-se apto a enfrentar tal desafio. Pior ainda, quanto mais tenta regenerar um estúpido, mais você reforça as convicções dele: ele ficará mais que contente por considerar-se uma vítima que incomoda e, portanto, tem razão. Assim, você lhe proporciona o reconhecimento para que acredite de boa-fé que é um herói do anticonformismo, digno de pena e admiração. Um resistente... Temeremos a amplitude da maldição: tente melhorar um estúpido e não só irá fracassar como o deixará revigorado... e se transformará nele. Não haveria apenas um cabeça-oca, mas dois. Lutar contra a estupidez tende a reforçá-la. Quanto maior o ataque contra o ogro, mais ele se torna um canibal.

Os imbecis do Apocalipse

Desse modo, a estupidez não se poderá enfraquecer. Ela é exponencial. Portanto, será que — hoje mais do que ontem e bem menos que amanhã — estamos vivendo a sua época de maior destaque? Desde tempos que remontam aos primeiros vestígios da escrita, as maiores mentes de cada época sempre pensaram no assunto. Talvez, naquele momento, tivessem os seus motivos. Ou então, como todos os outros, tornaram-se velhos estúpidos... Apesar de tudo, a novidade da contemporaneidade é que basta um estúpido e um botão vermelho para erradicar a estupidez — e, com ela, o resto do mundo. Desde um estúpido eleito até os novilhos demasiado orgulhosos que escolheram o seu açougueiro.

Outra grande característica dos nossos tempos é que, mesmo admitindo que a estupidez ainda não atingiu o seu paroxismo generalizado, ela nunca foi tão visível, desinibida, gregária e categórica. Não adianta entrar em desespero pelos nossos irmãos desviados, mas também não adianta, quem sabe, adotar tal filosofia pela força das circunstâncias, porquanto está cada vez mais difícil negar a vaidade do mundo e o narcisismo de todos, bem como a futilidade das aparências e os julgamentos cáusticos. Possa um segundo Erasmo nos oferecer um novo *Elogio da loucura* (mas com no máximo 140 caracteres por vez, por favor, para evitar dores de cabeça)! Possa um novo Lucrécio retratar o alívio profundo — e talvez a satisfação — que vivenciamos ao estar numa praia enquanto o Navio dos Loucos naufraga no mar turbulento, interrompido pelos gritos de socorro dos passageiros que querem salvar-se do afogamento... O néctar, enfim, é saboreado no desfecho do combate entre os estúpidos, erguendo-se sobre as suas cristas e os seus egos: porque enquanto grandes espíritos se encontram, estúpidos colidem entre si. Quando se esforça por permanecer mais espectador que ator você se arrisca a crer ser menos afetado pela estupidez que os seus contemporâneos baderneiros, ressentidos, tristes e agitados, mas, se por acaso der certo, que triunfo! Afinal, vale mais ser modesto: não o perdoaríamos se entrasse nessa confusão. Junte-se à manada, e ela própria o levará ao abatedouro. Uive com os lobos, solte balidos com as ovelhas, mas não exagere em dar uma de cavaleiro solitário, pois eles farão de você um bode expiatório. Não é preciso dizer que se você acredita verdadeiramente ser mais inteligente e exemplar que a média das pessoas, o diagnóstico fatídico é claro: talvez você seja um portador assintomático de estupidez disfarçada...

Diante dessa imensa empreitada — e dessa calamidade —, pretendo explorar a estupidez para que este livro não seja, nem de longe, mais uma estupidez. Talvez a obra se apresente bastante presunçosa, carinhosamente ingênua ou como um verdadeiro atraso de vida por querer tratar de tal assunto. Tenho quase certeza de que um estúpido corajoso virá embarcar nessa jornada. Com um pouco de sorte, a empreitada será simplesmente ridícula. Mas, para ele, ridículo não mata. No entanto, a estupidez mata! E ela viverá mais que nós. Na verdade, ela enterrará todos nós. Tomara que ela não nos acompanhe até a tumba...

Último esclarecimento: as observações feitas aos estúpidos são igualmente pertinentes para as estúpidas. Podem ficar tranquilas! Infelizmente, nenhum sexo pode se travestir do outro... Então eu proclamo, ó estúpidos de todos os tipos e imbecis de todas as espécies, cretinos de todo o mundo, estúpidas de toda laia, brava gentalha, tristes bobocas, parvalhões de uma figa, grandes estúpidas, pobres imbecis atolados na bandidagem, aparvalhados e tolas, trapalhões e obtusas, patetas e insensíveis, ineptos e miolos moles, mentecaptos e tontas, jecas e cafonas, vira-latas, malandras, paspalhos, simplórias, idiotas, cabeçudos, ignorantes, cabeças-ocas, cabeças de bagre, charlatonas, projetos de vermes, broncos e grosseiros estúpidos e metidos, presunçosos e fedorentos com cara de bunda, futriqueiras, cadelas, fofoqueiras, cabeças de vento, comedores de moscas, come-merdas e sirigaitas, eis o seu momento de glória: vocês são o único assunto por aqui. Mas dificilmente vocês se reconhecerão nestas páginas...

Do seu leal estúpido,
Jean-François Marmion

O estudo científico dos estúpidos

SERGE CICCOTTI

Psicólogo e pesquisador associado da
Université de Bretagne-Sud.

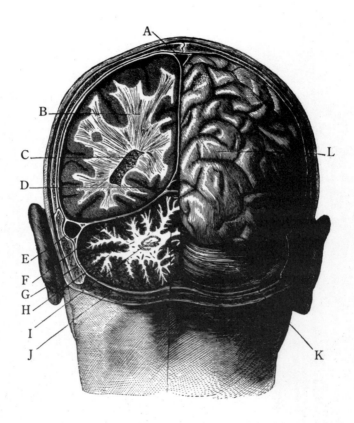

"O estúpido afirma... o cientista duvida... o sábio medita."
— Aristóteles e... Serge Ciccotti

Será que podemos estudar cientificamente os estúpidos? Pergunta provocante! Conhecemos estudos eivados de estupidez (por exemplo, "As flatulências podem servir de defesa contra o pavor?"[1]), sobre profissões estúpidas que não têm a menor utilidade social e só trazem consigo um pouco de satisfação pessoal,[2] mas estudos sobre estúpidos, será que existem?

Na verdade, quando nos interessamos pela literatura científica no domínio da psicologia, a estupidez é, de modo geral, bastante estudada. Nesse sentido, pode-se responder que sim, somos capazes de analisar os estúpidos, mas é preciso ter em mente que os estudos sobre a estupidez são, nada mais nada menos, somente a respeito do Homem. Podemos traçar um perfil típico do estúpido quando selecionamos certas variáveis estudadas em diferentes pesquisas. Assim, teremos uma ideia relativamente precisa do estúpido (o sem noção, um pouco burro, com atenção e intelecto bastante limitados), e até de algumas de suas variantes, como o bom e velho babaca brutamontes, ao qual se acrescenta uma dimensão narcisista tóxica, ou até uma ausência total de empatia.

Estupidez e falta de atenção

Mas em vez de estudar o estúpido como um objeto, a pesquisa na psicologia permite, sobretudo, compreender por que, por vezes, as pessoas se comportam de maneira estúpida.

Dessa forma, os estudos sobre os roteiros[3] indicam que, na maior parte das vezes, as pessoas não foram submetidas a uma análise muito aprofundada de seus entornos antes de agir. Utilizaram rotinas de ação bem estabelecidas e habituais, executadas de forma automática a partir de indicativos internalizados ou do ambiente ao redor. Por essa razão é que se pode observar que: "Quando você está chorando, sempre tem um estúpido para lhe perguntar: 'Tudo bem com você?'". Estúpido também é aquele que olha pela segunda vez o relógio, sendo que acabou de fazê-lo.

Quando se quer saber a hora, deve-se olhar para o relógio — é um roteiro que se desencadeia de forma mecânica. Esse tipo de mecanismo permite que se esteja pouco atento, pois o roteiro tem justamente a utilidade de dedicar pouca atenção à tarefa a ser realizada. Por isso, como não estamos atentos e pensamos em outra coisa, olhamos sem enxergar, então a informação não é captada e somos obrigados a ver a hora uma segunda vez. Isso é uma estupidez, não acha?

No campo da pesquisa sobre os recursos da atenção, os psicólogos demonstraram que frequentemente somos vítimas da cegueira às mudanças,[4] e que mesmo uma modificação importante não é percebida pelo indivíduo. Talvez por isso seja possível entender: "Quando você perde 10 kg depois de uma dieta, sempre tem de lidar com um estúpido que não enxerga a diferença...". As pesquisas sobre "a ilusão do controle"[5] possibilitam nossa compreensão sobre "Por que há sempre um estúpido que, como um maluco, fica pressionando o botão do elevador quando está com pressa?". Em virtude dessa influência social, quando um motorista pega uma rua obstruída sempre há um estúpido que o segue, e quando lhe perguntam num programa de televisão se é a Lua ou o Sol que gira em torno da Terra esse mesmo estúpido pede ajuda à plateia.

O homem, muitas vezes, parece tomar distância da racionalidade pura e dos valores fundamentais. E, por fim, o mais estúpido de todos é aquele que apresentará as divergências mais tangíveis à média dos efeitos estudados. Geralmente, sua visão de mundo é simplista: ele tem problemas com grandes números, raízes quadradas, complexidade, ver com a curva de Gauss, da qual ele só consegue notar os extremos. O próprio Stalin disse a esse respeito: "A morte de mil soldados é uma estatística, a morte de um soldado é uma tragédia". Todo o mundo é um pouco mais sensível a histórias do que a relatórios científicos abarrotados de estatísticas. Mas para o estúpido as histórias são uma grande paixão. Ele é o cara que conhece alguém que caiu do quadragésimo andar e não morreu; inclusive, ele deu seu testemunho para os jornais das grandes mídias.

Estupidez e crenças

Os estudos sobre as crenças colocaram em evidência a crença na justiça mundial ("Belief in a Just World"[6]), talvez a mais universal de todas, e que o estúpido ilustra perfeitamente, com riqueza de detalhes: "Ela foi estuprada, mas também, você viu como ela estava vestida?". Quanto mais estúpido, mais a vítima mereceu aquilo que lhe aconteceu... A propósito, o bom e velho babaca despreza os desdentados, aqueles "pobres desgraçados".

O estúpido se supera na capacidade de crer em tudo e mais um pouco, desde teorias da conspiração à influência da lua sobre o comportamento, passando por homeopatia que funciona até para cachorros, pois ele é prova de que é verdade! Em 28 de maio de 2017, uma moto foi filmada na estrada A4 por vários quilômetros sem condutor, para ver quanto tempo ela levaria para cair.[7] Para os mais estúpidos, o responsável não é outro além do "Gasparzinho"; para os razoavelmente inteligentes, é o efeito do giroscópio... Na verdade, parece haver uma correlação negativa entre as crenças místicas e a capacidade de obter um Prêmio Nobel.[8]

Ainda na área das crenças, os estudos[9] revelam uma diferença entre "os pouco estúpidos da tempestade recente" e "os velhos estúpidos das neves de outrora".[10] Demonstrou-se que as lembranças negativas desaparecem com o tempo, e que só persistem as lembranças positivas... Assim, quanto mais envelhecemos maior se torna nossa tendência de ver os ocorridos de forma positiva, o que faz os velhos estúpidos dizerem: "Antes era melhor...".

Toda uma área da nossa irracionalidade é examinada com a ajuda de três famosos estudos, e explicada pelos pesquisadores como a expressão da nossa necessidade de controlar o ambiente ao nosso redor. Todo organismo vivo exprime tal necessidade (repare como o seu cão, quando tocam a campainha, corre até a porta, embora a visita nunca seja para ele...). Mesmo entre humanos, é possível que haja comportamentos absurdos, como quando uma pessoa vai consultar um vidente.

Existem por volta de 100 mil pessoas que se declaram "videntes" na França, cujo faturamento gira em torno de 3 bilhões de euros por ano. Apesar de nenhum pesquisador jamais ter encontrado provas de dons reais nos videntes declarados, isso não impediu que tivessem grandes lucros. Estima-se que 20% das mulheres e 10% dos homens recorreram ao menos uma vez aos serviços de um vidente. Normalmente, os videntes não se arrependem de ter escolhido um embuste como ganha-pão. No fim das contas, os imbecis sustentam seu meio de sobrevivência... A necessidade de controle quase sempre acarreta um controle ilusório, e o estúpido costuma se iludir mais do que os outros.[11] No trânsito, essa ilusão se manifesta como um grande medo de sofrer um acidente quando viaja como passageiro em vez de ser o motorista. Aliás, o estúpido não consegue dormir quando é passageiro... Só consegue dormir quando é o motorista!

O estúpido lança os dados com mais força só para conseguir tirar o 6, ele escolhe os números na loteria, adora pisar em cocô de cachorro (pois traz sorte), mas evita passar por baixo das escadas. O estúpido domina tudo: se ganhou na loteria é porque sonhou com o número 6 durante 7 noites, e como 6 × 7 é igual a 42, decidiu jogar no número 42; por isso ele ganhou. Nesse sentido, temos de acreditar que o estúpido está em boas condições mentais, já que essa ilusão é muito menos intensa em pessoas deprimidas.[12]

Estudos sobre os estúpidos que explicam a sua função

Em outra área igualmente estudada à exaustão, o estúpido utiliza, com mais frequência do que se imagina, estratégias para preservar a autoestima. Os estudos sobre o viés do falso consenso[13] demonstram que há um exagero no número de pessoas que partilham dos nossos defeitos, o que leva o estúpido que você observa a ultrapassar um farol vermelho e dizer: "Mas ninguém para no sinal vermelho!".

O estúpido é vítima constante do viés retrospectivo. Na maternidade, ele dirá: "Tenho certeza de que vai ser um garoto"; diante da TV, afirmará: "Garanto que Macron será presidente"; e por vezes até comentará com você: "Eu sabia que você ia falar isso!". O estúpido está agindo de má-fé? O estúpido é um vidente? Não, o estúpido utiliza a frase "eu já sabia" com fins estratégicos, especialmente para parecer mais bem informado do que realmente é: "Eu sei, eu sei...". Sem dúvida, não adianta falar desses estudos com o estúpido, pois ele negará que funciona dessa forma...

Para proteger a autoestima, muitos superestimam as suas capacidades. Esse viés foi colocado em evidência pelas experiências da psicologia que mostraram que, mesmo em várias áreas do conhecimento, um grande número de participantes se considera melhor do que a média, por exemplo, no que diz respeito à inteligência. Por um lado, temos os "estúpidos dos estúpidos", os quais acusamos de falta de autoconfiança. Fato é que aquele que na psicologia do senso comum agrega qualidades humanas como simplicidade, humildade e discrição é frequentemente visto como "muito estúpido", ou estúpido dos estúpidos, ou seja, um estúpido do qual os outros se aproveitam. Do outro lado da moeda, encontramos aqueles que obtêm as notas mais importantes, ou seja, imbecis com excesso desmedido de confiança. O imbecil pode custar muito caro à sociedade quando perde o controle, seja no mar, seja na montanha depois de escapar da pista de esqui, mesmo que se contente, na maior parte do tempo, em superestimar suas capacidades de dominar um veículo em velocidade.

Por fim, o viés egocêntrico[14] nos permite discernir entre o cretininho e o grandessíssimo imbecil, que não se identifica com a origem de sua estupidez. O imbecil se divorciou três vezes, pois trombou com outras três estúpidas; não teve sucesso porque só anda com uma cambada de fracassados. Ainda adolescente, notou que não eram os seus pés que fediam, mas as suas meias. Um dia, foi parado por um guarda de trânsito por estar correndo demais; realmente, sorte é uma coisa que passou longe dele. Para ele é difícil compreender que sorte é apenas a interpretação que os imbecis atribuem às probabilidades.

Quando você está chorando, sempre tem um estúpido para lhe perguntar: Tudo bem com você?

Os pesquisadores Dunning e Kruger não poderiam sequer tentar publicar um estudo com o título "Estudos sobre os estúpidos que explicam a sua função". Uma apresentação dessas ao trabalho dos dois jamais passaria pelos filtros dos comitês de uma revista científica. Apesar de tudo, em seus estudos, eles não mostraram nada mais que isso! Os dois especialistas descobriram que pessoas incompetentes tendem a superestimar o próprio nível de competência. Sendo assim, um estúpido que jamais teve um cachorro explicará como se educa o seu animal... Dunning e Kruger atribuem o viés a uma dificuldade que as pessoas não qualificadas têm em avaliar as suas reais capacidades, considerando determinadas situações. Mas isso não é tudo: segundo os psicólogos,[15] se a pessoa incompetente tende a superestimar o seu nível de competência, ela não chegará sequer a reconhecer a competência de quem a possui.

Graças a esses estudos, compreendemos por que um cliente estúpido gasta o seu tempo explicando a um profissional o trabalho dele, mas também por que, quando perdemos alguma coisa, sempre há um estúpido para lhe dizer: "Espere, onde você a viu pela última vez?"; e ainda por que o estúpido é levado a dizer: "Seja advogado, é fácil essa história de Direito, é só decorar"; "Parar de fumar? Precisa só de força de vontade"; "Ser piloto de avião? É o mesmo que pilotar um ônibus"; etc. Dessa maneira, ao final de uma conferência sobre física quântica, da qual não compreendeu nada, o estúpido olhará bem dentro dos olhos do *expert* e dirá: "Depende...".

Dunning e Kruger pensam até que a modéstia deveria nos estimular a não votar, pois somos ignorantes em economia, em geopolítica ou na vida das instituições; incompetentes para apreciar programas eleitorais ou, ainda, para saber o que deveria ser feito para conduzir a França a um caminho melhor... Entretanto, o estúpido dirá, sentado num bistrô: "Eu sei exatamente o que fazer para acabar com a crise!...". Vários estudos realizados com asiáticos mostram um efeito Dunning-Kruger inverso...[16] E, por conseguinte, uma tendência a subestimar suas capacidades. Assim, parece que na cultura do Extremo Oriente, como a norma não é ficar se valorizando, não encontramos nas pessoas essa tendência de quererem demonstrar que dominam todos os assuntos...

O radar de estupidez

Ainda que existam diversos mecanismos que poderiam definir a estupidez, concluímos esse breve panorama com a "desconfiança cínica" que o estúpido, quiçá o imbecil, alcançou de maneira muito mais profunda que os outros.[17] O cinismo é definido como uma mistura de crenças negativas sobre a natureza humana e suas motivações. O imbecil é uma vítima frequente do cinismo sociopolítico; basta interrogá-lo. Algumas frases sem verbos pontuam cotidianamente as suas reflexões: "tudo podre"; "Psicólogos? Todos charlatães"; "Jornalistas? Esses puxa-sacos". É o tipo do cara que pensa que as pessoas só são honestas por medo de serem presas. O imbecil vive num mundo de incompetência e trapaça. Os estudos demonstram que os estúpidos cínicos são tão pouco cooperativos e notadamente desafiadores que perdem as oportunidades profissionais, e, por isso, seus rendimentos são inferiores aos dos outros.

In fine, poderíamos afirmar que, desse modo, o estúpido personificaria uma espécie de amplificação das diferentes tendências psicológicas identificadas pelos pesquisadores. E aquele que acumular todas elas será visto como o "rei dos estúpidos", talvez até o maior imbecil com o qual a Terra já deparou.

Mas a questão que é parte integrante de "Podemos estudar os estúpidos?" é provavelmente: "Por que existem tantos estúpidos?". É verdade que basta gritar "pobre estúpido" na rua para que todo o mundo vire o rosto! Uma vez mais, a literatura científica nos fornece a resposta, ou várias respostas.

A princípio, somos equipados com um radar de estupidez: o viés de negatividade[18] — uma tendência que temos a dedicar mais ênfase, mais atenção, mais interesse às coisas negativas do que às positivas. O viés de negatividade tem sérias consequências nas opiniões dos seres humanos, em seus preconceitos, seus estereótipos, na discriminação, nas superstições. Ao limparmos a casa, reparamos, na mesma hora, nos acabamentos quando não estão bem-feitos, mas jamais quando estão todos bonitos... Portanto, devido ao viés de negatividade, dentro de um ambiente social complexo, somos capazes de reparar com mais facilidade num estúpido do que num gênio. Além disso, esse viés nos impele a perceber melhor a intenção subjacente de um evento negativo do que a de um evento positivo. Se procuramos um objeto dentro de casa, nossa tendência natural é pensar que não fomos nós que o tiramos do lugar, mas outra pessoa que o perdeu: "Quem foi que pegou o meu...?". Por fim, se algo deu errado, nossa tendência é achar que há uma intenção humana escusa, que é culpa de um grande estúpido, que acabou estragando tudo.

Enfim, verificamos que os pesquisadores descobriram o erro fundamental de atribuição:[19] quando se observa uma pessoa, atribui-se seu comportamento à sua natureza profunda, mais do que a causas externas. Em grande parte dos casos, a conclusão é bastante clara: trata-se de um estúpido. Assim, quando um carro passa rapidamente por nós é porque o motorista é um cretino, não porque o filho dele se machucou na escola; quando nosso amigo não responde às nossas mensagens dentro de duas horas é porque ele estava de cara amarrada, não porque a internet dele caiu; se o nosso colega de trabalho não nos devolveu o relatório é porque ele é preguiçoso, não porque está sobrecarregado de trabalho; se o professor me responde com frieza é porque ele é um imbecil, não porque a minha pergunta é tola. Tal mecanismo também aumenta a nossa capacidade de enxergar estúpidos em toda parte. Aí estão, pelo menos, dois motivos pelos quais somos tão sensíveis à estupidez...

A tipologia dos estúpidos

JEAN-FRANÇOIS DORTIER
Fundador e diretor da Cercle Psy
e da Sciencies Humaines.

S e existem múltiplas formas de inteligência, como admitem os psicólogos, deve também existir uma bela variedade de estupidezes... Na falta de estudos mais aprofundados, ou mesmo de um embrião da ciência da estupidez (sobre a qual o presente livro lança algumas luzes), podemos começar por uma descrição dos exemplares significativos.

Retardado

Retardado, atrasado, babaca, idiota, débil mental, besta, maluco, imbecil, estúpido, néscio, trapalhão, tolo, cabeça de bagre, lelé da cuca... O vocabulário da estupidez é infinito. Tamanha riqueza semântica reflete, sem dúvida, as inflexões de sentido, de variações de uso e de impactos dos costumes.

Em suma, no entanto, o sentido é sempre o mesmo: o estúpido, seja qual for a diversidade de fórmulas e metáforas, é aquele cuja inteligência julgamos reduzida e possui um horizonte mental limitado. Em vista disso, só se pode definir a estupidez a partir de uma posição relativa. Ninguém é um estúpido por si só (se todos o fossem, ninguém poderia identificá-los). Em outras palavras, a estupidez se mede a partir de um ponto de referência estipulado por quem se considera superior.

Presunçoso

Os presunçosos[*] são arrogantes, valentões, racistas e egoístas. Pelo menos foi assim que Cabu[**] ilustrou e imortalizou seus perfis.

---

[*] N. do T.: Em francês, *beaufs*.
[**] N. do T.: Cartunista e caricaturista francês, Jean Cabul (ou Cabu, como era conhecido) foi morto, em 2015, no massacre ocorrido na redação do *Charlie Hebdo*.

Seriam eles que comporiam os batalhões de eleitores dos partidos populistas: como são umas bestas, não são capazes de refletir politicamente, e usam raciocínios tacanhos e peremptórios. O pensamento deles é "encabrestado" — tudo é branco ou preto —, sem nuanças. São cabeçudos, obtusos e não têm nenhum tipo de argumento racional: nunca dão o braço a torcer nas suas opiniões. É o tipo de pensamento "ponto final!".

São valentões porque partem para cima, sem nenhuma compaixão, de bodes expiatórios e vítimas inocentes: árabes, negros, migrantes em geral.

São egoístas porque só uma coisa importa para eles: o seu bem-estar, o seu conforto, "a vida mansa"...

Mas esses presunçosos realmente existem como perfil psicológico? Se for o caso, seria necessário demonstrar a existência de uma relação orgânica entre a burrice (isto é, um nível intelectual inferior) e a malvadez (entendida como egoísmo e desprezo pelo outro).

A menos que os laços entre os dois sejam apenas conjunturais: visto que é possível ser burro e gentil (veja o "idiota do vilarejo"), é também possível, por sua vez, ser perverso e inteligente. Não é o caso daqueles que elaboraram o retrato do presunçoso, dos caricaturistas (Cabu, Reiser...) trabalhando para um jornal, *Hara-Kiri*, que se pretendia "burro e mesquinho"? Aqueles indivíduos não eram verdadeiramente burros (ainda que a caricatura sistemática e os clichês acabassem por reduzir o espírito). Mesquinhos: assim o foram muitas vezes.

Estúpido universal

"Todos estúpidos!": geralmente a fórmula se anuncia com bastante ímpeto, em especial quando o camarada está com o cotovelo sobre o balcão de um bar. Mas quem identifica esse "todos"? Os políticos, seus eleitores, os funcionários, os incompetentes etc.; e, por extensão, um pouco do mundo todo, pois a fórmula não deixa margem para questionamentos.

É justamente essa falta de discernimento analítico, a arrogância com a qual se ergue acima da condição humana para julgar o resto do mundo, o sinal bem claro de que estamos lidando com um verdadeiro estúpido. "É característico de quem erra não assumir o erro", observou Descartes. Isso é ainda mais verdadeiro no caso da estupidez. Óbvio que o estúpido não consegue se reconhecer como tal. Em contrapartida, este acaba sendo um dos melhores critérios para reconhecê-los à nossa volta. Onde quer que esteja, no instante em que você ouvir um esbravejar "Todos estúpidos!", tenha certeza de que há um estúpido por essas bandas.

Estupidez artificial

"O computador é completamente estúpido."[20] A afirmação não vem de um qualquer: Gérard Berry ensina informática em faculdades francesas. Esse especialista em Inteligência Artificial não hesita em seguir na contramão de especuladores (mal informados) sobre a capacidade das máquinas de sobrepujar a inteligência humana.

Sem dúvida, a inteligência artificial fez progressos importantes em sessenta anos. Sem dúvida, as máquinas sabem reconhecer imagens, traduzir textos, realizar diagnósticos médicos. Em 2016, o software Alphago, da Deepmind, conseguiu vencer uma partida de *Go* contra um dos melhores jogadores do mundo. A performance impressionou, mas esquecemos de dizer que o Alphago sabe fazer apenas uma coisa: jogar partidas de *Go*. O mesmo aconteceu com o programa Deep Blue, que bateu Gary Kasparov no xadrez, em 1996, há mais de vinte anos. As máquinas ditas inteligentes desenvolvem somente uma competência extremamente especializada e a ensinam ao seu mestre humano. As especulações sobre a autonomia das máquinas que "aprendem tudo sozinhas" não passam de mitos: as máquinas não sabem transferir as competências adquiridas de uma área para outra, ao passo que a transferência analógica é feita com mecanismos criados pela inteligência humana. A força dos computadores está no poder da memória de trabalho e na capacidade de cálculo esmagadora.

As "máquinas inteligentes" (ou "máquinas que aprendem") que funcionam pelo princípio do *deep learning* (a nova geração de IA) não são inteligentes de verdade, pois não compreendem o que fazem.

Dessa forma, o programa de tradução automática do Google só aprende a utilizar uma palavra dentro de um determinado contexto (com base numa quantidade enorme de exemplos), mas continua perfeitamente "idiota": em nenhum caso ele consegue compreender o significado das próprias palavras empregadas.

É por isso que Gérard Berry se permite afirmar que, no fundo, "o computador é completamente estúpido".

Estupidez coletiva

A inteligência coletiva refere-se a uma forma de inteligência de grupo, como a das formigas ou dos neurônios: cada elemento isolado não é capaz de muita coisa, mas, se reunidos em grupo, conquistam grandes façanhas. Pela magia da auto-organização, as formigas são capazes de construir seu formigueiro com galerias, câmaras nupciais, despensa para os alimentos, incubadora, sistema de ventilação... Algumas praticam agricultura (de fungos), pecuária (de pulgões) etc.

Mesmo que o seu funcionamento continue sendo um mistério, a inteligência coletiva transformou-se em pouco tempo num modelo muito valorizado, com base numa ideia simples: o todo é superior à soma das partes. A decisão coletiva e a cocriação são melhores do que a decisão individual.

No entanto, acontece que, por diversas vezes, o resultado acaba sendo pior do que se alguém tivesse feito sozinho. A inteligência coletiva, então, encontra seu similar: a estupidez coletiva. Assim, diversas vezes, nossa capacidade de discernimento pode ser severamente reduzida: as famosas experiências realizadas pelo psicólogo Solomon Asch sobre a norma do grupo há muito já foram comprovadas. Basta que uma maioria de pessoas defenda uma teoria manifestamente falsa e idiota para conduzir outros pelo mesmo caminho, tudo sob o efeito do conformismo. Outro exemplo, a falsa virtude do *brainstorming*: pegue um grupo de dez pessoas e faça com que trabalhem juntas por meia hora num dado projeto (inventar *slogans* turísticos para promover uma cidade, por exemplo). Paralelamente, coloque outro grupo para trabalhar, porém cada um poderá refletir individualmente. Recolha as folhas: as proposições do grupo 2 são muito mais criativas e numerosas do que as do grupo 1. Em outras palavras, por vezes, o todo é inferior à soma das partes.

Inclusive, não há necessidade de realizar grandes experiências de psicologia para ilustrar a tolice coletiva. Tudo aquilo que se comprova no laboratório é vivenciado no dia a dia das reuniões de trabalho, nas quais o esforço coletivo não produz nada além de burrices que teriam sido concebidas "cada um por si".

Crédulo

O que há de mais crédulo do que uma criança? Dá para fazermos com que ela acredite em quase qualquer coisa: que existe, em algum lugar do céu, um velho de barba branca que viaja num trenó puxado por renas e distribui presentes aos pequenos obedientes, ou que uma fadinha vem buscar dentes caídos para colocar uma moeda em seu lugar...

A credulidade é uma forma de estupidez própria da infância. Essa foi a conclusão de um psicólogo chamado Jean Piaget. O filósofo Lucien Lévy-Bruhl achava que os povos primitivos também eram muito crédulos com as suas crenças animistas nos "espíritos da floresta" dotados de forças mágicas, o que parecia provar que os selvagens, assim como as crianças, não tinham alcançado a era da razão.

No entanto, ele acabou por verificar, depois das experiências psicológicas, que as crianças não eram tão ingênuas quanto se acreditava: elas admitiram que as renas podiam voar, mas só num mundo paralelo que não obedecia às leis daqui de baixo – ou então sabiam que as renas não voavam. Nós mesmos, adultos racionais, estamos dispostos a crer na existência de partículas detentoras de comportamentos estranhos (o dom da ubiquidade, a comunicação a distância), desde que os físicos assim o afirmem. Alguns desses cientistas são religiosos e creem na ressurreição de Cristo.

Essas constatações levaram psicólogos e sociólogos a rever o significado de "ser crédulo". A credulidade não pode mais ser encarada como uma falta de lógica (em outras palavras, uma estupidez pueril):

crer em coisas aparentemente inacreditáveis assinala um sistema de referências, e não ingenuidade ou ausência de discernimento.

No fim de sua vida, Lucien Lévy-Bruhl admitiu estar errado sobre a mentalidade dos "primitivos". Reconhecer o próprio erro é honrar a sua memória, porque essa é uma conduta raríssima no mundo dos filósofos.

Débil mental

Quando, no fim do século XIX, Jules Ferry impôs a escola obrigatória na França, ele reparou que certos alunos eram incapazes de acompanhar um ensino normal. Então, foi solicitado a dois psicólogos, Alfred Binet e Théodore Simon, que concebessem um teste de inteligência a fim de identificar essas crianças e de lhes oferecer um ensino adaptado: o teste é baseado naquele que, mais tarde, veio a se tornar o célebre QI (quociente intelectual).

Por convenção, a média do QI de uma população é de 100. Os testes de QI foram conduzidos para definir a debilidade e os seus subtipos: "retardo ligeiro", aquele cujo QI é inferior a 80 (e superior a 65); o "retardo moderado" situa-se entre 50 e 65; o "retardo profundo" (onde estão os que alternativamente são chamados de "imbecis") é daqueles que têm um QI de 20 a 34. Nos ainda mais baixos (QI inferior a 20), encontramos aqueles com "severo retardo".

As palavras "débil" e "retardado", hoje em dia, caíram em desuso dentro da psicologia e foram substituídas por eufemismos: falamos de "deficiência", "atraso", "lentidão", "dificuldades de aprendizagem", ou mesmo de "diferenças" (do mesmo jeito que não se fala mais de "gênios" ou "superdotados", mas de "crianças precoces" ou "com alto potencial"). O que não impede de, na prática, utilizarmos os testes para classificar as crianças em função de seus graus de retardo mental, pois é preciso orientá-las na direção de estruturas adaptadas.

Imbecil, idiota

Os termos imbecilidade e idiotia eram utilizados nos primórdios da psiquiatria para descrever as pessoas que apresentavam um nível intelectual baixíssimo, eram incapazes de ler, escrever e, às vezes, falar. Philippe Pinel considerou Victor de l'Aveyron, criança rebelde, como um "idiota": hoje, ele seria qualificado como "autista". "O tipo idiota é um indivíduo que não sabe de nada, não pode nada, não quer nada, e cada idiota se aproxima mais ou menos do ápice da incapacidade", escreveu o alienista francês Jean-Étienne Esquirol.

O dr. Paul Sollier, em seu *Psychologie de l'idiot et de l'imbécile: essai de psychologie morbide* (1891), dedicou um capítulo aos "idiotas e imbecis". Lamentando o atraso da psicologia francesa em relação à inglesa e norte-americana, ele ressalta que não há consenso em definir a idiotia ou imbecilidade: alguns chamam de critério de avaliação de inteligência, outros, de linguagem (incapacidade de falar corretamente), outros, de critérios morais (falta de autocontrole).

> ## Quem poderá jamais dizer qual é a diferença entre a organização de um imbecil e a de um homem comum?
>
> — *Buffon*

O conceito de idiota será progressivamente abandonado pelos psicólogos. A única noção que ainda subsiste é a de *"idiot savant"*, ou idiota-prodígio (para o qual preferimos usar o termo "síndrome de savantismo"): analisando conjuntamente alguns casos de autismo ou de síndrome de Williams, o perfil destaca-se por um ocasional atraso na linguagem ou na inteligência em geral, mas também pelas habilidades excepcionais em certas áreas do conhecimento, como cálculo, desenho, música etc.

O idiota do vilarejo é o protótipo do débil mental, do trouxa ou do simplório. Antigamente, nos vilarejos, havia sempre um *"fada"* (como dizem no sul da França), ou "bobalhão", que se ocupava das tarefas subalternas. Esse pobre ingênuo se passava por uma pessoa simpática, sempre sorridente e alegre, rindo para o nada. Não era considerado perigoso. Em *Branca de Neve*, a personagem Dunga, sorriso largo, olhos arregalados, gorro caído de lado na cabeça, ilustra bem os aspectos dessa figura.

Maluquinho

Maluco, ou maluquinho [*zinzin*], é um nome carinhoso para falar do louco [*fou*] — não o louco furioso, mas aquele que se comporta de maneira fantasiosa. O maluquinho não está longe do alucinado [*zozo*], que se refere mais àquele que faz coisas bizarras e extravagantes. E o alucinado, por sua vez, se aproxima do lunático [*zigoto*], que, segundo o rigorosíssimo centro nacional de recursos textuais e lexicais, é um "homem geralmente fantasioso, de comportamento extravagante". Aprendemos que "dar uma de lunático" [*faire le zigoto*] é interpretado atualmente como "exibir-se, fazer brincadeira, fazer palhaçada".

Talvez tantas palavras e expressões nos distanciem dos estúpidos propriamente ditos, mas juntas elas pertencem à categoria geral dos lelés da cuca...

O OLHAR DE EDGAR MORIN

Convém considerar *a priori* o caráter machista da palavra francesa *con* [além de "estúpido" *con* também significa "vulva"]: a sublime abertura do sexo feminino é remetida a um ser estúpido. Assim como quando ouvimos "tinha que ser mulher"...

Foi Jacques Prévert, há 67 anos, que me obrigou a refletir sobre o termo. Eu lhe disse *"J'aime les films cons"* [Eu adoro os filmes estúpidos], e ele me repreendeu com irritação: *"'Con' est un très beau mot, un des plus beaux mots qui soient"* ["Con" é uma palavra muito bonita, uma das mais belas que existem].

Isso não me impediu de dizer, vez ou outra, *"Quelle connerie"* [Quanta estupidez]; mas, hoje em dia, raramente digo *"C'est con"* [Que estúpido], e procuro evitar dizer *"C'est un con"* [Que cara estúpido], assim como me recuso a comentar, num ambiente em que abusam da palavra "bastardo", "esse cara é um bastardo".

Dito isso, a palavra *"connerie"* ["estupidez"] afastou-se muito de suas raízes fisiológicas e tem muito mais força do que *"bêtise"* ["burrice"] ou *"stupidité"* ["besteira"]. Mas também sua generalização elimina sua imensa importância. Julgar a estupidez alheia pressupõe que nós mesmos somos isentos de toda estupidez. Portanto, seu uso deve promover o autoexame preliminar, para que nos perguntemos se não somos estúpidos o bastante para empregar a palavra "estupidez". Termo que, portanto, deve ser empregado com extrema prudência. Além disso, ele preenche uma lacuna de nosso vocabulário, visto que "burrice" ou "besteira" não são nem sinônimas nem equivalentes, pois "estupidez" agrega erro, burrice e autoconfiança.

Quanto a mim, concebo um par antitético inseparável *Homo sapiens* e *Homo demens*: loucura, delírio, desorientação, arrogância, mas falta a palavra não machista que assumiria o lugar de *"connerie"*. *C'est vraiment con* [É estúpido mesmo].

— Edgar Morin

A teoria dos cretinos

ENTREVISTA COM AARON JAMES
Professor de Filosofia na
Universidade da Califórnia, Irvine.

De acordo com a sua teoria, o que é um cretino?

Trata-se de um homem, ou muito raramente de uma mulher, que permite a si mesmo vantagens particulares na vida social e se sente imunizado contra críticas. O exemplo típico é o cretino que ignora a fila de espera nos correios, confere-se um privilégio normalmente concedido a casos de urgência ou a mulheres grávidas. Por conseguinte, não há nenhuma justificativa, senão a de se sentir rico, bonito ou mais engraçado que os demais: portanto, ele julga seu tempo precioso demais. E se você o mandar entrar na fila como todo o mundo, ele não o escutará, ou o mandará pastar. Não é que ele menospreze os outros; só acha que os outros não parecem merecedores de sua atenção. A partir do momento em que não entendemos de que modo ele é extraordinário, deixamos de merecer seu interesse.

Os cretinos assim o são em todas as áreas da vida?

Não necessariamente. Alguém pode se comportar como um cretino por estar atravessando maus bocados, seja durante uma semana, seja por toda sua adolescência. No entanto, para mim, o cretino propriamente dito, o verdadeiro cretino, assim o é em caráter permanente em diferentes áreas da sua vida, não necessariamente em todas: ele pode ser um cretino no trabalho e no trânsito, mas não em família, ou vice-versa. O cretino integral, qualquer que seja a área, é raro. Stalin, não contente em ser um louco genocida, pareceu ter sido um desses.

Pessoas extremamente cultas e inteligentes podem se revelar os piores cretinos?

Os piores, eu não diria, mas, em todo caso, existem na mesma proporção que as outras pessoas. A inteligência não impede que o sujeito seja um grande cretino; ela pode, inclusive, contribuir para que ele enfie na cabeça que está acima do bem e do mal. Junto com a abundância financeira e a beleza, a inteligência é uma das qualidades que mais propiciam a autoadmiração e o cair nas graças dos outros. Os privilegiados correm ainda mais riscos de se tornarem cretinos autossuficientes.

A estupidez, portanto, não é muito uma questão de inteligência ou de emoções, mas do nosso comportamento nas relações sociais?

Exato. É uma questão de comportamentos sociais, mas a fonte interna dela é o fracasso em manifestar interesse pelos outros. Os cretinos consideram que cabe a nós nos adaptarmos a eles, não importa a qual realidade, e pode até acontecer de alguns dos seus amigos, de fato, se dobrarem a ele. Há, por isso, uma parte da dinâmica social bem difícil de ser eliminada, sobretudo a relacionada a questões pessoais e profundamente arraigadas.

Um cretino que se conscientiza de sua cretinice ainda é um cretino?

O problema é que um cretino pode muito bem ter consciência do que é, mas se orgulhar disso: "É isso aí, eu sou um cretino, o problema é de vocês!". A conscientização não basta para mudar quem quer que seja. O cretino fica tão preso à sua estupidez que é difícil para ele questionar as suas ações. Contudo, não é impossível: em função de uma crise existencial, ou de um acidente de carro, ou de um luto, ele pode se recuperar um pouco. Ou mesmo quando envelhece. É, sobretudo, porque lhe falta energia ou testosterona! E como é raro de acontecer, melhor não ficar contando com isso. De toda forma, uma simples conscientização nem sempre é suficiente para alcançar as profundezas da sensibilidade de um cretino.

Podemos encontrar cretinos ainda crianças?

Embora se possa crer que sim, a julgar pelo ocasional egocentrismo, não penso que se possa considerar a estupidez como um traço característico estável nelas. Elas mudam rápido demais. É mais entre os adolescentes que pode sobrevir uma fase de estupidez, ainda que na maioria das vezes eles consigam se livrar dela. De fato, é na idade adulta que a estupidez se torna constante e sistemática.

Quantos adultos podemos considerar como cretinos? Um em cada dez? Um em cada dois?

Depende muito da cultura, da subcultura, do meio. A proporção é bem mais elevada nos Estados Unidos do que no Canadá, na Itália, ou mais no Brasil do que no Japão; quase em qualquer lugar do mundo mais do que no Japão, diga-se de passagem. O mais certo é que isso muda o tempo todo: a meu ver, há muito mais cretinos nos Estados Unidos de hoje do que no de outros tempos, e eles são muito mais visíveis na mídia. Um em cada dois me parece um tanto elevado para qualquer país, já que toda sociedade sobrevive por causa da civilidade e cooperação entre os membros, e esse não é o forte dos cretinos.

Como explicar, apesar de tudo, a persistência deles? A evolução lhes deu alguma vantagem?

Alguma coisa provavelmente se desenrolou no comportamento dos primatas e nos comportamentos de dominação masculinos, em combinação com todos os jogos de poder para se chegar ao topo e que pretendem perpetuar os cretinos que se julgam superiores. Porém, não acho que esses fatores tiveram um papel tão decisivo no desenvolvimento da civilização e das instituições, cuja estrutura pode permitir a retirada dos cretinos. Numa cultura em que o individualismo se destaca, como nos Estados Unidos, eles representam ainda mais problemas.

Que fazer contra eles? Podemos mudá-los de alguma forma?

Penso que eles podem mudar, mas que preferem não se meter nisso. Há casos em que mantemos um cretino numa empresa porque ele rende muito dinheiro, por exemplo, ou pelo prestígio acadêmico. Robert Sutton tem motivos para promover o seu *Chega de babaquice!*, mas o objetivo nem sempre é alcançável. O bom seria encontrar um meio de marginalizá-los de várias formas, e criar uma espécie de bloqueio à sua volta, porque eles alcançam seus fins colocando uns contra os outros. É muito mais fácil em grupos pequenos do que num contexto político. Mas a sociedade pode contribuir muito para diminuir o número de cretinos, mesmo que seja difícil, já que eles têm um talento especial para cruzar os nossos caminhos!

E os cretinos em nossas famílias?

É ao mesmo tempo muito banal e muito delicado. Frequentemente, esforçamo-nos para isolar o cretino. Há situações em que uma mulher não consegue ou não quer se divorciar de um cretino, mas se esforça ao máximo para evitá-lo, para reduzir o seu contato com ele. Para a nossa sanidade mental, não há muito o que fazer na maioria das vezes...

---

* R. Sutton, professor de Administração em Harvard, publicou o seu livro *Chega de babaquice!* em 2007, no qual defende a ideia de um ambiente profissional livre de cretinos, particularmente os assediadores.

Os cretinos são mais felizes do que a média?

Ótima pergunta! Platão e Aristóteles desenvolveram uma visão objetiva para a alegria: agir com retidão. Tudo o que um cretino não faz! Por isso, a qualidade das suas relações é deplorável. Não obstante, quer seja dito, quer não — o que dificilmente é o caso —, um cretino pode ser mais alegre que a média, segundo uma visão subjetiva de alegria, por sua vez, confundida com a satisfação. O cretino se contenta quando obtém o que deseja: atenção, celebridade, dinheiro, poder, prestígio, tudo aquilo que se acha capaz de reivindicar. Porém, não raro, ele só mantém seu sentimento de superioridade à custa de uma enorme ansiedade. Porque, por melhor que seja em seu joguinho — e ele é excelente —, o cretino é obrigado a se achar mais esperto e se colocar sozinho contra tudo e contra todos, sem desculpas, mesmo que ele se encontre no cerne das altercações cotidianas. Entre os cães ou gorilas, o macho alfa quase sempre morre jovem por causa do estresse gerado pela sobrevivência dos rivais. Ainda que o cretino se considere subjetivamente feliz com a sua existência, certamente iríamos querer dizer a ele: "Então, meu amigo, você poderia se esforçar para ser mais flexível, assim seria menos estressado!".

Sentimos uma inveja secreta dos cretinos?

Não necessariamente. Talvez nos sintamos impotentes, frustrados, indignados diante de alguém que nos cause repulsa. Como alguém pode ser assim? A emulação não pode ser considerada. Mas quando os cretinos obtêm sucesso, sentimos uma prova dessa inveja: "É assim que se fica famoso, comportando-se como um cretino? Queria eu ter feito o mesmo! Mas foi ele quem teve a ideia, ele foi mais rápido". Se nos sentimos um pouco cretinos, podemos viver na pele essa experiência. Mas ao ver um cretino pelo caminho, lembre-se de que o desprezo é o que mais o afeta.

Podemos sentir gratidão por um cretino, nem que seja só para mostrar que somos melhores que ele?

Mesmo que aprendamos a lidar com ele, a minha opinião é que não somos capazes de sentir gratidão pelos cretinos, a menos que eles acabem reconhecendo o nosso valor como ser humano. Sempre podemos nos felicitar por melhor compreendê-los e melhor suportá-los, como me senti depois de terminar o meu livro. Mas não sinto gratidão por eles, porque fazem coisas erradas pelas razões erradas, sem nenhuma consideração por mim. Eles despertam muitas frustrações e constrangimentos. Ao fim da jornada, às vezes penso que fiz a coisa certa ou respondi da maneira certa para eles, mas não lhes sou grato: preferiria não ter cruzado o caminho deles!

Em 2016, você escreveu um livro sobre os perigos que representaria a eleição de Donald Trump. Você o considera o cretino supremo, ou ele é muito mais esperto que isso?

Sim, Donald Trump é um cretino supremo, um supercretino, se assim preferir. Com isso, quero dizer que ele é um cretino que inspira tanto respeito quanto admiração por dominar a arte da estupidez, apesar de estar rodeado por fortes concorrentes. Os cretinos, normalmente, devem rivalizar por um lugar de "chefe" dos cretinos, ou "barão" dos cretinos, mas podem chegar aos pés de Trump encadeando estupidez atrás de estupidez (Kim Jong-un, da Coreia do Norte, é uma exceção notável). Aqueles que lá chegam, como Chris Christie, ex-governador de Nova Jersey, acabam, muitas vezes, se tornando mais submissos.

Alguns filósofos ilustres foram cretinos?

É engraçado, mas escrevi sobre Jean-Jacques Rousseau, cujas considerações sobre o amor-próprio são demasiado importantes para compreender o sentimento dos cretinos e a dinâmica de destruição que deles resulta. Rousseau abandonou vários dos seus filhos, e, pelo que encontrei, virtualmente comprou uma jovem de 12 anos e a hospedou numa pequena casa para obter favores sexuais... Apesar da sua genialidade, ele lembra bem um cretino em certos aspectos!

Os cretinos o parabenizaram pelo livro que o senhor escreveu sobre eles?

Sim, leitores me escreveram para dizer: "Obrigado pelo livro, meus filhos me deram um exemplar de presente, e eu, sem dúvida, sou um cretino". Seus comentários eram sempre gentis. "Bravo, bom trabalho..." Daí a me dizerem que isso mudaria as suas vidas e que se comportariam de maneira diferente, não caio nessa. Quanto aos cretinos que conheço, não sei se leram: faço o que posso para limitar ao máximo as nossas interações!

— Conversa registrada por Jean-François Marmion

Da burrice à tolice

PASCAL ENGEL
Filósofo e diretor de estudos da
Escola de Altos Estudos em Ciências Sociais.

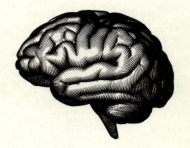

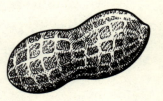

Como classificar as diversas formas de burrice: palerma, idiota, cretino, néscio, tapado, babaca, imbecil, débil, inepto e, o qualificativo supremo, estúpido? Todos eles são a mesma coisa? "Burro" é o gênero do qual as outras formas são as espécies? Se não for "estúpido", o que parece interligar todas as outras palavras? Pode a própria burrice ser definida, de tal modo que essas categorias sejam imprecisas e frequentemente reduzidas a simples insultos sem que possamos jamais determinar se elas são propriedades reais? O próprio vocabulário da burrice aparenta ser tão sistematicamente associado a idiomas e culturas que parece impossível que não seja universal: *tonto* em espanhol é o análogo direto do francês *idiot*? *Moron* em inglês norte-americano é o equivalente de *dunce* do inglês britânico? *Asshole* pode ser interpretado como o cretino? A diversidade de formas da burrice é tão grande que, desde a Antiguidade, muitos dos que eram atrelados à tarefa de definir a essência rapidamente renunciaram por não poderem ilustrá-la. A comédia e a sátira, que tratam com a mesma frequência (ou, talvez, exclusivamente) da burrice humana, oferecem-na, de Aristófanes a Luciano, de Juvenal a Pérsio, de Erasmo a Swift e Pope, de Molière a Voltaire, de Feydeau e Labiche a Jarry, de P. G. Wodehouse a Flannery O'Connor, com representações tão variadas que temos dificuldade de encontrar a menor unidade: navio dos loucos, feira, pandemônio, zoológico? A maior parte dos burraldos se contenta com enumerações e exemplos, e cada vez que um filósofo tenta trazer uma nova teoria, ela é imediatamente desmentida por outras. Só a literatura, de Flaubert a Bloy, de Musil a Gombrowicz, de Sartre a Kundera, parece ser capaz de lidar com isso, mas sem ultrapassar um fato desanimador: "As coisas são assim mesmo".

Os níveis de burrice

Apesar de a classificação da burrice ser difícil, não é impossível. A burrice tem níveis, que podemos descrever como conjuntos de disposições adequadas aos tipos de indivíduos. No degrau mais baixo da escada, há a burrice pesada, literalmente bruta, daquele desprovido de inteligência, e que se aproxima do reino animal (asno, burro, jumento) ou vegetal (cabeça de abóbora, cabeça de abobrinha, cabeça de batata), que o termo palerma designa perfeitamente. No mesmo degrau também está o tapado, aquele a quem tudo deixa embasbacado, com o lábio inferior pendente. Essa burrice grosseira é próxima da terra (aquela da Beócia dos gregos) e das pedras (o que é atestado pela fábula dos dois viajantes e o urso). A gíria francesa a reduziu a uma escolha: *con* (estúpido), nome do órgão sexual feminino, e, em referência mais aos homens, cabeçudo ou cara de bunda. Um degrau acima, há os idiotas e imbecis, aqueles cujo intelecto é tão fraco (débil) que invade o território da patologia, tão peculiares são eles. A espécie deles é a mesma dos cretinos, afetados por uma fraqueza hereditária. Mais um degrau acima, tem aqueles que são desajeitados, mas gentis, e, ao que parece, um pouco mais espertos que os palermas. São os paspalhos, os trapalhões, os malandros, os aparvalhados.

Outro degrau acima, encontramos os babacas. O babaca não necessariamente é desprovido de inteligência, e pode, de vez em quando, fazer julgamentos. Mas ele é mau, e, sobretudo, convencido, pois adora alastrar a sua influência e demonstra precisar dos outros: ele é tão social quanto os grosseiros são solitários. É grandiloquente e pomposo, à maneira de Trissotin, em *As mulheres sábias*. O babaca não é passivo: frequentemente age como Bouvard e Pécuchet, com uma atividade transbordante. Não é hostil ao saber, e não é incapaz de obtê-lo, mas a sua atitude de babaca deve-se ao fato de que não sabe aplicá-lo nem colocá-lo em prática.

Subindo mais um degrau que o babaca simples, há o que Musil chama de "burrice sofisticada" ou "inteligência", e a qual ele diz que se estende às mais altas esferas do espírito.[21] O babaca inteligente pode ser muito sábio e muito culto; pode até mesmo brilhar na sociedade, mas a sua inteligência não é compatível com o seu emocional. Ele projeta planos inadequados e desproporcionais, porque há nele, diz-nos Musil, uma "harmonia insuficiente entre os caprichos do sentimento e um entendimento que não basta para contê-los". Musil cria uma oposição dessa burrice, ou "babaquice inteligente", com a burrice "honesta", que possui "os bons ventos da vida". A sua figura é quase sempre a do esnobe, que não sabe por que admira alguma coisa ou alguém, homem ou mulher do salão, como Madame Verdurin, personagem principal de *Em busca do tempo perdido*, de Proust; ou do homem de projetos, como Arnheim e o general Stumm, em *O homem sem qualidades*, *de* R. Musil; ou dos planificadores, como o escritor da Modesta Proposta, do livro de mesmo nome de Jonathan Swift. No babaca sofisticado reside uma forma de amoralidade que não conduz, como nas outras formas de burrice, a uma inadequação dos meios aos fins, mas a uma cegueira em relação à natureza dos fins. Essa forma elevada de babaquice é um defeito, e aqueles que foram afetados por ela são plenamente responsáveis. É aqui que a ideia corrente da burrice como defeito intelectual encontra os seus limites. Com frequência, dizemos que aquele que é burro também é mesquinho e cruel: ele ignora, e quase sempre desdenha, valores morais. Mas há casos em que ele também escarnece dos valores intelectuais.[22]

Babaquice e *bullshit*

É aqui que a burrice inteligente — além de ser propriamente a babaquice, no sentido dos clássicos que só empregam raramente o termo "burrice" — reúne o que Harry Frankfurt chamou de *bullshit*.[23] A *bullshit* é um tipo de discurso que consiste, literalmente, em dizer qualquer coisa, sem dar a mínima para o fato de ser verdadeira ou falsa. A forma típica da *bullshit* é o bate-papo mundano, ou a "conversa de botequim", mas que sempre encontramos no jornalismo e na publicidade. O *bullshitter* é aquele que "fala estupidezes", razão pela qual o livro de Frankfurt foi traduzido para o francês com o título *De l'art de dire des conneries* [A arte de dizer estupidez]. Mas praticar *bullshit* não significa fazer, nem mesmo dizer, babaquices ou coisas absurdas ou estúpidas. É desdenhar sistematicamente não só das regras de verdadeiro e falso, mas do próprio valor daquilo que é verdadeiro. Frankfurt insiste no fato de que o *bullshitter* não é um mentor, pois o mentor respeita a norma do verdadeiro e precisa concretizar a sua mentira. O *bullshitter*, ao contrário, não está nem aí. Mas ele é tudo, menos estúpido, ou gerador de estupidez. Longe disso; ele é inteligente, mas não tem interesse na verdade. Por isso é que é mais apropriado referir-se à *bullshit* pelo termo tolice.

O babaca inteligente pode ser muito sábio e muito culto

A produção de tolice é, diferentemente da babaquice simples, uma babaquice de segundo grau: ela reconhece os valores do verdadeiro e do conhecimento, mas não concorda com eles nem os pratica. Isso é porque ela, mais do que mentira, é uma forma de ilusão, que encontramos na maioria das vezes nos discursos públicos, como na política. No século XVII, a tolice correspondia àquilo que designaríamos por bom coração, sobre o qual Malebranche afirmou: "O estúpido e o bom coração são igualmente vinculados à verdade, com a diferença de que o estúpido a respeita e o bom coração a despreza". O babaca ou o burro simples (que pode ser, como a Félicité de Flaubert, de coração simples) respeita os valores do espírito, e pretende, inclusive, servi-los, mesmo que os sirva mal ou com o olhar torto. O babaca complexo, como o gerador da tolice, desdenha deles. Podemos, então, enxergar a tolice como o estado supremo da burrice. *O ilustre Gaudissart* de Balzac, as personagens de Daumier, o *Homem de Confiança* de Melville o encarnam na ficção, e Donald Trump na realidade.

O babaca racionaliza demais

Essa classificação das formas da burrice pode parecer rudimentar, mas ela tem a vantagem de destacar que a burrice não é (ou não é apenas) uma incapacidade de entendimento ou um defeito intelectual, nem uma privação de julgamento que deixaria o indivíduo, de maneira permanente ou temporária, num estado de inércia ou ausência de liberdade. É possível dizer o mesmo daquilo que os gregos chamavam de *moria* e os romanos de *stultitia*, e que traduzimos frequentemente por loucura ou insanidade, desde que Erasmo fez seu discurso irônico. A *stultitia* é tanto a loucura como a babaquice. Como disse Chamfort: "Três quartos de loucura são só de parvoíce". Ela se opõe à sabedoria e à razão dos antigos e dos clássicos, mas não é o outro absoluto ou o inverso da razão. O babaca adora racionalizar, e costuma racionalizar muito, como diz Chrysale em *As mulheres sábias*: "A racionalização repele a razão". O babaca não é apenas um *minus habens (pessoa pouco inteligente)*. É também aquele que exagera, que ultrapassa os limites do bom senso e, por isso mesmo, da decência no domínio do espírito. Ele é não pertinente e impertinente (e a tolice é uma forma de discurso impertinente).

Esse tema da burrice como excesso da razão foi trazido à baila pelos grandes moralistas da era clássica, de Jean de La Bruyère a Vauvenargues, assim como pelos grandes satiristas, como Swift ou Voltaire. Mas, nessas obras, o excesso era sempre exposto em nome do bom uso da razão, tida como direito natural e destinada a corrigir os impulsos traiçoeiros do sentimento. Os românticos, pelo contrário, exaltam a força e o valor do sentimento, menosprezando a razão fria. Eles não só se deixam fascinar pela loucura como identificam a burrice com a própria razão. Kant sustentava que a razão, quando se expande para além da experiência, esbarra inevitavelmente nas ilusões. Schopenhauer, e Nietzsche depois dele, retomou essa ideia de que a razão é naturalmente o excesso de razão — e ela é burra exatamente por isso. Relembrando as palavras de Georges Picard, "a razão que é estúpida".[24] Os grandes escritores da burrice no século XIX, sendo o mais importante Flaubert, retomaram o tema. Homais, Bouvard e Pécuchet — e, por meio deles, a burguesia — são três racionais. Porém, eles exageraram. Segundo a concepção deles, a vontade termina sempre por prevalecer sobre o entendimento, sem que, por sua vez, o segundo esteja ausente.

Em seu grande livro *Bréviaire de la bêtise* [Breviário da burrice, sem tradução para o português], Alain Roger esmiuçou o tema da "razão suficiente": o babaca, autossuficiente e arrogante, crê que, para tudo, basta a razão.[25] Segundo ele, a burrice incorpora, ao ridicularizá-los, os princípios básicos da lógica: outros excluídos, contradição e identidade. O babaca pretende que toda proposição seja verdadeira ou falsa ("você me ama ou não?"), ele não tolera as contradições ("não podemos, de uma só vez, escolher uma coisa e seu contrário") e, sobretudo, abusa de tautologias ("negócios são negócios", "um judeu é um judeu"). Flaubert e Bloy, em particular, observaram essa natureza identitária da burrice burguesa, que se deleita com lugares-comuns e truísmos ("artistas: todos farsantes"). Aí, encontramos a vaidade do babaca, nessa autossatisfação tautológica, que não diz nada, porque é sempre verdadeira. Tautologias são ditas quando não temos nada de pertinente nem sensato a dizer, a não ser para nos referirmos à identidade das coisas por meio delas mesmas: "um babaca é um babaca", "uma mulher é uma mulher" e, ironicamente, registrado por Brassens, "quando o cara é estúpido, é estúpido". Aqui a produção de tautologias se aproxima da tolice, que fala coisas vazias, mas se expande sem vergonha, cheia de si. É também a marca de uma forma de estupidez obstinada, cuja burrice militar, por essência autoritária, é o paradigma (Graeme Allright cantou: "Com água pela cintura, um velho estúpido dizia-nos para avançar").

A era da burrice em massa

Os lugares-comuns são os pensamentos da coletividade, das multidões, que os românticos contrapõem ao individual, o único capaz, em nome da arte, de se opor à despersonalização do "nós" representado pela razão e pela técnica. Porém, no século XX, e mais ainda no seguinte, até a arte se tornou burra e falsa, como no *kitsch*, que é uma forma de babaquice aplicada à beleza, uma enfermidade do julgamento estético.[26] No entanto, a burrice, sobretudo, deixa de ser o atributo característico de um tipo individual, como ainda o era nos séculos XVII e XVIII, e se torna verdadeiramente coletiva e massificada. A produção da tolice, que era endêmica na imprensa, tornou-se pandêmica nas mídias, na internet e nas redes sociais, que a difundiram de maneira acentuada, tornando-a uma força política. Dessa forma, ela fez parte do que passamos a chamar de era da "pós-verdade", a qual poderia muito bem ser apelidada de era da tolice: a produção de um tipo de discurso e de pensamento que não se preocupa mais em saber se há verdade no que foi dito, mas leva em consideração o efeito produzido. A tolice imediatamente se faz burra, porque é descontrolada, e hábil, porque se encontra a serviço de estratégias políticas e da propaganda.

Se a burrice e a babaquice encontram as suas origens no excesso da razão, como podemos confiar na razão *per se* para resistir a elas? Este é o dilema confrontado por todos os pensadores, de Nietzsche a Heidegger, de Sartre a Foucault, que acusaram a razão e o iluminismo de terem produzido a cultura de massa, a técnica "racionalizante" e o totalitarismo. Todos eles, assim como os românticos, decidiram adotar com regularidade o irracionalismo. Todavia, o remédio para a doença da burrice não é o abandono da razão. É a razão crítica e consciente dos seus limites.

O ser humano engana-se redondamente

JEAN-FRANÇOIS MARMION
Psicólogo e redator-chefe da revista *Le Cercle Psy*.

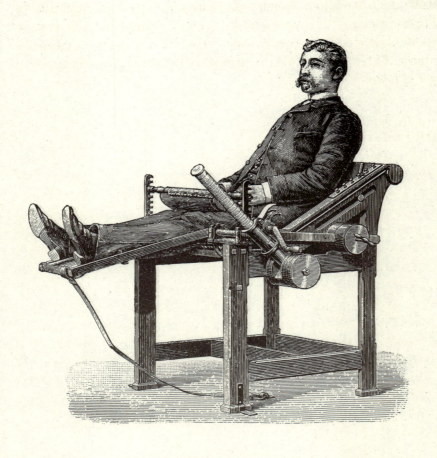

Se você não conhece o *Homo œconomicus*, apresse-se para encontrá-lo enquanto ainda está vivo. Até a virada do século, ele era o modelo do sujeito autônomo, determinado segundo "a utilidade esperada" de suas escolhas, ou seja, agindo em prol de seus interesses pessoais, especialmente financeiros. Egoísta, racional e constante. O testa de ferro da economia neoclássica. Era simples. Era belo. Era falso.

Vade retro, œconomicus!

Há muito que os psicólogos vêm debatendo a respeito desse modelo. Suspeitamos que os psicanalistas, sempre inclinados a buscar pulsões, motivações inconscientes, a face oculta, tinham motivo para se mostrar céticos diante de um sujeito supostamente inteligente e perspicaz. Mas outros pareciam acreditar em tal possibilidade, a começar pelos cognitivistas, para os quais o pensamento humano funcionava como um computador, processando informação com encadeamento de algoritmos.

Certos modelos dos anos 1980 (como a lógica natural de Braine ou a teoria dos esquemas pragmáticos do raciocínio de Cheng e Holyoak) retratavam-nos como manipuladores de regras formais, ou representações (é o caso da teoria dos modelos mentais de Johnson-Laird). No entanto, a partir dos anos 1960, outros cognitivistas criaram uma fissura nesse belo edifício, tal como Peter Wason com sua "tarefa de seleção".

Quatro cartas foram apresentadas a algumas pessoas. Cada carta era marcada por uma letra ou um número, por exemplo, D, F, 7 e 5. E as instruções? "Quais cartas você precisa virar para confirmar a seguinte regra: se há um D na frente de uma carta, há um 7 no verso?"

Mesmo que consideremos o problema por todos os ângulos possíveis, não há nenhuma resposta válida de um ponto de vista lógico:

precisa virar o D e o 5. Em outras palavras, deve-se buscar a que pode negar a regra, não confirmá-la. Senão, caímos num "viés de confirmação". Não daria para saber, você dirá!

De fato, 80% de nós ignoram e não têm nenhum palpite a respeito. Nós nos enganamos sem sequer ter a desculpa de estarmos transtornados pela emoção. Não há nenhum problema nisso, porque não somos lógicos nem estatísticos naturais, ao contrário de quem estuda a fundo a teoria do *Homo œconomicus*. Este foi refutado com uma investida intelectual devastadora em 2002, quando o psicólogo americano-israelense Daniel Kahneman recebeu o Prêmio Nobel de Economia. No início dos anos 1970, nos trabalhos realizados com seu colega Amos Tversky, falecido em 1996, ele trouxe à luz os raciocínios intuitivos que colocamos em prática no dia a dia, as "heurísticas". Elas se assemelham à lógica, mas são iguais a notas falsas: grosseiras e aproximadas. Na vida cotidiana, contudo, elas já bastam. Podemos empregá-las sem muitos problemas para nos poupar de raciocínios tediosos e minuciosos que, ainda que fossem demasiado precisos, nos esgotariam e paralisariam.

Com o Nobel, o *œconomicus*, rechaçado publicamente, não passa de uma glória do passado, e o caminho está livre para uma disciplina muito popular atualmente, sobretudo nesses tempos de crise em que os modelos econômicos tradicionais são repudiados: a economia comportamental. Nesse caso, estudaremos os nossos raciocínios e as nossas decisões não mais em situações despersonificadas, mas plausíveis, transpostas para a situação experimental. E o resultado não é muito lisonjeiro para nós. Quanto viés! Somos todos leigos em argumentação e deliberação. Por conta disso, a perseguição aos nossos raciocínios falhos tornou-se uma prova olímpica da psicologia social ou cognitiva, assim como das neurociências, com resultados cada vez mais constrangedores para o mito do humano racional. Por exemplo, o psicossociólogo Solomon Asch demonstrou que, por uma questão de conformismo, estamos dispostos a negar o que percebemos. Se formos os únicos de um grupo a reconhecer que duas linhas têm igual comprimento, ficaremos tentados a nos equivocar voluntariamente só para nos moldarmos, de boa-fé, à opinião alheia.

Então, em 2005, o pesquisador Gregory Berns, da Universidade Emery de Atlanta, refez o experimento de Asch sob a observação de ressonância magnética. O que ele viu? Quando renunciamos a acreditar em evidências, não é a área do cérebro especializada em resolução de conflitos cognitivos que é acionada, mas apenas a da percepção espacial.

O julgamento de terceiros transforma a nossa percepção das linhas; aquilo que considerávamos uma aberração, a partir de então, torna-se uma verdade e deixa de representar um problema. Moral da história: o erro não passa de uma opinião superficial, pois transforma a própria percepção da realidade. O erro cega. Ou, pelo menos, cria ilusões. Dá um tempo!

Literatura sobre os nossos malditos vieses e as nossas lamentáveis heurísticas não para de surgir. Por vezes, com o intuito de nos alertar: *Arrêtez de vous tromper!*[27] [Parem de se enganar!], anuncia o escritor suíço Rolf Dobelli, na esperança de nos ensinar a contornar as armadilhas das nossas racionalizações cotidianas, principalmente se decorrem de economistas e jornalistas...

Deus ajuda quem se equivoca*

Justo uma jornalista, Kathryn Schulz, escolheu o lado oposto em *Cherchez l'erreur! Pourquoi il est profitable d'avoir tort*[28] [Vá atrás do erro! Porque é lucrativo estar errado]: nós erramos, e daí? Cabe a nós aprendermos com os nossos erros, pois eles podem ser criativos e instrutivos. Portanto, o debate não interessa apenas aos psicólogos e economistas. Nesse caso, vale a pena se vangloriar por ser racional, desesperar-se com as tolices ou reconhecer as fragilidades como uma oportunidade? Talvez todas as opções anteriores.

Em seu último trabalho, *Rápido e devagar: duas formas de pensar*, Daniel Kahneman, ele outra vez, constata que o nosso raciocínio funciona em duas velocidades.

O que o Prêmio Nobel chama de sistema 1 é o apanágio das heurísticas. É o piloto automático. Pensamos errado, mas pensamos

---

* N. do T.: O autor faz um trocadilho com o lema *"Aide-toi, le ciel t'aidera"*, que significa "Deus ajuda quem se ajuda". A primeira parte, *"Aide-toi"*, tornou-se o nome de uma sociedade jacobina que, por meio de cartas e publicações, visava criar oposição ao governo vigente.

rápido, reagimos da melhor maneira possível com o que está diante de nós, no calor das emoções, e seguimos em frente. Classificamos o mundo a toque de caixa, criamos estereótipos, fazemos tudo de qualquer jeito... Quase sempre funciona; porém, ocasionalmente, as coisas não saem como se imaginava. Então, o sistema 2 assume o controle. Potente, preciso, sutil, ele é capaz de uma ginástica mental de alto nível. Não estamos acostumados a ele, que detesta fazer tudo às pressas. Ele entra em ação, mesmo que precise demorar uma eternidade. Mas tem um defeito: é preguiçoso. Enquanto o agitado sistema 1 conseguir tocar o barco, mesmo que a duras penas, o sistema 2 vai se deixando levar. Só quando estiver próximo de uma agitação é que ele tomará coragem para assumir o leme... mas monopolizar a atenção consome muita energia. A qualidade tem um preço! Em poucas palavras, graças ao sistema 2, conseguimos raciocinar bem. Só um pouco. Mas quase nunca queremos.

Mesmo assim, jamais atingimos a infalibilidade da glacial lógica formal. Herbert Simon, outro laureado com o Nobel de Economia (mas em 1978), estimou que somos dotados de uma racionalidade, sem dúvida, mas uma racionalidade "limitada". Inclusive, foi por causa disso que a nossa espécie sobreviveu.

Se os nossos ancestrais tivessem adotado a postura do pensador de Rodin na hora de decidir se deveriam fugir diante de um predador ou inimigo, a humanidade já teria sido extinta há muito tempo! Ainda bem que existe um sistema 1, mesmo que esteja mais propenso ao erro.

No entanto, se somos aptos a refletir sobre ele e a lamentar os seus fracassos é porque desenvolvemos, paralelamente, um sistema 2 luxuoso para ser utilizado com parcimônia. A lógica austera não era o nosso elemento natural; somos dotados de diversos registros de raciocínio imperfeitos, porém adaptados à nossa condição, que nos permitem sobreviver num ambiente complexo, instável e incerto.

Portanto, sim, é verdade, errar é humano. No sentido de que, provavelmente, devemos ao erro boa parte da nossa humanidade...

DEIXEMOS QUE A JUSTIÇA FAÇA O SEU TRABALHO (DE DIGESTÃO)

Depois da pausa do café da manhã ou de uma pausa curta, 65% dos pedidos de liberação condicional são aceitos pelos juízes de execução penal. Logo em seguida, as sentenças vão ficando cada vez mais severas, até praticamente todas serem recusadas em blocos. Depois da pausa seguinte, eles retornam ao limiar de 65% de vereditos benevolentes. Foi o que demonstrou, em 2011, uma análise com quase mil decisões emanadas de oito magistrados israelenses.[29] Dependendo de estarem satisfeitos ou alertas, os juízes de execução emitem o julgamento de inocente ou culpado.

J.-F.M.

PALAVRAS-CHAVE

LÓGICA NATURAL DE BRAINE

Nós interpretamos os elementos de um problema em lógica proposicional, ou seja, em formulações abstratas, fora de contexto e independentes da nossa experiência, ao estilo: se A então B; A, portanto B (caso de *modus ponens*, em lógica). Ou ainda: se A então B; não B, portanto não A (*modus tollens*) etc.

TEORIA DOS ESQUEMAS PRAGMÁTICOS DO RACIOCÍNIO DE CHENG E HOLYOAK

Nós raciocinamos a partir de conhecimentos adquiridos pela experiência e de forma condicional (do tipo "se, então"). Nesse contexto, se isto, então aquilo, ou não (por exemplo, se um carro vier correndo, eu não atravesso a rua).

TEORIA DOS MODELOS MENTAIS DE JOHNSON-LAIRD

Nós raciocinamos não a partir de simples regras lógicas, mas a partir de representações, que ilustramos por meio de exemplos ou contraexemplos.

CRÍTICA AO RACIOCINADOR PURO

O mítico *Homo œconomicus* deveria praticar a lógica pura. Raciocinar à custa de dedução, que consiste na utilização de pontos de partida (premissas) apresentados como verdadeiros, para obter uma conclusão igualmente confiável. Em virtude disso, os seus teóricos negligenciaram completamente outros tipos de raciocínio que praticamos de modo mais corriqueiro, como a indução, da qual extraímos uma lei geral derivada de observações parciais, num consequente estado de incerteza. É isso o que explica Jean-François Bonnefon, diretor de pesquisas da Toulouse School of Economics e medalha de bronze do CNRS [Centro Nacional da Pesquisa Científica, na sigla em francês, o maior órgão público de pesquisa científica da França e uma das mais importantes instituições de pesquisa do mundo], autor do livro *Le raisonneur et ses modèles*:[30] "A dedução representa apenas uma ínfima fração do nosso raciocínio, atribulado por todo tipo de parâmetros: por exemplo, as nossas preferências, aquelas que gostaríamos que acontecessem, aquelas que adoraríamos que fossem verdadeiras. Durante muito tempo, estudamos os nossos pensamentos relacionados a fatos imateriais, sem nos preocuparmos se eram desejáveis ou favoráveis. Era como se estivéssemos raciocinando sempre pelo prazer de raciocinar, sem objetivo prático. Ora, nós não só pensamos com determinado objetivo, mas também somos capazes de raciocinar integrando objetivos presumidos de terceiros. Quando racionalizamos as pessoas, levamos em conta o que achamos que elas querem".

E mesmo que quiséssemos sempre raciocinar por dedução, não poderíamos. Simplesmente porque raramente dispomos de premissas incontestáveis para fundamentar a nossa reflexão. Jean-François

Bonnefon prossegue: "Tínhamos conhecimento de pessoas capazes de lidar com o estado de incerteza, mas considerávamos esse quadro como secundário. Posteriormente, cada vez mais pesquisadores passaram a indicar o inverso: o cotidiano associado à dedução — a manipulação de informações seguras — era secundário. A verdadeira capacidade primitiva é a que lida com incertezas, a dedução que representa um mero caso-limite. Quando a pessoa consegue raciocinar com a incerteza, também o faz com a certeza: quem pode mais, pode menos. Daí surgem as teorias que buscam explicar o mais em vez do menos...". Teorias irrealistas consideram-nos imateriais, e não se interessam pelos nossos erros, pelas nossas falhas de raciocínio: num mundo ideal, as hipóteses fundamentadas na nossa racionalidade pura seriam perfeitas, como um jardim parisiense. No mundo real, elas seriam a árvore que esconde a floresta.

J.-F.M.

FESTIVAL DE VIESES (E HEURÍSTICAS)

Existem dezenas de maneiras de pensar, não importa como, e nós praticamos todas elas! Agora veremos alguns vieses (erros de raciocínio) e heurísticas (deduções automáticas e aproximadas, mas não necessariamente falsas) claramente identificadas pela psicologia científica.

Heurística da representatividade: o caso Linda

Um grande clássico da dupla Kahneman/Tversky. Linda é uma trintona, solteira, brilhante e dedicada. O que é o mais provável? Que ela seja funcionária de um banco? Feminista? Ou funcionária de um banco e feminista? Quase todos nós ficamos inclinados à terceira hipótese, a visão mais plausível, visto que acreditamos saber identificar bancários e feministas. Ora, isso é ilógico, pois quaisquer que sejam as características de Linda, de um ponto de vista estatístico "Linda é isto" continua sendo mais provável que "Linda é isto e aquilo".

Heurística da ancoragem/adaptação: um péssimo ponto de referência no nevoeiro

Escolha um número qualquer e depois estime quantos são os Estados membros da ONU. Quanto mais elevado for o número escolhido, mais Estados você vai incorporar à ONU (e pronto, a experiência foi feita!). Na dúvida, procedemos a estimativas a partir de um ponto de referência, mesmo que sugerido ao acaso, e mesmo que não tenha nenhuma relação com a questão em tela. Uma ancoragem que, paradoxalmente, nos leva à deriva, não à verdade.

Heurística da disponibilidade: tem razão quem faz mais barulho

Nós extrapolamos com base na lembrança que mais despertou a nossa imaginação, ou simplesmente a mais recente. Um esquizofrênico cometeu um homicídio? A informação fica gravada na nossa mente, e se não conhecemos nada de esquizofrenia, chegamos à conclusão de que todos os esquizofrênicos são perigosos. Não falamos de trens que chegam na hora certa, então todos estão atrasados!

Aversão à perda: mais vale uma migalha do que ficar sem o que já se tem

A ideia de perder cem euros nos deixa duas vezes mais comovidos do que ganhar a mesma quantia. A aversão à perda está no cerne da teoria das perspectivas, uma das tantas elaboradas por Daniel Kahneman e Amos Tversky. É por isso que um corretor de ações sempre fica um tempão esperando antes de revender com prejuízo. Além do que, somos mais facilmente convencidos por um argumento do gênero "Não deixe diminuir o seu poder de compra" do que por "Aumente o seu poder de compra". "Trabalhar mais para ganhar mais"? Não, "trabalhe mais para perder menos!".

Viés de enquadramento: o copo está meio vazio ou meio cheio?

Você tem à sua escolha dois aviões: o primeiro tem 97% de chances de chegar em segurança; o segundo, 3% de chances de se espatifar. Você entra em qual? Espontaneamente, você tende a escolher o primeiro, embora os riscos sejam equivalentes para os dois voos. Dessa forma, a formulação modifica o nosso julgamento.

Viés de confirmação: preconceitos ou nada

É de uma banalidade absoluta: nós preservamos aquilo que confirma nossa visão de mundo, e minimizamos ou negamos o que pode vir a demonstrar que ela é falsa. Exemplos: Eu sou de direita? Eu leio *Le Figaro**, sem dúvida. De esquerda? *Libération*. Creio em astrologia? Saio de peito estufado ao lado dos três astrólogos que previram um acidente de avião nos Estados Unidos, em setembro de 2001. Ignoro os outros milhares de pessoas que não previram os atentados de 11 de setembro. E se, por fim, não houver outra escolha, se eu tiver conhecimento de um fato científico que prova que eu estava errado... Como isso não me fará mudar de ideia, afirmarei que a ciência deixou de ser madura, deixou de buscar um bom método com o intuito de tirar conclusões válidas sobre o tema que me é caro. É o que o psicólogo Geoffrey Munro classifica como "desculpa da impotência científica".

Viés retrospectivo: eu tinha certeza!

"Você está surpreso com o resultado das eleições legislativas?" "De maneira alguma!", responde o analista político. "Verdade seja dita, não tinha como ser diferente!" E destrincha de boa-fé os fatos ou as tendências gerais que conduziram de forma coerente à situação presente... à qual, porém, ele jamais se referiu. Incrível que o destino tem seu *modus operandi*; o problema é que esquecemos de decifrá-lo antes que seja tarde demais.

Viés de autoridade: "síndrome de jaleco branco"

Certa manhã, um desconhecido disfarçado de Napoleão adverte transeuntes que um OVNI acabou de sobrevoar a cidade. Ele lhes entrega uma máscara para se protegerem das emanações extraterrestres

---

* Nota do editor: aqui o autor cita os principais jornais franceses em circulação.

potencialmente nocivas. Após o meio-dia, ele faz a mesma coisa, mas vestido com um avental branco. Na sua opinião, em qual dos dois casos os transeuntes vão hesitar? Diante de um especialista, costumamos "baixar a bola". O psicólogo social Stanley Milgram revelou o mais célebre experimento dos anos 1960, no qual pessoas comuns, para agradar um pseudocientista, aceitam dar choques em desconhecidos.

Viés de complacência: "caí ao chão, foi culpa de Voltaire"

Se consegui, é porque sou muito bom. Se me dei mal, a culpa é dos outros ou das circunstâncias. Não se deve, sobretudo, confundir com o erro de atribuição fundamental: julgamos que outros são responsáveis pelos seus respectivos comportamentos, mesmo que haja fatores externos. Por exemplo, pensamos que aquele que lê um discurso de Fidel Castro (por ter sido obrigado a tal) deve também concordar com o que leu (o experimento foi realizado).

A ilusão da causalidade (ou correlação ilusória): as cegonhas e os bebês

Não é porque dois eventos aconteceram ao mesmo tempo que estão necessariamente interligados. Se observarmos um aumento simultâneo no número de cegonhas e de bebês, não haverá nenhuma relação de causa e efeito. Contudo, a ilusão da causalidade dá lugar a debates espinhosos. Assim, nos vinte últimos anos, o forte aumento nos casos de autismo coincidiu com a expansão da internet... portanto, a internet causa autismo. Uma perspectiva impertinente fornecida pela pesquisadora Susan Greenfield, da Universidade de Oxford, que, em virtude disso, foi alvo de imenso sarcasmo.

O efeito halo: quem rouba um bife rouba um boi

    Você tem olhos lindos, sabia?... Portanto, você deve ser simpática, inteligente, honesta e não deve cheirar mal embaixo dos braços. Absurdo? Reconhecer qualidades de uma pessoa torna você predisposto a atribuir-lhe muitas outras. Na escola, um aluno mais atraente fisicamente tem mais facilidade de tirar boas notas, pois supõe-se que ele seja mais talentoso e cuidadoso. Eu sei que é terrível. Principalmente porque não sou nada bonito.

J.-F.M.

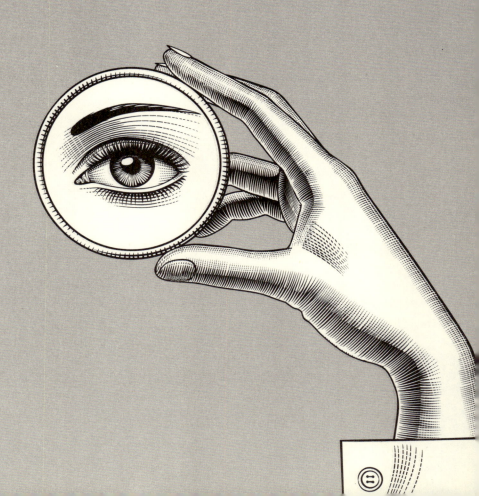

Estupidez e vieses cognitivos

EWA DROZDA-SENKOWSKA
Professora de Psicologia Social
na Université Paris Descartes.

Como a maior parte dos autores que escreveram sobre a estupidez, eu começo por uma confissão. Aceitei o convite de redigir este artigo durante uma discussão acalorada entre amigos, embora o título proposto tenha me desagradado. Porque, com a justaposição de "estupidez" e "viés cognitivo", correríamos o risco associado a ambos.

Duas ideias ficaram claramente desenhadas na minha mente.

A primeira era que estupidez é um termo que serve para qualificar um ato, uma palavra, de maneira mais pejorativa que "burrice". Como tal, o qualificativo deveria ter um forte poder de regulação (quando está relacionado a outros que utilizamos) e, acima de tudo, de autorregulação (quando aplicamos a nós mesmos). Quando afirmo ter cometido uma estupidez, em princípio, não tenho nenhuma intenção de cometê-la novamente. Sinto vergonha! A força desse vocábulo me intrigava. Mas como o francês era uma língua estrangeira para mim, eu não percebia muito bem no uso da palavra *"connerie"* [estupidez] a mesma vulgaridade manifestada de imediato pela palavra *"con"*[*] [estúpido]. E no meu meio, embora muito pedante quanto à escolha de palavras, "quanta estupidez!" [*quelle connerie!*] é uma expressão dita a todo instante...

A segunda ideia era a convicção de que os vieses cognitivos não podem, de jeito nenhum, ser classificados como estupidezes. Eles exemplificam as diferentes tendências no processamento da informação e do raciocínio que induzem as nossas diversas transgressões às regras da lógica, à teoria das probabilidades etc. Existem "atalhos" ou "curtos-circuitos" extremamente funcionais que decerto — às vezes, mas não sempre — nos conduzem a cometer erros. Os vieses no processamento da informação não são sinais de falta de inteligência, mas, sim, refletem uma extraordinária força nos nossos hábitos de pensar,

---

* N. do T.: Como já explicado anteriormente, a palavra *con* também está relacionada, mas de maneira bastante pejorativa, ao órgão sexual feminino.

forjados em prol da ação, não em prol da reflexão "pura". Nesse sentido, eles são testemunhas da subutilização quase crônica dos nossos conhecimentos, capacidades e competências. Ignoramos os nossos vieses momentâneos, mesmo que os conheçamos, e, sobretudo, nós os reconhecemos logo em seguida. Para aqueles que os estudaram, eles testemunham as falhas da dúvida, mas não da incapacidade de duvidar.

Estupidez e julgamento preditivo

Tomemos como exemplo os julgamentos preditivos, cuja importância é indiscutível. Sem eles, a nossa existência seria muito difícil, talvez até impossível. Não obstante, apesar ou em virtude disso, frequentemente nós os formulamos ao mesmo tempo que ignoramos informações pertinentes em prol daquelas teoricamente muito inferiores. E para piorar, ignoramos a nossa própria ignorância, isto é, erramos ao achar que temos razão. À primeira vista, não estamos assim tão longe da estupidez.

Vejamos agora as atividades inerentes a "advogados e engenheiros". Imagine que se lhes diga que psicólogos entrevistaram setenta engenheiros e trinta advogados. Logo em seguida, aqueles redigiram fichas com o resumo de cada uma das cem entrevistas. Pegamos ao acaso uma dessas fichas, na qual está escrito: "Jean é um homem de 39 anos. Ele é casado e tem dois filhos. Possui participação ativa na política local. O seu passatempo preferido é colecionar livros raros. Adora competições, debates e se expressa muito bem". A grande maioria das pessoas acha que há 90% de chances de Jean ser advogado, não engenheiro. Mas o certo é 30%. Por quê? Para estimar a probabilidade de Jean ser um advogado são necessários dois tipos de informação: uma relativa à probabilidade *a priori* de advogados na amostra, e a outra relativa à probabilidade de que as características descritas na ficha sejam as de um advogado. A primeira informação nos é fornecida: existem trinta advogados numa amostra de cem entrevistados, portanto a probabilidade de Jean ser um advogado é equivalente a 30%. A segunda informação não foi apresentada. Em tese, diante dessa incógnita, poderíamos adotar uma das duas opções abaixo, dizendo que:

1) em razão de tal informação não ter sido fornecida, ela não é pertinente;

2) trata-se de uma "constante", ou seja, a probabilidade de as características descritas na ficha serem de um advogado é a mesma que a probabilidade de serem as de um engenheiro; conhecer ou não essa probabilidade não muda nada.

Evidentemente, pouquíssimas pessoas assim o fazem. Com razão, Jean se assemelha a um advogado; um engenheiro seria completamente diferente! Essa convicção faz com que "o desconhecido" se pareça perfeitamente com o "conhecido". É verdade que Amos Tversky e Daniel Kahneman redigiram a descrição de Jean com o propósito de favorecer a impressão de se tratar de um advogado. O texto remete a um estereótipo frequente da categoria profissional dos advogados. Mas isso não nos impede de questionar a facilidade com que a maioria de nós cai nessa armadilha e privilegia a informação contida na descrição — digamos "individualizante" — em detrimento da informação provável *a priori*. Sem entrar em pormenores, parece bem claro que a nossa convicção se deve, em grande parte, à veracidade do nosso estereótipo relacionado aos advogados. Sem querer entrar no mérito da questão, se compararmos o conteúdo do estereótipo com as características de Jean, vemos imediatamente que ele possui os aspectos "típicos" dos advogados, muito "representativos" da categoria ("os semelhantes se reconhecem"). Assim, é muito mais certo que ele seja um advogado do que um engenheiro, ainda que os advogados sejam minoria na amostra analisada. Em termos técnicos, diremos que recorrer à heurística da representatividade está na origem de um viés que conduz, na situação acima, a uma negligência da informação sobre a probabilidade *a priori* e a uma preferência pela informação individualizante (descritiva). Como as outras heurísticas, a heurística da representatividade é um atalho mental econômico. Permite-nos formular uma conjetura, certamente falsa em teoria, mas aceitável, visto que é compartilhada por muitas pessoas. Recorrer a essa heurística, cuja aplicação ocorre sem que percebamos, possibilita simplificar a resolução de problemas e a remoção das incertezas que os caracterizam. No entanto, como veremos a seguir, essa vantagem tem um custo!

Estupidez e raciocínio hipotético-dedutivo

Esse exemplo de um julgamento preditivo tendencioso ilustra uma estupidez no sentido de manifestação de uma suficiência intelectual? Eu não acho, mesmo estando convencida de que se trata de uma das muitas manifestações do erro de duvidar do que nos conduz à busca da confirmação em detrimento da rejeição das nossas ideias. Para melhor compreender essa tendência, vamos nos debruçar sobre o experimento "2, 4, 6" do psicólogo cognitivo Peter Wason. Parece muito banal e incrivelmente simples, até o momento em que se vê que se entendeu tudo errado! Ele ilustra uma outra tendência bastante conhecida, e resumida no dito popular: "Por que facilitar se podemos complicar?".

Imagine que lhe peçam para encontrar a regra escolhida para construir a seguinte série de números: "2-4-6". Para confirmar a regra que você pensa estar correta, pode propor outras séries de três números. A cada vez, diremos se sua proposição é compatível ou não com a regra, e se a regra que você imaginou é a que escolhemos. Muito provavelmente, como a grande maioria das pessoas, a primeira ideia que vai testar é uma série de "números pares crescentes em intervalos de dois". Então, você propõe uma série de números "8-10-12" em pleno acordo com a sua ideia. Nós respondemos que a série proposta é compatível com a regra que escolhemos, mas que não é a que você pensou. Você propõe em seguida outro trio de números, por exemplo, "8-42-56", pois você diz que se trata de uma regra "números pares crescentes". Respondemos do mesmo jeito que antes. Depois da terceira ou quarta tentativa, você propõe, por exemplo, uma série "7-36-673", pensando se tratar de "números crescentes". Daí, respondemos que seu exemplo é compatível com a regra, e que a regra escolhida é exatamente a que você pensou.

Finalmente, você consegue acertar! Mas você não escolheu o método mais rápido. Poucos o escolhem. Ele consiste em investigar não para confirmar a sua ideia, mas para rejeitá-la. Para tanto, bastaria propor uma série "3-5-7" para testar a hipótese de "números pares crescentes". É mais difícil ser assertivo para rejeitar as nossas ideias do que para confirmá-las, nesse experimento em particular. Propor como exemplo uma série de números contrária à ideia que temos em mente parece absurdo, ou mesmo um desatino. No entanto, quando fazemos isso, somos obrigados a duvidar dos nossos conceitos. Se, de antemão, pudéssemos duvidar das nossas ideias, teríamos menos convicção da veracidade do nosso estereótipo do advogado, e seria mais fácil considerar o fato de que um engenheiro também pode se interessar por política local, exprimir-se bem e colecionar livros...

A ignorância é uma força motriz do conhecimento

Ao contrário do experimento com "advogados e engenheiros", o experimento "2-4-6" contém poucas informações, por isso nos impele a utilizar todas elas, tanto pelo fato de serem números pares quanto por serem crescentes. Fáceis de memorizar, esses três números permanecem como impressões indeléveis na nossa cabeça, presentes, disponíveis a todo instante. A heurística da disponibilidade faz com que essas poucas informações prevaleçam sobre o restante, e nos leva a cair na armadilha da confirmação.

Se esses dois exemplos ilustram a nossa tendência de buscar a confirmação das nossas ideias, o experimento "2-4-6", da mesma forma, revela a nossa tendência de formular mais hipóteses específicas do que gerais. Quase sempre, as últimas nos parecem muito simples e/ou evidentes para serem adotadas. Dizer prontamente que se trata de números crescentes, mesmo que se pense nisso, parece uma bobagem, para não dizer "um pouco estúpido". Essa tendência tornou-nos excelentes vítimas de anedotas. Por exemplo: "Por que os policiais usam suspensório azul, branco e vermelho?". Depois de estabelecer o vínculo com o serviço nacional, aprendemos que eles usam os suspensórios para sustentar as calças; descobrimos que essa anedota é uma bela de uma estupidez... ou, então, caímos na gargalhada ao vermo-nos pegos numa "armadilha para estúpidos"!

"Estupidez": um termo salutar

Concordo com aqueles que dizem que a ignorância não é uma estupidez. A ignorância é uma força motriz do conhecimento, contanto que tenhamos consciência do ato de ignorar e o que se está ignorando. A maior parte dos vieses no processamento das informações ou das tendências na nossa maneira de raciocinar são ignorados por nós mesmos. O problema, e um dos grandes, é que, mesmo revelados e demonstrados, eles continuam operando. Sobretudo diante das circunstâncias que não favorecem a dúvida. Ora, a verdadeira estupidez é aquela temida suficiência intelectual que não deixa lugar algum para a dúvida. Como esclarece Harry Frankfurt no seu *De l'art de dire des conneries* [A arte de falar estupidezes], cujo título original é *On bullshit*, ela é pior que uma mentira, pois aquele que profere coisas estúpidas perde o interesse pela verdade. Para combater a estupidez, há de se ter interesse em condená-la e, portanto, apontá-la. Dessa forma, não há nenhum problema em utilizar o qualificativo "estupidez" relativo a si mesmo. Se reflete o constrangimento confesso por uma incapacidade de raciocinar, então é prova de conscientização e, por isso, um princípio de autorregulação. Não há problema em não mais utilizá-lo em relação a terceiros. Introduzido em tom de brincadeira, de provocação irônica, esse termo serve de advertência, uma espécie de convite para se conscientizar de um equívoco, a fim de ser capaz de se corrigir...

ALGUNS COMENTÁRIOS SOBRE A ESTUPIDEZ

"Elucidar a estupidez é, por definição, uma estupidez ainda maior", escreveu Yvan Audouard no primeiro parágrafo de *La connerie n'est plus ce qu'elle était*[31] [A estupidez já não é o que era]. Difícil ignorar esse alerta, a menos que se leve ao pé da letra sua *Lettre ouverte aux cons*[32] [Carta aberta aos estúpidos], que começava pela famosa passagem: "Eu sei bem do que estou falando. Eu mesmo sou um deles".

"Elucidar a estupidez seria o mesmo que lhe dar um *status*, um lugar de honra, seria como lhe atribuir uma origem e uma função. Aliás, eu a vejo mais vívida e fecunda do que tudo, mais letal que funcional", escreve George Picard em seu ensaio *De la connerie*.[33]

De todo modo, independentemente de uma averiguação com o intuito de definir a estupidez ser ou não uma estupidez, faz-se mister saber de que se fala.[34] Comecemos pela etimologia da palavra. *"Con"** [estúpido] deriva do latim *cunnus*, "bainha, invólucro", e, por analogia, o órgão sexual feminino e a origem do mundo. No entanto, encontramos também outra etimologia, "coïonnerie", mencionada no *Dictionnaire de l'Académie Française* (edição de 1832-35), que significa "couillonnerie" [covardia, enganação], advindo de "coïon" ("couille", ou "colhões") e do latim *coleus*, bolsa de couro (ver *Le Garde-mots*, 2006).

Em função da etimologia remetendo ao sexo feminino ou ao sexo masculino, ao longo do tempo, o termo "con" e, por extensão, o termo *connerie* passaram ao registro vulgar. Inclusive, o *Dictionnaire de l'Académie Française* (1986), o qual explica o termo "connerie" em referência

---

* N. do T.: Preferimos realizar a tradução do texto, e consequente pormenorização do termo, no original francês, com o intuito de melhor transmitir a mensagem do autor.

a insensatez, burrice, erro grosseiro, assevera que só se deve empregá-lo com intenção de expressa vulgaridade.

O *Wiktionnaire* [Wikcionário], em 2018, aponta três acepções para o termo: 1) "fato de ser estúpido, estado daquele que é estúpido"; 2) "erro, ato estúpido"; 3) "assunto sem importância, bobagem". A definição aponta que a primeira se trata de registro vulgar, e as duas últimas, de registro popular.

Detentor de uma conotação demasiado vulgar, o termo "*connerie*", conforme foi sendo propagado, tornou-se menos estigmatizado. Mas a sua escolha, seja em relação às suas próprias derivações ou aplicações, seja quanto a termos aproximados, está longe de ser neutra.

No que tange ao primeiro sentido, a maioria dos dicionários o remete a imbecilidade, idiotia, insensatez, babaquice, burrice ou até inépcia, ou seja, expressão ou ato desprovidos de inteligência! As referências a erro (cf. erro grosseiro) são mais raras que a estupidez, babaquice ou burrice. Essa última, diga-se de passagem, foi objeto de numerosas reflexões que esclarecem o sentido do termo "*connerie*" [estupidez].

Dentre as definições atuais, aquele que é burro ou besta (como "as bestas", os animais), em função de falta de inteligência, é destituído da faculdade de julgar. Assim, qualificar gestos ou palavras de burrice sem situá-los no registro da vulgaridade parece-nos bastante significativo. E, ainda por cima, para atenuá-lo, evoca-se a ignorância, e, mais precisamente, a ignorância da nossa própria ignorância. A ignorância é uma ausência de conhecimento (sobre o que é o conhecimento e sobre si mesmo). Se a ignorância é um vazio, uma ausência capaz de ser contornada, em especial pela educação, a estupidez é o contrário: é uma suficiência intelectual que não precisa ser preenchida, pois já é plena por natureza. Jacques Lacan[35] cita isso num trabalho de 1975: "Como há muitos, a maioria inclusive, que não assistiu aos meus primeiros seminários, eu me permitirei revisitar algo para o qual, nas minhas primeiras palestras, gosto de chamar a atenção da plateia: eu adverti que a psicanálise é um remédio de combate à ignorância; ela não surte efeito contra a estupidez".

E. D.-S.

O pensamento em duas velocidades

ENTREVISTA COM DANIEL KAHNEMAN
Professor emérito de Psicologia da
Universidade de Princeton.
Prêmio Nobel de Economia.

Segundo o senhor, todos nós dispomos de duas maneiras para processar informações: um sistema rápido, que o senhor chama de sistema 1, e um sistema lento, o sistema 2. Quais são as suas particularidades?

Os dois sistemas são complementares. Quando nos perguntam qual é a capital da Inglaterra, uma palavra vem à mente de maneira automática, sem esforço ou intenção, graças ao sistema 1. Ele gera interpretações de mundo, desejos e impressões, que se tornam crenças, decisões aprovadas pelo sistema 2. Já este é mais complexo: ele controla o pensamento, o comportamento. Ao contrário do sistema 1, o sistema 2 não tem um acesso direto, ou automático, à memória. Ele é muito mais lento. Isso acontece porque, em geral, ele obedece a uma série de pensamentos deliberativos, por exemplo, respeitando as regras que permitem efetuar uma multiplicação complexa. Ele demanda certo esforço, e dá a impressão de ser o autor das nossas ações: "Sou eu que ajo, sou eu que penso." Nós nos identificamos subjetivamente com o sistema 2: pensamos que as nossas crenças são determinadas por argumentos, por evidências, mesmo que a via mental seja completamente diferente.

Poderíamos dizer que o sistema 1 simplifica a realidade por simplificar para nós a própria existência?

Não sei se ele simplifica a existência "para" nós, mas, sem dúvida, simplifica a realidade, mesmo que isso represente dar origem a vieses cognitivos. Dito isso, o sistema 2 também pode se equivocar: se eu acredito em alguma coisa falsa, ou se sou incapaz de compreender a teoria da relatividade, isso se dá em virtude de uma falha no sistema 2. O sistema 1 é, segundo a minha compreensão, aquele que de fato sente emoções, já que elas são geradas automaticamente, sem intenção, e pertencem ao domínio da pura subjetividade. O sistema 2 tem a opção de aceitá-las ou não. Mas atenção quando o sistema 1 emocional se sobrepõe: ele começa a atuar junto com a interpretação da vida, com a percepção e com a maior parte das nossas ações. E o sistema 2 passa a fazer muito mais que raciocinar, porque ele assume a função de controle, não menos importante.

Em que circunstâncias o sistema 2 é obrigado a assumir a dianteira perante o sistema 1?

Quando nos vemos sem solução diante de um problema, em conflito entre duas tendências contraditórias, violando regras lógicas ou morais ou, ainda, em caso de surpresa. Então nos concentramos, produzimos certo esforço mental. Mas não é uma coisa repentina: trata-se de um contínuo vaivém, graças a certas áreas do cérebro dedicadas à resolução de conflitos.

Especificamente, quais áreas do cérebro estão envolvidas nos dois sistemas?

Creio que o sistema 2 não corresponda a uma região específica, ainda que pareça estar envolvido notadamente com o lobo pré-frontal. Não quero aqui citar assuntos que domino muito pouco.

Agora mesmo o senhor utilizou o seu sistema 2 para responder melhor às minhas perguntas, mas também o sistema 1, para que as suas respostas pudessem voltar rapidamente ao domínio que lhe é familiar.

Meu sistema 1 produz rapidamente as respostas, mas elas são verificadas pelo meu sistema 2. Neste momento, ele está trabalhando duro para supervisionar o meu francês!

Para compreender melhor, como seria o nosso dia a dia se vivêssemos apenas com o sistema 1 ou o sistema 2?

Se só vivêssemos com o sistema 1, seríamos muito mais impulsivos, diríamos tudo o que viesse à mente, assim como acontece com as crianças. É só imaginar o estado de embriaguez, por exemplo, quando o sistema 2 está bastante debilitado. Apesar disso, a vida social não ficaria comprometida: boa parte dos animais tem uma vida social bastante profícua, e não acredito que eles tenham um sistema 2. E se, por outro lado, vivêssemos apenas com o sistema 2, o nosso dia não se pareceria em nada com o que temos! Seríamos uma espécie de computadores inferiores.

Quando sonhamos, mergulhamos por completo no sistema 1?

Sinceramente, não sei dizer. Não entendo muito bem de sonhos. Claro que, de certa maneira, mergulhamos no sistema 1, porque sonhamos sem intenção. Mas, por outro lado, podemos sonhar que estamos num debate!

E a inspiração artística, ou a intuição?

Elas decorrem do sistema 1, mas se alimentam de intenções. O sistema 2 é perfeitamente capaz de ativar intencionalmente uma consulta à memória, a qual, por vezes, produz a inspiração e a intuição de maneira autônoma, quando não a consultamos com mais vigor, assim como o matemático Henri Poincaré, que, subitamente, solucionou um problema enquanto subia os degraus do ônibus.

O senhor diz que o sistema 1 está sempre tentando entender o modo como vivemos: será que nutrimos no nosso interior uma aversão pelo acaso?

Pelo menos, uma aversão pela incerteza. A bem da verdade, simplesmente não admitimos o acaso. Estamos num processo constante de criação de histórias, de interpretação das coisas à nossa volta, que é o trabalho principal do sistema 1. O sistema 2, de vez em quando, toma consciência desse processo e o adota.

Quando se utiliza demais um dos dois sistemas, pode-se desenvolver certas doenças psíquicas em virtude do desequilíbrio entre ambos?

Sem dúvida. Quando analisamos tudo de maneira crônica, até ficarmos paralisados por conta disso, estamos absortos no sistema 2, que não consegue controlar o sistema 1. O sistema 1 também pode desenvolver as suas patologias, como as obsessões. Ele incorpora tudo muito rápido, porque o fazemos com muita frequência. É ele que nos permite dirigir um carro, escolher as nossas palavras ao pensar, e, portanto, determina a visão que temos de nós mesmos, que é parte integrante da memória, da história que contamos a nós mesmos. Não é o sistema 2 que a impõe.

Quais técnicas psicoterápicas permitem atuar no sistema 1 e no sistema 2?

Pelo que vejo, a terapia cognitivo-comportamental é bastante direcionada à reeducação do sistema 1, pelo fato de que ela controla certas condutas do sistema 2. Mas não sou grande conhecedor do tema para detalhar de forma mais precisa.

Os seus trabalhos a respeito das heurísticas mostraram que as nossas representações do Homo œconomicus são basicamente falsas. Mas a própria democracia é baseada na ideia de que o cidadão pesa racionalmente os prós e contras antes de decidir o seu voto. Na verdade, é o sistema 1 ou o sistema 2 que está por trás das nossas convicções políticas?

É principalmente o sistema 1. As nossas crenças políticas não são determinadas por argumentos. Assim pensamos porque acreditamos na palavra de quem gostamos, daqueles que nos trazem confiança. A vida política é dominada pela emoção. Porém, não estou muito certo de que a ficção do homem racional esteja concentrada no fato de haver democracia. Não precisamos de uma racionalidade perfeita para que uma democracia funcione: basta que as pessoas votem naquele que, em geral e sem nenhuma garantia, atenderá aos seus interesses. As democracias são problemáticas nos lugares em que as pessoas se ocupam de perigos abstratos, distantes. Quando o clima muda muito, essa se torna a verdadeira dificuldade a ser resolvida pela democracia. O sistema 1 não reage a ameaças distantes. Só se consegue atrair a opinião pública com um bocado de emoção, e não tem como despertar nenhuma emoção se as ameaças não são concretas. Seria preciso encontrar um meio de falar diretamente ao sistema 2: só ele conseguirá detectar uma ameaça hedionda, uma questão irreversível, mesmo que na hora não seja tão óbvia.

No seu livro *Rápido e devagar: duas formas de pensar*, o senhor menciona o "nudge" [cutucão ou empurrãozinho], o paternalismo libertário, que preconiza ajudar as pessoas na tomada de boas decisões. O senhor acha que essa é uma solução viável e satisfatória para obter os mesmos resultados, em vez de mobilizar o nosso sistema 2?

Não só viável como importante, pois podemos aplicá-la para proteger as pessoas de si mesmas, contra as tolices que cometeriam, sem reduzir a liberdade delas. Mas por conta de uma infinidade de problemas, isso acaba não sendo suficiente. Se as mudanças climáticas são reais, um mero empurrãozinho não seria o bastante para instaurar as mudanças sociais e econômicas necessárias. Esse *nudge*, sobretudo, tem como objetivo o sistema 1: a ideia é propiciar as melhores decisões para o indivíduo, sem forçar, pois o sistema 1 não liga para o futuro longínquo. Não dá muito para contar com a racionalidade das pessoas. Quando precisamos esperar 25 anos para nos aposentar, não temos a sensação de que esse dia chegará para nós.

O senhor ganhou o Nobel de Economia na época em que atuava como psicólogo. O senhor é favorável à criação de um Prêmio Nobel de Psicologia para contribuir com o reconhecimento da disciplina?

Sinceramente, não. Parece-me que por exercer influência em âmbito político e social, os psicólogos devem, antes de tudo, intervir perante economistas, e esse já é o caso. A comissão Sarkozy sobre o índice de felicidade, por exemplo, ou mesmo o *nudge*, fazem parte da defesa de fatores psicológicos que têm o condão de mitigar certas limitações da economia. Sem falar que tenho a impressão de que o Prêmio Nobel não agrega muito à felicidade humana. O sofrimento daqueles que o anseiam em vão é mais importante do que a alegria de quem o recebe.

Quais são os grandes objetivos que deveriam ser definidos à Psicologia nos dias de hoje?

Não acho que seja necessário definir objetivos à ciência. Seria um exercício inútil, pois não temos a menor ideia do que poderá acontecer. A única coisa que dá para dizer é que, no mínimo, nos próximos vinte anos, a Psicologia será dominada por estudos relativos ao cérebro, principalmente porque é para onde está voltado o interesse dos estudantes de hoje, e, por conseguinte, os professores de amanhã. Não há nada definido, essa que é a verdade. Essas pesquisas são muito caras, e atraem a maior parte dos recursos disponíveis, o que não agrada muito aos meus colegas psicólogos, os quais se queixam amargamente. No entanto, é o que acontece de mais estimulante na psicologia atual. As mudanças nas linhas de pesquisa costumam ser orientadas pela tecnologia: não só desconhecemos para onde a imagiologia cerebral vai nos levar como ignoramos ainda mais o que será da tecnologia no futuro. Embora seja ela a guia-mestra da Psicologia. Sem dúvida.

— Conversa registrada por Jean-François Marmion

O "NUDGE"

Em bom português, o bom e velho "empurrão". Melhor ainda, um "cutucão". O *nudge*, outro nome para o paternalismo libertário, foi promovido por Richard Thaler, professor de Economia de Chicago e Nobel de Economia em 2017, e Cass Sunstein, professor de Direito de Harvard e velho colaborador de Barack Obama na Agência de Informação e Regulação dos EUA. Essa abordagem preconiza a reestruturação do ambiente ao redor para estimular os cidadãos a adotarem, de forma espontânea, um comportamento desejável, dando-lhes total liberdade para recusar. Exemplos: o governo assina um novo plano de aposentadoria para os trabalhadores (eles podem se recusar, mas poucos o fazem), predefine-se que as fotocopiadoras imprimirão frente e verso (pode-se alterar a regulação, mas ninguém quer isso), uma escada será pintada de preto e branco para que as pessoas subam mais rápido (talvez venham a arrastar os pés, mas, na prática, elas aceleram)...

J.-F.M.

KAHNEMAN E TVERSKY, COMO MONTAIGNE E LA BOÉTIE

Não foi por acaso que Daniel Kahneman dedicou *Rápido e devagar*, que recapitula toda a sua obra, a Amos Tversky. Logo na introdução e durante todo o livro, o autor presta contínuas homenagens ao colega. Foi num "dia maravilhoso de 1969" que os dois inseparáveis se conheceram. Daniel Kahneman, 35 anos, professor de Psicologia da Universidade Hebraica de Jerusalém, convida seu colega, três anos mais novo, a realizar uma palestra durante um seminário. "Ele foi brilhante, eloquente e carismático", escreveu Daniel Kahneman. "Dotado de uma memória prodigiosa para piadas e da capacidade excepcional de citá-las durante a sustentação de uma tese. Ninguém jamais se irritava com ele." Os dois constatam que, apesar de lidarem todos os dias com estatísticas, são incapazes de prever bons resultados para os seus experimentos. Enquanto persistem nas suas investigações ao lado de estatísticos experientes, ambos constatam erros idênticos.

Foram quase trinta anos de trabalho conjunto sobre o julgamento após a tomada de decisão, ultrapassando muito os limites da Psicologia. Os dois partem para lecionar nos Estados Unidos em 1978, porém em universidades diferentes. Entre os pontos fortes da colaboração da dupla, citamos um artigo clamoroso publicado na revista *Science*, em 1974, que apresentou as heurísticas, e a teoria das perspectivas, proposta em 1979, para explicar quanto os agentes econômicos nutrem uma verdadeira "aversão ao prejuízo" durante as suas transações. Em 1980, o economista Richard Thaler se inspirou no trabalho deles para fundamentar a economia comportamental, que preconiza estudar os humanos, falíveis nas suas decisões, e não mais aquilo que seria chamado de Econs, os agentes imateriais, em 2008, no seu livro *Nudge*, o *best-seller* escrito junto com Cass Sunstein. Daniel Kahneman recebeu, em 2002, o Prêmio Nobel de Economia pelos seus trabalhos. Uma recompensa que ele dividiria com Amos Tversky, se este não tivesse falecido em 1996. "Até a separação geográfica complicar as nossas vidas, Amos e eu tivemos a incrível chance de trabalhar juntos", escreveu Daniel Kahneman. "A nossa reflexão em equipe foi superior a tudo o que viríamos a produzir individualmente, tornando o trabalho não apenas produtivo, mas divertido."

J.-F.M.

Sobre a estupidez dentro do cérebro

PIERRE LEMARQUIS
Neurologista e ensaísta.

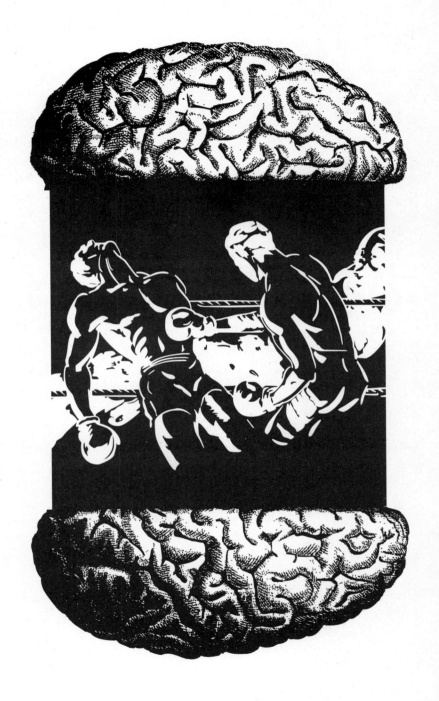

Assim que Jean-François Marmion me perguntou se por acaso eu estava interessado em redigir um artigo sobre o lugar da estupidez no cérebro, confesso que fiquei muito entusiasmado. Aceitei prontamente, sem saber muito bem por quê. Claro que, no início, entendi tudo errado e achei que fosse para falar dos primeiros James Bond e de *O nome da rosa*. Evidente que, quando compreendi melhor a importância do assunto, foram-me oferecidos suntuosos honorários e a honra de figurar numa editora de prestígio. Depois, um desafio a enfrentar: como o meu lema era o de Mark Twain, "Ele não sabia que era impossível, então foi lá e fez", de repente vi-me diante de *Testamento de um gângster*, de Audiard: "O estúpido se atreve a tudo! É assim que o reconhecemos". Rapidamente me desiludi, pois nenhum laboratório de pesquisa em neurociências de renome parece se dedicar a esse fenômeno de vital importância e que se encontra no cerne da nossa existência cotidiana. Era preciso inovar. Constatei logo de cara que o meu entusiasmo inicial era contagiante, o que constituía um indício etológico crucial nessa minha busca pela verdade! Além do mais, algumas lembranças de neurociência e de leituras sãs poderiam fornecer o alicerce. Enfim, uma imagem insustentável que até Lacan, que possuía o original no seu banheiro, cobria com um dispositivo surrealista deslizante: tratava-se da reprodução de uma célebre pintura de Courbet, desvelando o tronco de uma mulher nua que expunha passivamente, em primeiro plano, o seu sexo, a sua *"con"*, e que se chama, como você já deve ter reconhecido, *A origem do mundo*. "E agora vou lhes mostrar algo extraordinário", declarou laconicamente o psicanalista, enquanto descortinava a obra de arte aos seus prestigiosos convidados, de Lévi-Strauss a Picasso e Marguerite Duras, ao mesmo tempo que observava a discreta fascinação deles...

Somos todos muito prematuros por razões da anatomia da pelve feminina, e deveríamos naturalmente ficar, ao menos, mais 15 meses acolhidos no seu calor antes de sermos jogados no mundo. Acabamos sendo expostos a um estresse precoce que pode marcar a vida inteira, ainda que nos esqueçamos dele.

O nosso cérebro, igualmente, evoluiu muito depressa, por isso sofre com diversas guerras viscerais e outros conflitos de interesse que explicam as nossas constantes dificuldades para tomar uma decisão... quase sempre, a pior!

Guerra norte/sul:

Em tese, o nosso cérebro funciona de maneira simples. Lembra muito a pintura de Ticiano sobre a alegoria da prudência. Vemos nela três cabeças, cada uma representando um período da vida. A pintura apresenta o ancião, acompanhado do filho e do neto adotivo, com o seguinte texto: "A partir de experiências pretéritas, que o presente opere com prudência, para não se envergonhar das ações futuras".* O nosso cérebro se comporta como uma máquina querendo prever o futuro, e a sua meta é nos manter vivos e em contínua adaptação às circunstâncias, prova da sua flexibilidade. A sua parte posterior capta e decifra as informações introduzidas pelos sentidos; em seguida, ele as confronta com o que armazenou na forma de memórias e propõe, com o seu belo lobo frontal, a melhor atitude a ser adotada. É a proa do nosso navio neuronal que nos permite seguir em frente, e a sua hipertrofia nos distingue dos animais e dos nossos ancestrais de testa larga: ela nos orienta em direção à melhor ação para ponderar sobre o mundo, tudo para garantir o nosso futuro, graças às funções chamadas de "executivas".

Essa é a parte do cérebro dedicada a Apolo, a mais racional, sábia e comedida, o cérebro puro. Mas a vida seria monótona demais se o lobo frontal ditasse todas as nossas condutas, e um computador poderia muito bem substituir os nossos augustos miolos. O matemático Turing, que se interessava por probabilidades e sonhava, desde aquela época, em criar um cérebro artificial, não acabou inventando

---

* N. do T.: A frase na obra está em latim: *Ex praeterito / Praesens prudenter agit / Ne futura actione deturpet.*

a linguagem informática? Mas Dionísio vigia e ocupa as zonas cerebrais ancestrais e subterrâneas, os circuitos de prazer e recompensa, cérebro úmido e hormonal que nos dá gana de viver, cavalo insano cujos objetivos jamais se encontram com os do cavaleiro, facilmente derrubado, mas que tenta dominá-lo: ratos e homens morreram devido a frenéticos estímulos nos circuitos de adição sem que a vida fosse um erro. Não citaremos exemplos e não faremos publicidade de uma célebre rede hoteleira, mas muitos indivíduos, cujas excepcionais capacidades intelectuais ninguém colocaria em dúvida, sucumbiram aos seus impulsos, arruinando as suas carreiras promissoras por um breve instante de prazer furtivo, ainda que se tratasse de sexo ou dinheiro, e se comportaram como perfeitos estúpidos.

O nosso cérebro: Thatcher contra Che

Guerra leste/oeste:

Outro conflito arruína as parcas capacidades do nosso cérebro: a sua duplicidade. Na verdade, ele se encontra estabelecido entre os dois hemisférios, que, obviamente, estão conectados: esses falsos gêmeos nunca chegam a um acordo. O esquerdo é de direita, conservador, calculista. Monopolizador do debate, só explora metade do mundo, o da direita, é claro; e se o seu *alter ego*, o hemisfério direito, purifica a alma, ele revela a sua verdadeira natureza, negligencia o que está no campo visual esquerdo, bate à porta, só come a metade à direita dos alimentos no prato, só desenha na metade direita da folha de papel, confirmando a sua visão restrita. Desprovido de sonhos e poesia, essa formiga não compreende metáforas e busca racionalizar tudo: vê constelações num agrupamento de estrelas, procura repetições, códigos e sistemas esquemáticos nos fenômenos aleatórios, para os quais quer dar um sentido para se tranquilizar, poder explicá-los na esperança de controlá-los, estabelecer a sua hegemonia, realizar sacrifícios humanos para agradar um Grande Arquiteto. Mas o seu maior crime é constantemente reprimir o outro hemisfério, o seu meio-irmão, o direito, o revolucionário, o poeta, aquele de esquerda, a cigarra que compreende todas as melodias, associa um rosto às canções ouvidas, tem uma visão holística do mundo que tanto aprecia pela sua globalidade, mas não sabe controlar o orçamento nem coordenar duas palavras. Thatcher contra Che? Esse é o nosso governo popular de extremistas com a proposta de se completarem harmoniosamente, mas que se estapeiam para orientar as nossas decisões de maneira clara!

Os estúpidos são tóxicos e é preciso se preservar

Nós todos somos estúpidos em potencial. Mas alguns correm maior risco que outros: o lobo frontal, que policia o nosso cérebro na tentativa de reprimir os seus conflitos, só é plenamente operacional a partir da idade adulta; é o que dá total liberdade aos mais jovens para exteriorizar as suas pulsões e fraquezas, mesmo que os faça parecer pequenos estúpidos. A esclerose cerebral, que fica de olho em todos os ociosos que não se comprometem com uma vida cultural e social ativa — isso se colocamos o Alzheimer para correr —, nos predispõe a nos tornarmos velhos estúpidos, mesmo que o grande conhecedor Georges Brassens, por sua vez, avalie que "o tempo não faz nada com relação a isso".*

O nível intelectual, ao contrário, não discrimina ninguém, por isso a estupidez assola tanto ganhadores de Nobel e outros membros da instituição quanto as palavras do seu companheiro de botequim. No excelente filme de Michel Hazanavicius, *O formidável*, assistimos à transformação do genial "Wolfgang Amadeus" Godard, na qual observamos a estupidez pretensiosa e hermética. O filme se passa numa rica vivenda da Côte d'Azur em maio de 1968, e o diretor de *Nouvelle*

---

* Um artigo recente, mas de qualidade, foi voluntariamente colocado na lista negra pela comunidade de neurologistas, especialmente pelos que trabalham no hospital universitário. Foi escrito e demonstrado que a aposentadoria precoce expõe as pessoas a 15% mais riscos de contrair a doença de Alzheimer. Por solidariedade, não citarei a fonte, pois temo que seja deturpada ou mal interpretada pelo ministério de Agnès Buzyn [ministra da Solidariedade e Saúde desde 17 de maio de 2017].

Vague, por causa dos protestos, acaba contribuindo para a interrupção prematura do festival de Cannes. Defensor do povo, o revolucionário critica a sua companheira pelo seu bronzeado de férias burguês, e explica aos amigos chocados o seu projeto de um cinema totalmente despojado de cenário, sem celebridades nem artifícios. Quando um dos seus amigos se aproxima, traiçoeiro, "e sem espectadores!", o gênio é confrontado pelo bom senso do jardineiro da vivenda (que ele não tinha cumprimentado), que lhe diz, com toda a inocência, gostar de ir ao cinema aos domingos para ficar relaxado, encantado e descontraído.

No seu trabalho brilhante escrito em uma só noite, sob pseudônimo, o economista italiano Carlo Maria Cipolla nos explica *As leis fundamentais da estupidez humana*. Utilizando vários esquemas, ele nos mostra o extremo perigo da estupidez: toda transação com um estúpido leva você para o fundo do poço! Um acordo entre duas pessoas inteligentes é produtivo para ambas as partes; um bandido pode assaltá-lo, mas representa menos perigo que um estúpido, porque este o carrega para dentro da sua espiral deletéria: ele consegue fazer com que o acordo entre vocês conduza os dois para o buraco.

Por isso é essencial reconhecê-los antes de chegar a um ponto tão extremo. Mas a operação é demasiado perigosa! Para tentar evitar as terríveis consequências da estupidez, o sociólogo Christian Morel fornece algumas pistas nos seus trabalhos sobre decisões absurdas: montar uma equipe de especialistas que se respeitem é melhor do que um grupo se submeter a um chefe; erradicação da estrutura hierárquica ou uma hierarquia alternante; valorização da função do advogado do diabo, permitindo a prática do contraditório, que estimula a análise crítica e reduz o conformismo; dar tempo ao tempo. Em suma, de algum modo, uma democracia em que ninguém (ou menos de 50% dos participantes) duvide das qualidades das decisões dos seus representantes.

No entanto, como ter certeza, desde o início, quanto ao próprio destino? "Sejamos ou não estúpidos, sempre somos o estúpido de alguém", adverte o cantor e compositor Pierre Perret; mas questionar-se já é um bom sinal, pois significa ser capaz de praticar introspecção, e, portanto, autocrítica, o que demonstra capacidades cognitivas elaboradas. Quanto menos conhecimento, mais convicções, afirma Boris Cyrulnik. O contrário também é verdadeiro: quanto mais conhecimento, mais duvidamos. Quanto mais lembranças armazenadas, mais elementos o nosso cérebro terá à disposição para agir com prudência e competência. Se buscarmos direito, como proclama o compositor de "Le zizi", "...tranquilizamo-nos toda vez que encontramos alguém ainda mais estúpido que nós mesmos".

Sobre a necessidade dos estúpidos: elogio à estupidez

A solução do problema, na verdade, está aqui mesmo! Para a pergunta "onde se situa a estupidez no cérebro", a resposta é: dentro do cérebro daquele a que mais se atribui esse qualificativo. A estupidez é manifestamente necessária no processo evolutivo, senão um defeito desses teria desaparecido há muito tempo! E o que ocorre é exatamente o contrário, porque, na opinião geral, os estúpidos se reproduzem e se multiplicam mais rápido que coelhos. Porém, como podemos fugir da seleção natural se estamos despreparados? Precisamos reconhecer o seguinte: o estúpido, apesar da sua periculosidade, é absolutamente necessário à sobrevivência de uma sociedade que o mima, e que se alicerça nele mesmo!

Sejamos ou não estúpidos, sempre somos o estúpido de alguém

— Pierre Perret

O nosso cérebro é um cérebro social: chamar alguém de estúpido é o mesmo que apontar o dedo e lhe colocar um rótulo. É provar que somos capazes de detectar tal falha, coisa que nem sempre é fácil de se ter certeza à primeira vista, e que não padecemos desse mal. Significa evidenciar a sua perspicácia, o que sempre agrada ao ego, e nos colocarmos em posição de vantagem perante a vítima escolhida. Em geral, poucas pessoas o contradizem e, assim, você confirma o seu progresso na hierarquia de um grupo que partilhará das suas opiniões, em vez de se opor a elas, poupando o custoso funcionamento do seu cérebro por meio do uso de um modo espelho. Junto com você, designarão a vítima de quem vão tirar sarro, e as suas gargalhadas tenderão a uni--los ainda mais. Você será nomeado o líder de uma comunidade superior, que sabe estipular uma fronteira clara para diferenciá-la da família dos estúpidos. A sua competência se expandirá rapidamente a outros domínios. Você será ouvido, e as pessoas seguirão os seus conselhos; ou melhor, todos o obedecerão! Os pobres estúpidos terão de se comportar ou serão mandados para longe. Eles deverão se submeter e aceitar as chacotas para que possam preencher o papel fundamental de bode expiatório. Talvez ousem cantar baixinho Brassens: "A pluralidade não vale nada para o homem, / Então logo ficamos de quatro e somos chamados de um bando de estúpidos…". Será que correrão o risco de afixar secretamente fotos suas e dos seus *alter egos* num muro para se lamentarem de forma revezada, arriscando a todo momento serem achacados e ameaçados justamente por aquilo que os estigmatizou? Dominado pela megalomania, o rei logo vai querer manter a sua coroa, ampliar o seu poder, e reinará sem pedir a opinião dos súditos que o colocaram no trono, explorando-os legitimamente por serem demasiado estúpidos. E, ainda segundo Brassens, praticamente não existem chances de destroná-lo!

Uma transposição moderna da obra de Courbet chama-se "depois da criação" e, portanto, situa a tela após o ato sexual: uma nova existência acaba de ser engendrada por intermédio de um "estúpido". A tela remete ao afresco da criação de Adão segundo Michelangelo que se encontra na abóbada da Capela Cistina. Deus faz o homem à sua imagem e aponta para ele com o dedo indicador, mas Adão faz o mesmo gesto e, de modo semelhante, designa (ou concebe) a sua criatura. Michelangelo retratou Deus sob a forma de um cérebro que, por sua vez, tem o seu dedo tocado pelo indicador do primeiro homem. Será que este último está tentando responder à pergunta de Jean-François Marmion? O Criador e a sua criatura se chamam mutuamente de estúpidos? Albert Camus é implacável ao escrever em *O mito de Sísifo*: "Ou não somos livres e o Deus Todo-Poderoso é responsável pelo nosso sofrimento, ou somos livres e responsáveis, mas Deus não é Todo-Poderoso". Peço-lhe que tire as suas próprias conclusões a nosso respeito!

E assim compreendi o meu entusiasmo, aqueles à minha volta e a exultação de tudo sobre o que falei nessa contribuição sugerida! Na falta de estudos científicos de alto nível e sem o conhecimento necessário, as suas risadas (ainda que proibidas pelo venerável Jorge de Burgos, bibliotecário de *O nome da rosa**) forneceram-me a chave para a origem do mundo, pelo que lhes agradeço do fundo do coração. Bando de est...!

* Alguém pode me lembrar de qual era o nome daquele ator famoso que interpretou Guilherme de Baskerville nesse filme e também fez os primeiros filmes de James Bond?

A estupidez com conhecimento de causa

YVES-ALEXANDRE THALMANN

Doutor em Ciências Naturais, professor de Psicologia
na Collège Saint-Michel de Fribourg

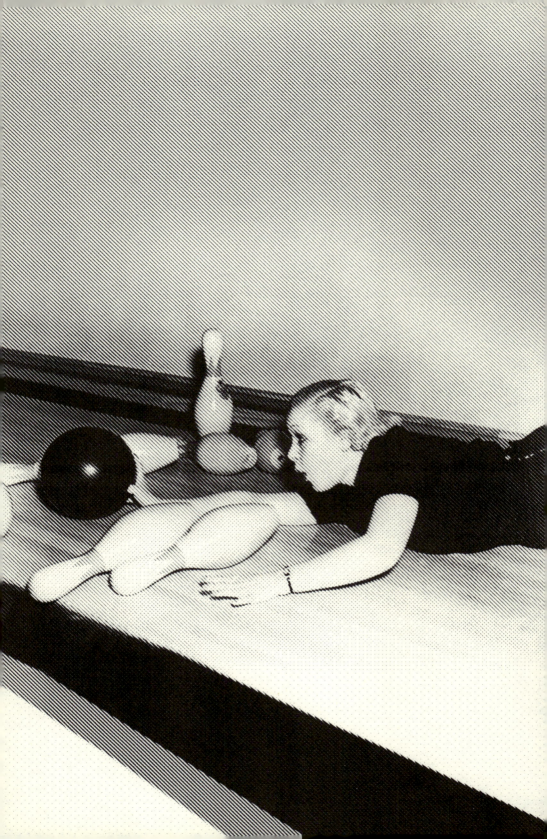

Estupidez, sandice, tolice... Termos não faltam quando se trata de difamar um indivíduo ou as suas ações. Essas palavras pejorativas e quase sempre depreciativas fazem parte do vocabulário familiar, a tal ponto que a definição para elas nos parece inequívoca: falta de inteligência. Quanto a saber exatamente o que é inteligência, a questão se revela mais delicada e na origem dos debates apaixonados e virulentos, ainda que, intuitivamente, achemos ser possível captar o seu significado. Contudo, qualquer um de nós consegue se lembrar de pessoas com inteligência notável que cometeram atos particularmente estúpidos. Como isso é possível? E se a estupidez não for uma questão de falta de inteligência, mas uma maneira particular de exercê-la?

Como ponto de partida, parece-me conveniente distinguir dois termos utilizados com frequência, mas que são erradamente tratados como sinônimos. Inclusive, certos atos se refletem em transtornos e impactos negativos, para quem os causa, para as pessoas ao redor, ou mesmo para todos os envolvidos. E não há nenhuma vantagem clara para ninguém. Assim ficamos nos perguntando por que alguém resolve fazer esse tipo de coisa! Se a pessoa não tinha como antecipar as consequências do seu comportamento, por falta de reflexão, maturidade ou discernimento, então é uma questão de burrice, a exemplo de crianças que exploram o mundo e desafiam certas autoridades sem que se deem conta dos efeitos potenciais das suas ações.

Bem diferente é o caso daqueles que cometem esse tipo de ato com total conhecimento de causa. Como podemos saber que foi com conhecimento de causa? Por um lado, eles confessam, depois do ocorrido, que não deveriam ter feito aquilo, pois sabiam dos riscos a que estavam se expondo. Por outro lado, se lhes pedimos para analisar um comportamento semelhante, porém realizado por outrem, a sua conclusão será congruente: "Isso é estupidez, ele não deveria ter feito isso!". Sendo assim, a estupidez não se dá por falta de reflexão ou prevenção...

Ainda mais perturbador, atos estúpidos são realizados por pessoas dotadas de razoável inteligência. Seja alguém que prestou avaliações cognitivas e atingiu um nível elevado de QI, seja quem preenche os requisitos básicos do conceito: um indivíduo por trás de conquistas particularmente exitosas (Steve Jobs, por exemplo), de grande conhecimento social por meio das suas reflexões (Albert Einstein) ou que obteve diplomas de prestígio. Pessoas inteligentes não estão imunes a atos especialmente estúpidos, com consequências catastróficas. Lembremos do ex-presidente americano Bill Clinton, que, embora estivesse sob investigação, continuou sua "relação inapropriada" com a estagiária Monica Lewinski, o que quase lhe custaria a presidência. Então, o indivíduo pode ser inteligente, até muito inteligente, e mesmo assim agir de forma estúpida de vez em quando.[36] A propósito, vale salientar essa assimetria: a inteligência qualifica as pessoas, ao passo que a estupidez se refere mais a ações específicas.

Inteligência algorítmica *versus* racionalidade

Será que a inteligência não foi definida de maneira suficientemente exaustiva? Uma reflexão significativa sobre o tema foi feita por Keith Stanovich, professor emérito de Psicologia da Universidade de Toronto.[37] Afinal, ele diferencia vários níveis de inteligência (não confundir com as formas de inteligência descritas por Howard Gardner: inteligência verbal, lógico-matemática, cinestésica, pessoal etc.).

De um lado, existe a chamada inteligência algorítmica, que se refere à compreensão das coisas e à concatenação lógica de ideias. São, precisamente, essas habilidades que os especialistas mensuram nos testes de inteligência utilizados atualmente, sendo que os famosos WAIS (Escala de Inteligência Wechsler para Adultos, na sigla em inglês) e WISC (Escala de Inteligência Wechsler para Crianças, na sigla em inglês) avaliam o Quociente Intelectual (QI). Para além das críticas normalmente dirigidas a essas ferramentas e aos resultados por elas fornecidos, convém constatar que elas cumprem bem a sua missão: investigar a capacidade dos alunos de acompanhar os programas escolares, ou mesmo fornecer explicações sobre as dificuldades encontradas por alguns em relação a tais programas.[38] A inteligência algorítmica é medida com precisão — dizem que os testes utilizados dispõem de razoáveis propriedades psicométricas. E com razão: as provas contêm apenas respostas certas que são confrontadas com os dados dos temas abordados. Dessa forma, um número de pontos pode ser facilmente atribuído. Mas na vida real, e fora da escola, a situação é diferente — raramente existem respostas certas para os dilemas cotidianos: devo ou não aceitar aquela promoção profissional fora do país? Será que eu me caso? Vou ficar mais satisfeito comprando um Renault ou um Citroën? Nenhuma tabela de Excel devidamente preenchida fornece a "resposta certa" para essas indagações.

Isso acontece porque, por outro lado, o professor Stanovich identifica um nível de inteligência que ele chama de racionalidade. Faz-se aqui alusão à capacidade de tomar decisões que concorrem entre si a fim de cumprir os nossos objetivos e adotar crenças que levam em conta a realidade. Ao lado dos seus colaboradores, ele mesmo elaborou um teste com a finalidade de medir o grau de racionalidade.[39] Não são questões de compreensão, mas de intencionalidade. Porque não se trata de compreender uma situação que forçosamente nos faz agir do mesmo modo: pense nos fumantes, que conhecem perfeitamente os riscos relacionados ao cigarro, mas que continuam a fumar, apesar de tudo. Essa maneira de avaliar a inteligência em diversos níveis elucida o paradoxo abordado anteriormente: pessoas inteligentes, ou seja, dotadas de um QI além do normal, podem tomar decisões estúpidas, em especial, envolver-se em atividades que não oferecem nenhum benefício, apresentando riscos elevados e consequências nocivas.

Um segundo aspecto interessante da abordagem do professor Stanovich se refere a indivíduos de alto potencial intelectual (HPI, na sigla em francês). O fenômeno HPI tem beneficiado nos últimos anos um grande número de publicações que difundiram o conceito, e permitiu às pessoas se conscientizarem do próprio funcionamento. Claro que o HPI não garante maior sucesso na vida, já que não é a raiz das dificuldades de adaptação ao tecido social e profissional. O conceito de racionalidade oferece uma explicação elegante: o alto potencial só tem relação com a inteligência algorítmica e não prevê de maneira alguma que as decisões da vida cotidiana serão mais adequadas. É como dirigir um carro com motor possante: isso não diz nada sobre as capacidades de dirigir do motorista nem do destino do trajeto.

Então, sem medo de cair em contradição, podemos conceber que um indivíduo seja inteligente e, ao mesmo tempo, cometa atos estúpidos. Em seguida, uma nova pergunta se faz necessária: qual pode ser a motivação para se agir de maneira estúpida? Muitos veem nisso uma falta de controle emocional. Em outras palavras, seriam as emoções as responsáveis por sobrecarregar o indivíduo e ocultar as suas capacidades reflexivas. Teoria sedutora, sem sombra de dúvida, mas que não leva em conta casos em que a ação estúpida é realizada friamente, sem o pretexto de estar dominado pelas emoções. Caso, por exemplo, de dois alunos que invadem uma escola durante a madrugada e, uma vez lá dentro, esvaziam dois extintores de incêndio pelos corredores. O ato é tão estúpido que os próprios jovens reconhecem a besteira e passam a temer o dia seguinte: nenhum benefício em jogo, consequências prejudiciais, o comportamento deles é claramente irracional. A ociosidade e o tédio estavam à flor da pele, mas nenhuma outra emoção: não era uma questão de se vingar de um professor ou conseguir anular uma prova do dia seguinte...

Qual pode ser a motivação para se agir de maneira estúpida?

Viés de imunidade, de impunidade, de otimismo interior...

Existe outra linha que nos parece mais promissora do que essa das emoções para explicar decisões estúpidas: os vieses cognitivos. Esse campo de estudo é hoje o mais badalado da psicologia cognitiva — foi o tema do único Prêmio Nobel destinado a um psicólogo, Daniel Kahneman, em 2002. Um viés cognitivo é um erro de raciocínio que ocorre sistematicamente: a exemplo do ilusionismo, mesmo que conheçamos o truque, ficamos fascinados todas as vezes. Pensemos no viés de causalidade, que nos orienta a enxergar um nexo de causalidade onde só existe correlação: como observei que o meu gato vem ronronar nos meus joelhos quando eu me sinto angustiado, deduzi que ele "pressente" e reage ao meu estado de espírito. Talvez porque o felino sinta a distância o meu estado interior, ele vem me reconfortar com a sua presença (será que me lembrei também das vezes em que o gatinho veio até mim, mas eu estava em plena forma?)...

Um dos vieses que operam nas ações estúpidas tem a ver com o otimismo.[40] Acontece que somos exageradamente otimistas quando se trata de nós mesmos. Temos a tendência a achar que dirigimos melhor que a média, corremos menos riscos de sofrer uma doença ou de nos divorciarmos do que indicam as estatísticas. Vivemos como indivíduos à parte, diferentes dos outros. "Se você fosse como a maioria das pessoas, jamais saberia que é como a maioria das pessoas", afirma ironicamente o psicólogo americano Daniel Todd Gilbert. Quando os dois alunos resolvem invadir a escola, eles estão convencidos de que não serão pegos. No momento em que recobram a lucidez, desaconselham qualquer um a fazer uma coisa estúpida daquelas, dados os riscos incorridos.

O sentimento de imunidade, conferido pelo viés do otimismo interior, é reforçado por um sentimento de impunidade resultante de várias experiências nas nossas vidas que acabaram não sofrendo as devidas consequências. Se pensarmos bem, frequentemente transgredimos as regras sem que isso represente nenhum peso: quantas vezes ultrapassamos a velocidade permitida, chegamos tarde ao trabalho, contamos pequenas mentiras, sem sermos punidos? Sem dúvida, a maior parte delas! Em virtude dessas transgressões impunes, o cérebro assimila que corremos pouquíssimos riscos, talvez até nenhum — o que é uma conclusão lógica —, de sermos pegos após um ato estúpido que provoque estragos.

Sentimentos de imunidade e impunidade estão no cerne das decisões estúpidas da vida cotidiana. Quantos de nós podem se orgulhar de ter uma vida saudável, comer de maneira equilibrada (sem muito açúcar, muita gordura, muito sal, com pelo menos cinco porções de frutas e legumes por dia) e fazer exercícios físicos regularmente? Se esse não é o seu caso, então, com certeza, você sucumbiu ao viés do otimismo interior: você não faz tudo o que poderia, mas gosta de pensar que... ah, você não ficará doente como os outros. Além disso, não percebe nenhuma consequência negativa pelo seu estilo de vida desregrado. Com pleno conhecimento de causa, você se ilude sobre o próprio destino...

Os vieses cognitivos são indissociáveis da performance da inteligência: são eles que lhe permitem poupar esforços e tomar decisões rápidas em situações de emergência. Aliás, já foi demonstrado que as pessoas mais inteligentes — com um QI muito elevado — não se saem melhor nas provas que envolvem diferentes vieses. A inteligência não previne contra vieses nem contra decisões estúpidas.

Estupidez ou criatividade?

Quer dizer que estamos condenados a padecer de um funcionamento físico parcialmente enviesado e feito para sugerir decisões estúpidas? Não nos esqueçamos de outro aspecto dos atos estúpidos: o lado transgressor. Se os dois alunos supracitados tivessem invadido a escola e decidissem varrer os corredores, ninguém chamaria essa ação de estúpida. Porque uma finalidade construtiva pode, no momento adequado, ser desencadeada. No entanto, esvaziar os extintores é outra história: não há justificativa construtiva para um ato desses, a menos que seja deliciosamente transgressor. Os alunos sabiam que não podiam ter feito aquilo de jeito nenhum, mas estavam em busca de uma adrenalina momentânea.

Fazer o que não se deve é um impulso recorrente para a prática da estupidez... mas também da criatividade. É justamente ao fugir das trivialidades, explorar caminhos diversos daqueles a que estamos acostumados, que descobrimos coisas novas. Há de se reconhecer que muitos atos estúpidos são — infelizmente — criativos e originais. Diga-se de passagem, as almas mais criativas não estão muito longe daquilo que normalmente chamamos de loucura; tanto que, por vezes, custamos a detectar o significado das suas ações e decisões. Sendo assim, pode ser que a estupidez, no sentido aqui exposto, esteja na origem de uma porção de descobertas e invenções que contribuíram para tornar o nosso mundo um lugar mais agradável. Sem dúvida, essa propensão à transgressão, sustentada por um otimismo favorável à tomada de riscos, tem grande participação no progresso e nas descobertas... Estupidez e criatividade seriam, portanto, as duas faces de uma mesma moeda, cujo ponto em comum é um pensamento classificado como divergente, ou seja, que escapa do caminho predeterminado.

A estupidez é, assim, muito mais sutil do que parece. Ela não se reduz a uma ausência de inteligência, assim como a inteligência (QI) não previne contra as tentações...

Por que pessoas muito inteligentes às vezes acreditam em disparates?

BRIGITTE AXELRAD
Professora honorária de
Filosofia e Psicologia.

"Todos os esforços educacionais com os quais as sociedades democráticas consentiram parecem ter se esquecido de uma preocupação essencial do conhecimento: o espírito crítico, quando exercido sem método, conduz facilmente à credulidade. A dúvida tem propriedades heurísticas, é verdade, mas ela pode também levar, mais que à autonomia mental, ao niilismo cognitivo."
— Gérald Bronner, *La Démocratie des crédules*[41]

Pessoas cuja inteligência é evidente às vezes provocam perplexidade ao exprimirem, sem nem um riso, ideias desprovidas de todo fundamento ou aderindo a teorias fantasiosas.

Verdade seja dita, nenhuma definição de inteligência é unânime. O motivo para isso é, provavelmente, que essa palavra remete a capacidades diversas: a história nos fornece inúmeros exemplos de indivíduos unanimemente apontados como inteligentes nas mais variadas áreas, como ciência, tecnologia, artes ou filosofia.

Ao fundamentar-se numa definição de inteligência, que a vê como "capacidade de raciocinar, planejar, resolver problemas, pensar de maneira abstrata, compreender ideias complexas, aprender rapidamente e aprender com a experiência", então uma meta-análise com base em 63 estudos[42] pode concluir que os indivíduos inteligentes seriam menos propensos a crer do que outros.

Portanto, parece lógico afirmar que aqueles dotados de inteligência superior têm mais chances de conseguir se prevenir contra as crenças.

Para definir uma inteligência de nível muito alto, devemos mencionar a surpreendente capacidade de alguns indivíduos de pensar fora da caixa e dos padrões dominantes do seu tempo, a sua capacidade de inovar, de não se contentar com as obviedades de determinado momento histórico: Galileu, Darwin, Einstein, ou ainda Kant ou Descartes, todos souberam pensar de maneira diversa dos pensadores das suas respectivas épocas. Eles questionaram o pensamento majoritário e as explicações simplistas. A inteligência, nesses casos, é acompanhada pelo pensamento crítico, pela capacidade de "resistir" intelectualmente a um discurso dominante, a uma tentativa de doutrinação e, mais comumente, a toda forma de dogmatismo.

No entanto, num artigo,[43] Heather A. Butler, professora adjunta do departamento de Psicologia da Universidade Estadual da Califórnia, especulou sobre o desconcertante fenômeno: pessoas inteligentes podem dizer e fazer coisas estúpidas (*foolish things*) e acreditar em disparates. Ela escreveu: "Ainda que muitas vezes os dois sejam apresentados de forma intercambiável, pensamento crítico não é inteligência. Pensamento crítico é uma combinação de competências cognitivas que nos permitem pensar de modo racional em função de um objetivo, e uma predisposição a utilizar tais competências no momento adequado. Os pensadores críticos (...) são pensadores flexíveis que sentem a necessidade de provas para sustentar as suas crenças e reconhecem as tentativas falaciosas de persuasão. O pensamento crítico representa a capacidade de sobrepujar toda sorte de preconceitos cognitivos (por exemplo, o viés retrospectivo e o viés de confirmação)".

Dessa forma, compreendemos melhor por que mesmo as pessoas mais inteligentes de vez em quando chegam a crer em coisas bizarras. O sociólogo Gérald Bronner, entrevistado recentemente por Thomas C. Durand no documentário *Les Lois de l'attraction mentale*,[44] disse que, no início, era milenarista: "Eu sei que podemos crer em coisas loucas sem sermos loucos". Ele acrescenta que foi uma "série de coincidências", uma "série de pequenas coisas", que o levaram a questionar essa crença.

Mas nem todos aproveitam essa oportunidade.

Jimmy Carter e a sua carta aos extraterrestres

O presidente americano Jimmy Carter (1977 a 1981) chegou a declarar durante a sua campanha eleitoral: "Se eu for eleito presidente, darei um jeito para que todas as informações obtidas no país sobre os avistamentos de óvnis sejam disponibilizadas ao grande público e aos cientistas". E acrescentou a seguinte frase impressionante, bom exemplo de viés de confirmação: "Estou convencido de que os óvnis existem, porque eu já vi um".

Satisfazendo as suas convicções, Jimmy Carter enviou, dentro da sonda Voyager 1, em 5 de setembro de 1977, uma carta aos extraterrestres. Depois de apresentar a sonda e a Terra, Jimmy Carter se dirigiu aos seres da seguinte forma: "Esta é uma pequena lembrança do nosso pequeno mundo distante, uma amostra dos nossos sons, da nossa ciência, das nossas imagens, da nossa música, dos nossos pensamentos e sentimentos. Procuramos sobreviver ao nosso tempo a fim de poder viver no de vocês. Esperamos que um dia, após solucionarmos os problemas que enfrentamos atualmente, possamos nos reunir para criar uma comunidade de civilizações intergalácticas. Esse registro representa a nossa esperança e determinação, bem como a nossa boa vontade perante o universo tão vasto e maravilhoso".

Fato é que Jimmy Carter, Prêmio Nobel da Paz em 2002, autor de vários livros de literatura política, teve a inocência de enviar mensagens aos extraterrestres, apesar de que elas só chegarão a algum destino daqui a pelo menos 40 mil anos e, além do mais, não teremos conhecimento disso, porque a sonda deixará de transmitir dados após 2025, imagine só...

Importante ressaltar que Carter não foi o único a ter enviado mensagens a extraterrestres. Em 19 de novembro de 2017, o *Science Post* anunciou que uma equipe de astrônomos do SETI (Centro de busca por inteligência extraterrestre, na sigla em inglês) enviara uma mensagem de rádio contendo informações sobre os planetas do nosso sistema solar, a estrutura do DNA, um desenho do ser humano e outras informações básicas a respeito da Terra e dos seus habitantes, em direção a um sistema solar vizinho, um dos mais próximos conhecidos por abrigar um planeta potencialmente habitável, tão próximo que poderíamos receber uma resposta em menos de 25 anos, prazo muito mais razoável, nós reconhecemos, apesar de não ser para amanhã.

Pasme: cientistas como o físico Stephen Hawking e o astrônomo Dan Werthimer, pesquisador do SETI na Universidade da Califórnia, em Berkeley, alertaram as autoridades contra possíveis repercussões de uma comunicação com extraterrestres, cuja "civilização apta a receber e compreender essas mensagens seria, certamente, muito mais antiga e muito mais avançada que a nossa, no aspecto tecnológico". Dan Werthimer ressaltou: "É como sair gritando numa floresta antes de saber se há tigres, leões, ursos ou outros animais perigosos por lá".

O que nos deixa perplexos...

A propósito, indivíduos muito inteligentes podem acabar cegos em função das suas crenças a ponto de renunciar à liberdade crítica, de sacrificar a sua felicidade ou mesmo sua vida.

Steve Jobs, um visionário genial, mas cegado pelas suas crenças

Apelidado de "iGod", o deus da tecnologia, ele toda hora fazia referência ao "pensamento mágico", a ideia que faria o mundo se curvar diante dele. Assim que as suas ideias geniais fossem concretizadas, seriam capazes de lhe render muitos frutos. Mas elas se revelaram impotentes diante do câncer.

De acordo com os seus biógrafos, Daniel Ichbiah e Walter Isaacson, e tendo em vista todas as realizações a que deu origem, Steve Jobs era muito inteligente e até genial. Daniel Ichbiah, jornalista e autor de *Les 4 vies de Steve Jobs* [As quatro vidas de Steve Jobs], descreveu-o da seguinte maneira: "Atormentado, perfeccionista, obcecado pela genialidade e dotado de um senso estético inato, Jobs foi capaz de sonhar alto, e teve o talento para compartilhar essa visão com os outros (...) Nunca fez um doutorado, mas era um artista autêntico em busca de um perpétuo Santo Graal, um esteta motivado por uma vontade: mudar o mundo...".

Walter Isaacson, escritor e autor das biografias de Albert Einstein, Henry Kissinger e Benjamin Franklin, ao destacar a biografia de Steve Jobs, menciona a pequena frase da campanha publicitária *Think Different* da Apple: "Só alguém demasiado louco para achar que pode mudar o mundo, e conseguir".

O pai biológico de Steve Jobs era sírio. A mãe, americana. Estudante e solteira, assim que o filho nasceu, ela o entregou ao casal Jobs para adoção sob a condição de fazê-lo entrar para a universidade. Os Jobs eram pessoas muito modestas, mas assumiram esse compromisso. Pouco depois, a nova família se mudou para o Vale do Silício. Steve Jobs era atraído pela cultura indiana e pelo budismo. Após uma adolescência hippie seguida de um longo período na Índia na companhia de um amigo, ele voltou para casa, entrou para a faculdade, mas abandonou os estudos ao fim de três meses. Logo após entrar para um curso livre de caligrafia que reforçou o seu gosto pela estética, passou um verão inteiro num pomar, onde só se alimentava de maçãs. Alguns anos mais tarde, fundou a Apple com o amigo Steve Wozniak, e se tornou o mais jovem milionário dos EUA, aos 25 anos. Rodeou-se de gênios, dos quais soube extrair a essência e revelar os seus talentos, graças ao grande carisma. Foram dele as ideias geniais para os Apple I, Apple II, Pixar, iMac, iPod, iTunes, iPhone, iPad, só para citar algumas. Mas a sua vida foi repleta de percalços, que ele sempre superou para ir mais longe. Exceto pelo último obstáculo, um câncer no pâncreas.

Logo que um tumor no pâncreas foi diagnosticado em 2003, os médicos choraram de alegria ao descobrir que o tumor era operável. Porém, Steve Jobs recusou ser submetido à cirurgia. Budista e vegetariano, ele era cético quanto à medicina tradicional, e acreditava piamente em métodos alternativos, cada um mais excêntrico que o outro. Consultou-se com curandeiros, naturopatas, acupunturistas, engoliu cápsulas de extratos vegetais, tomou sucos de frutas e fez longos períodos de jejum. Em 2004, os novos exames revelaram que as saladas de dente-de-leão não afetaram em nada as células cancerosas: o tumor estava se espalhando para fora do pâncreas. Então, ele aceitou a cirurgia, mas já era tarde demais. Em abril de 2009, foi submetido a um transplante de fígado no Instituto de Transplantes do Hospital Universitário Metodista de Memphis (Tennessee). Continuou a trabalhar na Apple até a sua morte, em outubro de 2011, aos 56 anos.

Aos biógrafos e amigos foi perguntado sobre a ambivalência da sua personalidade. Inventor extraordinário, hábil para mover montanhas, mas incapaz de se libertar de pajelanças que aceleraram o seu fim. Talvez a obsessão por ter sido abandonado pelos pais biológicos o tenha impelido a preencher o seu vazio com buscas esotéricas. Aos sete anos, ele ficou desesperado, porque uma menina, a quem havia confidenciado que tinha sido adotado, teria lhe dito: "Então os seus pais não amam você?". Sempre enfatizando o carinho que sentiam por ele, os seus pais adotivos o reconfortaram. A influência da contracultura hippie do Vale do Silício, desde os anos 1970, sem dúvida acabou forjando a sua constante necessidade de ir em busca, em lugares distantes, na Índia, de uma tal "iluminação".

"Galileu estava errado: a Igreja tinha razão"

Crenças irracionais podem ser perigosas somente para aqueles que nelas confiam, mas nem sempre é o caso. Por influência, sugestão, proselitismo e, às vezes, sem sequer acreditar no que dizem, existem pessoas que investem toda a sua inteligência para persuadir outras mentes a crer. No documentário *Les Lois de l'attraction mentale*, anteriormente citado, Henri Broch afirma: "Um quarto dos europeus crê que a Terra está no centro e que tudo gira em torno dela".

Um quarto dos europeus crê que a Terra está no centro e que tudo gira em torno dela

Há alguns anos, no dia 6 de novembro de 2010, ocorreu no Hotel Garden Inn de South Bend, Indiana, a 150 km de Chicago, um congresso pseudocientífico intitulado "Galileo Was Wrong: The Church Was Right" [Galileu estava errado: a Igreja tinha razão], que reuniu dez conferencistas apresentados como "especialistas". Eles tentavam provar que o Sol girava em torno da Terra, de acordo com o sistema geocêntrico, embora, desde Copérnico, Galileu, Kepler e Newton, a ciência já tenha demonstrado que a Terra e os demais planetas giram em torno do Sol, segundo o sistema heliocêntrico. O subtítulo era promissor: será a "primeira" conferência católica anual sobre o geocentrismo. O dr. Robert Sungenis abriu o congresso com um comunicado intitulado "Geocentrismo: todos conhecem a verdade, mas todos se calam", retomando o tema recorrente da teoria da conspiração. Os outros palestrantes, como o dr. Robert Bennett e o dr. John Salza, anunciaram temas que deixariam qualquer um de queixo caído: "Prova científica: a Terra está no centro do universo", "Introdução à mecânica do geocentrismo", ou ainda "Experiências científicas mostram que a Terra está imóvel no centro do universo". As credenciais deles não tinham foco e eram todas rebuscadas, com doutores, professores... Robert J. Bennett, por exemplo, coorganizador do congresso, anunciava que tinha um doutorado em relatividade geral. Robert Sungenis era presidente da Catholic Apologetics International e autor de vários livros e artigos sobre teologia, ciência, cultura e política. Ele, que lecionara física e matemática durante muitos anos em diversas instituições, pregava que físicos, como Albert Einstein, Ernst Mach, Edwin Hubble, Fred Hoyle "e muitos outros", tinham provado, assim como está na Bíblia, que o Sol e todos os planetas giram em torno da Terra, fixa no espaço, imóvel e imutável, nutrindo a esperança de que as pessoas dariam às Escrituras o seu devido reconhecimento, e compreenderiam que a ciência não é tudo aquilo que dizem.

No entanto, cada descoberta da ciência fornece mais uma prova de que o geocentrismo não é uma representação que corresponde à realidade. Os adeptos do geocentrismo só têm a Bíblia como referência. A cada argumento científico, eles respondem: "Está escrito na Bíblia que...". Descarregar toda a raiva em Galileu manchou a imagem de um dos fundadores da ciência moderna, que forneceu uma das primeiras provas do heliocentrismo de Copérnico, mas também permite vingar o que alguns consideram uma afronta, o *mea culpa* da Igreja, em 1992, em virtude do processo de condenação de Galileu.

Desde Galileu, muitas águas já rolaram. A ciência copernicana batia de frente com as Escrituras e com a crença numa verdade revelada, e tinha o dever de lutar contra a irracionalidade. Os estudiosos é que foram os perseguidos. Hoje em dia, os irredutíveis e os tantãs procuram manipular os incautos para passarem adiante teorias nebulosas: trata-se sempre da mesma batalha, do obscurantismo contra a verdade.

O que é capaz de combater o obscurantismo?

Se a expansão da inteligência é algo pouco provável, podemos aprender a desenvolver o nosso espírito crítico por meio de métodos.

Nem todas as crenças são estúpidas, absurdas ou perigosas. Algumas são construtivas, como acreditar em si mesmo, nas suas capacidades, no seu valor, na vida ou nos outros.

O risco de se deixar influenciar pelas crenças perigosas a ponto de perdermos a razão vem da necessidade de encontrar, custe o que custar, um sentido para a vida. Se outra pessoa dá uma explicação que corresponde à nossa visão de mundo, ou que nos isenta da busca pelo nosso Eu, a tendência é adotá-la.

Mas o que mais nos induz a crenças irracionais é que elas tendem a coadunar com as nossas expectativas intuitivas.

Desde sempre, muitos acreditam em coisas bizarras, e muitos tentam lutar contra essas crenças. Isso gera um equilíbrio que, ao longo do tempo, se mantém constante. Por isso, podemos brigar em prol do racionalismo com a ideia de que, simplesmente, fazemos parte de um equilíbrio.

Por mais que o sujeito seja inteligente, culto e crítico, nenhum ser humano está isento de acreditar em disparates, basicamente porque é difícil de aceitar o acaso. A busca pelo destino, pela fatalidade, pela conspiração, pelo complô, pelo propósito, bom ou mau, que reside por trás do acaso, é um viés universal. "Na terceira eu consigo", "não há fumaça sem fogo", "quem ri por último ri melhor" etc. são expressões que, igualmente, manifestam a nossa necessidade de causalidade e sentido. Nem os maiores cientistas conseguem fugir disso. Por esse motivo Einstein, numa carta sobre a enfermidade da sua esposa Mileva e do seu filho, escreveu: "Estou tendo a merecida punição por ter realizado o ato mais importante da minha vida sem refletir: engravidei uma pessoa moral e fisicamente inferior a mim..."[45]. A mãe de Albert Einstein tentou dissuadi-lo de se casar com Mileva, pois, como ela era manca, previu que sua prole seria afetada. Esperava-se um pouco mais de altivez por parte do criador da Teoria da Relatividade! Contudo, como disseram dois de seus biógrafos, Roger Highfield e Paul Carter, Einstein "era um homem em que a mistura de lucidez intelectual e miopia emocional provocava muitas decepções nas vidas de quem o rodeava".

No fundo, o que está ao nosso alcance não é fazer com que haja menos gente acreditando em coisas bizarras ou malucas, mas evitar que isso se espalhe. Dificilmente poderemos fazer mudar de ideia aqueles que já estão convencidos. O risco é que reforcemos ainda mais as suas crenças.

Por que vemos sentido nas coincidências?

ENTREVISTA COM NICOLAS GAUVRIT

Psicólogo e matemático. Professor na
ESPE Lile-Nord-de-France. Membro institucional
do laboratório universitário Cognitions Humaine
et Artificielle (CHArt).

Algumas coincidências parecem tão espantosas que nos recusamos a dizer que foram por acaso, por isso, atribuímos a elas algum significado. Mas, segundo o senhor, trata-se de uma falta de percepção do contexto.

A nossa visão é limitada, seja pelo tempo, seja pelo espaço. Se a nossa perspectiva for global, as coincidências não nos surpreendem mais. Além disso, dificilmente nos questionamos. Vejamos o paradoxo dos aniversários: num grupo de 25 pessoas, qual é a probabilidade de que duas delas façam aniversário no mesmo dia? Para responder, ficamos tentados a utilizar uma heurística, um raciocínio simplificado, para refletirmos sobre qual é a probabilidade de outra pessoa — em meio às 25 — fazer aniversário no mesmo dia que nós.

O resultado é bastante falível, porque reduzimos o problema a uma só data possível: a nossa data de nascimento. A probabilidade de que uma dentre outras 24 pessoas faça aniversário junto comigo é de apenas 6,3%. Em contrapartida, entre 25 pessoas, há 50% de chances de que duas pessoas façam aniversário no mesmo dia. Mas esse não costuma ser o raciocínio.

O senhor também cita o exemplo de uma mulher, Violet Jessop, que sobreviveu a três naufrágios, inclusive o do Titanic. Isso parece extraordinário, mas, no fim das contas, não é nada.

O problema vem do fato de que nos faltam informações, então preenchemos as lacunas com elementos-padrão que nos parecem prováveis e subentendidos. Quando ouvimos dizer, sem dados adicionais, que um indivíduo sobreviveu ao naufrágio do *Titanic*, e a mais dois naufrágios, imaginamos que os outros são comparáveis ao primeiro, o que não foi o caso, porque um deles fez poucas vítimas, e o outro, nenhuma. Com isso, vemos que Violet Jessop não tinha nada de especial, a não ser o fato de que trabalhava para a companhia desses três navios.

O senhor diz também que ao querer decifrar os eventos de 11 de setembro, vemos 11 em todos os lugares, o que dá origem à tentação de ver um complô ou um sinal do destino. No entanto, na sua opinião, não há nada de extraordinário nisso...

Para muita gente, são válidos os números cabalísticos e a numerologia. Também encontramos alguns "19" no Corão, alguns "7" na Bíblia, ou ainda os seus múltiplos, o que não causa nenhuma surpresa, estatisticamente falando.

Da mesma forma, podemos encontrar nesses livros previsões sob a forma de palavras, como vemos, por exemplo, na Bíblia: o código secreto, onde o jornalista Michael Drosnin, dividindo o texto em grades, desvenda várias previsões na Bíblia, inclusive que o fim do mundo aconteceria alguns anos atrás. Na realidade, o número de planilhas possíveis e maneiras de se proceder diante do computador é tão grande que podemos encontrar qualquer coisa. Drosnin chegou até a lançar um desafio: encontrar tantas previsões em *Moby Dick* quanto se veem na Bíblia. Pois bem, isso foi feito!

Aliás, na Bíblia, com a mesma técnica, encontramos também "Deus não existe", "Odeie Jesus"... Significa que podemos encontrar o que quisermos.

Inclusive, no seu próprio livro?

Sem nenhuma dúvida! Nos *Pensamentos* de Pascal, encontrei o anúncio da morte de milhares de pessoas por AIDS. Sébastien Pommier, um analista de tecnologia, depois de ter codificado alfabeticamente o genoma do levedo de cerveja, encontrou escrito ali "frangos fritos"! Era o que ele tinha comido no almoço...

Se tentamos aplicar uma planilha de leitura escolhida ao acaso, as probabilidades de se encontrar "frango frito" são baixas, mas se multiplicarmos por um número considerável de ensaios, então teremos resultados favoráveis.

O senhor calculou que nos últimos vinte anos, 72 mil sonhos premonitórios realmente previram a morte de alguém na semana seguinte, mas isso passou despercebido.

Sim, foi só uma estimativa, mas que ilustra também a conjunção de uma probabilidade falha e de um grande número de casos. Henri Broch fez um cálculo parecido para um programa de televisão sobre esse mistério, durante o qual um médium pediu aos telespectadores que acendessem a luz nas suas casas, porque ele queimaria as lâmpadas em toda a França. Dezenas de pessoas ligaram, estarrecidas, confirmando que, de fato, uma lâmpada tinha queimado na casa delas. Incrível! Porém, visto que o programa durou uma hora, e supondo que cada casa tivesse quatro ou cinco lâmpadas acesas, seria normal que algumas delas queimassem durante o programa, levando-se em conta a duração média de uma lâmpada. A probabilidade era muito baixa para poucas lâmpadas, mas elevada para centenas de milhares.

Ele podia ter fingido que estava provocando nascimentos ou mortes!

Sim, mas as pessoas sabem que isso acontece com frequência. Lâmpadas queimando, no entanto... não é comum falarmos sobre isso. O mesmo se dá para sonhos premonitórios. Eu mesmo já tive vários, violentíssimos, que pareciam reais; contudo, felizmente, não deram em nada. Senão eu teria dois amigos a menos...

Como é possível que nenhuma previsão de astrólogo ou vidente acerte na mosca, e por que não existem coincidências?

Não é bem assim, pois toda hora vemos previsões acertando. Élizabeth Teissier previu alguma coisa em setembro de 2011. Nem o atentado, nem o dia 11, mas... Em geral, essas profecias são bastante previsíveis: terremotos, acidentes. Porém, não o 11 de Setembro, que ninguém esperava. Élizabeth Teissier, para justificar as suas previsões, sempre alega que previu os acidentes de avião. Então, alguém foi brincar de fazer previsões ao acaso pelo computador, o que se provou um pouco mais eficaz do que Élizabeth Teissier. É o mesmo problema dos aniversários: fazemos uma lista de datas, e se prevemos um acidente, não é improvável encontrar uma ou duas coincidências.

O senhor combateu certas abordagens da psicologia, como a psicogenealogia* e a sincronicidade.

A psicogenealogia é essencialmente baseada em coincidências de datas entre coisas que nos acontecem e eventos ocorridos com os nossos ancestrais. Na verdade, é uma versão um pouco mais elaborada do paradoxo dos aniversários, porque, nesse caso, procuramos coincidências entre duas listas distintas. Porém, assim como vamos construindo uma árvore genealógica rica, não raro deparamos com algumas dessas datas, o que aumenta as probabilidades de uma coincidência. Ademais, na prática, nem sempre temos as datas exatas. Na pior das hipóteses, quando não conseguem encontrar nada, eles sempre dão um jeito: um paciente tinha 24 anos, o seu tio-avô morrera durante uma viagem aos trinta, então um psicólogo estabeleceu uma conexão, dizendo que o jovem entrara numa dinâmica de avançar para os trinta anos. É muito divertido! Outra questão bastante conhecida, sobre a qual muita gente me pergunta, é em relação à sincronicidade.** Jung quis elaborar uma teoria com a ajuda de matemáticos e de um físico, mas nunca chegou a lugar algum.

---

* Teoria elaborada por Anne Ancelin Schützenberger, inspirada em psicanálise, psicoterapia e terapia sistêmica, a qual postula que as tensões e os eventos traumáticos vividos por ascendentes predispõem as pessoas a transtornos psíquicos e comportamentais.
** Uma coincidência significativa para o observador, produzida por "um acaso significativo e criador", segundo Carl Gustav Jung (Nota do Editor).

No entanto, não tem como deixar de atribuir sentido às coincidências. Suponho que, apesar de tudo, isso já aconteceu com o senhor.

Claro que sim! Um acontecimento completamente improvável é muito mais chocante quando ocorre conosco, não com os outros. Recentemente, testei como as crianças se portam em relação ao acaso, jogando um dado escondido para que elas adivinhassem oito vezes seguidas o número que tinha saído. Eu queria analisar qual seria a sequência de previsões. Entre setenta crianças, uma conseguiu acertar quatro vezes seguidas. Ao fim do experimento, eu disse a mim mesmo: "Que coisa terrível, se isso for constatado, estarei ferrado; premonição existe!". Aí, comecei a raciocinar: uma criança entre setenta... isso se explica pelo acaso. É o mesmo que as ilusões de óptica: não podemos fugir delas enquanto estão acontecendo, mas podemos raciocinar.

Existe um fenômeno chamado "expectativa excessiva de expansão". Ou seja, temos a expectativa de que o acaso seja uma representação da ideia que fizemos dele. Sobretudo, esperamos que as datas escolhidas ao acaso não sejam especialmente agrupadas, mas uniformemente repartidas. Na realidade, é bastante frequente que, entre 12 datas escolhidas ao acaso, duas coincidam com a minha, ou até três. Essa expectativa excessiva de expansão pode nos levar ao erro, mas não é irracional.

Teríamos, portanto, uma tendência a crer que o acaso em si deve obedecer a algum tipo de regra?

Sem dúvida, tanto no tempo — não imaginamos que datas aleatórias estejam agrupadas — quanto no espaço — costumamos imaginar espalhar pontos distribuídos ao acaso sobre uma superfície. Os bombardeios em Londres durante a Segunda Guerra Mundial representam um bom exemplo histórico. Os aviadores alemães voavam tão acima das nuvens que não viam onde lançavam as bombas, que caíam de maneira totalmente aleatória. Todavia, ao observar o mapa dos impactos, o Estado Maior britânico constatou que elas se achavam agrupadas em certos pontos, que não correspondiam aos objetivos militares mais óbvios: deduzimos que os alemães tinham mapas malfeitos. Na verdade, uma análise estatística demonstrou que os impactos não eram exatamente agrupados, mas espalhados ao acaso.

Paradoxalmente, o senhor explica que, sem dúvida, a sobrevivência da nossa espécie se deve, em parte, a essas ilusões cognitivas: seria melhor ver mais coincidências do que não ver nenhuma.

Os psicólogos evolucionistas acreditam que fomos levados a melhor detectá-las. Numa época em que isso podia ser vital, talvez valesse mais exagerar na interpretação das coincidências e sair correndo quando as folhas se mexessem, para, quem sabe, se esconder de um predador, do que subestimar a importância delas e não deduzir nada.

O método científico consiste, aliás, em pesquisar coincidências e correlações, e interpretá-las de outra forma que não pelo acaso. Não é irracional, mas é um método arriscado, porque nem sempre nos leva a conclusões confiáveis. Por exemplo, uma experiência *a priori* realizada corretamente concluiu a existência do efeito Mozart — quando escutamos Mozart, tornamo-nos mais inteligentes. Mas quando tentamos reproduzi-la, não funcionou. Supomos que se tratou de um falso positivo, como é comum que aconteça. Uma ilusão dessas é, portanto, o problema de um método racional.

Finalmente, de onde provém a nossa reticência em relação ao acaso? Trata-se de pura incapacidade cognitiva ou de um simples pavor?

Não acredito que tenhamos pavor, mas, em geral, adoramos ter uma explicação para tudo: por isso inventamos a ciência. Porém, para falar a verdade, não tenho uma resposta precisa...

— Conversa registrada por Jean-François Marmion

A estupidez como delírio lógico

BORIS CYRULNIK
Neuropsiquiatra e diretor de
ensino na Universidade de Toulon.

Não há nada mais frequente nem mais grave do que a estupidez. Certamente somos os seres viventes mais talentosos nessa arte, desde que passamos a viver num mundo de representações em que alguns, apesar da sua coerência e lógica interna, mostram que estão completamente fora da realidade. Num psicótico, chamamos isso de "delírios", mas no mais das vezes, tanto para você quanto para mim, não passa de estupidez. E é muito fácil nos lembrarmos de exemplos em todas as esferas da inteligência humana.

Pensemos no âmbito biológico. Se eu afirmo que o efeito psicofarmacológico de dois comprimidos de vitamina B6 equivalem exatamente ao efeito de um comprimido de vitamina B12, a lógica matemática serve de engodo para que eu o faça crer numa lógica. Adaptando a outra área qualquer, uma lógica pode, então, converter-se numa estupidez. Assim procedi a um cálculo rápido, inspirado pelo psiquiatra e psicanalista Wilhelm Reich. A expectativa de vida sexual de um casal costuma durar até pouco depois dos cinquenta anos, às vezes mais. Com uma frequência de duas relações sexuais por semana, periodicidade comum na nossa cultura, teremos cerca de 5 mil a 6 mil relações sexuais. Pois, na França, medalha de ouro europeia da natalidade, as mulheres dão à luz, em média, 1,9 criança. Isso representa, sistematicamente, uma criança a cada 3 mil relações. Então, estatisticamente falando, é altamente improvável que as relações sexuais sejam a causa da gravidez! É absurdo. (Vale observar que, nesse ritmo matemático, foram necessários 2.399.200.000.000 de atos sexuais para obter uma população de 7,5 bilhões de seres humanos.)

Os saltos mortais dos psicanalistas

E quanto aos psicólogos e psicanalistas? Tiraremos bons ensinamentos de uma breve história da competição entre Allah Khan* e Papa Freud. A inveja de Allah Khan foi o ponto de partida de uma divergência teórica fundamental que deu origem ao movimento lacaniano, hoje venerado pelos seus adoradores, que repetem as suas teorias sem fazer nenhum tipo de crítica ou análise. Sabe-se, por exemplo, que uma paciente judia, certa vez, disse a Allah Khan: "Sou acordada todos os dias por uma ansiedade. Sinto isso desde a guerra, naquela hora em que a Gestapo vinha bater à porta". Allah Khan saiu da sua poltrona e da teoria para adentrar a prática e passar a agir. Momento em que foi acariciar o rosto da mulher, dizendo: *"Geste à peau, geste à peau..."*** [algo como: "Carinho, carinho..."]. Reação da paciente: "Isso é maravilhoso!". Sem dúvida... Notemos que os trabalhos de Allah Khan sobre a fase do espelho foram inspirados pela etologia animal, devidamente citada por ele. Inclusive, ele foi um dos primeiros a ler esse gênero literário, ao contrário do que pretendem os lacanianos, que me detestam porque ressalto essa influência, apesar de que qualquer um pode verificá-la. Até o psicanalista americano René Spitz, em 1946, no livro *La Première année de la vie de l'enfant*, prefaciado por Anna Freud, citou 28 referências à etologia animal. Chego à conclusão de que, como não leram os seus próprios textos de base, os psicanalistas me agridem em nome da ideia que eles criaram da realidade, não da realidade em si. Essa é a própria definição de delírio lógico.

Por ocasião de um colóquio, nos anos 1980, tentei pensar numa piada para ilustrar aquilo que Freud chamou de condensação e as transferências dentro da neurose obsessiva. Inventei o caso de um certo Otto Krank, que estava sofrendo de uma paralisia histérica nas duas orelhas: ele não conseguia mexê-las como os seus colegas de turma. Então, ele foi se consultar com um psicanalista, ou um "psilacanista",

---

* Nota do editor em língua francesa (adapt.): Boris Cyrulnik pronuncia Allah Khan como "Ah Lacan", não do jeito original. Qualquer semelhança com o célebre psicanalista francês é mera coincidência.

** N. do T.: A pronúncia em francês da frase dita pelo analista se assemelha com a pronúncia no mesmo idioma da palavra "Gestapo" (polícia nazista que perseguia judeus).

para quem o significante voava baixo, porque ele agia sobre o real. Compreendendo que bastava mudar um significante para modificar a sua ação sobre o real, o psicanalista aconselhou Otto a fazer o anagrama do seu nome Otto, escrevendo-o de trás para a frente. Já no dia seguinte, Otto começou a se sentir muito melhor. Trata-se do mesmo raciocínio usado para o *"geste à peau"*: transferência, condensação e, então, um salto mortal...

Vamos seguir essa carreira...

Mas sejamos justos: a estupidez, por vezes, atinge o lado oposto com a mesma força, motivo pelo qual os "psis" reclamam da abordagem científica. As classificações do DSM (Manual de Diagnóstico e Estatística da Associação Americana de Psiquiatria, na sigla em inglês) ou do CID (Classificação Internacional das Doenças, feito pela Organização Mundial da Saúde) foram elaboradas com base em artigos aceitos e revistos por uma comitê de especialistas, do qual, de vez em quando, sou convidado a participar. Por mais que o nome do autor da pesquisa esteja disfarçado, quase sempre adivinhamos quem escreveu o artigo, porque reconhecemos o seu estilo e o tema de predileção. Além disso, organizamos muito bem um comitê de avaliação que sabe filtrar os membros mais adequados, ainda que se trate de um cunhado, de um amigo a quem emprestamos muito dinheiro ou que já publicamos duas vezes e que deveria nos retribuir o favor, ou ainda de um nonagenário que não para de repetir a mesma frase ("estágio do espelho, estágio do espelho, estágio do espelho..."). Afinal de contas, é assim que eles fazem carreira: repetindo sempre a mesma publicação, mudando ocasionalmente uma ou duas frases do título, até a aposentadoria. Eu exagerei um pouco, é óbvio, mas foi procedendo de forma anônima que o meu amigo Paul Ekman, um dos maiores pioneiros da psicologia das emoções, viu ser recusada a publicação de um artigo que ele já tinha publicado dois anos antes. A estupidez também se aplica ao comitê que julga os amigos!

Ela faz parte de todo o sistema, sejamos biólogos, matemáticos, estatísticos, psicanalistas, "psilacanistas" ou clínicos. Ela participa da gestão do dia a dia. Merecemos o Prêmio Nobel pela nossa complacência! Ou, melhor ainda, por conta das conversas de botequim. E, por isso, prestamos homenagem à abordagem científica. Pelo menos, ela nos apresenta a virtude de preconizar a dúvida, a verificação e a aceitação de que as nossas verdades são passageiras. É um progresso dentro da estupidez. No entanto, se queremos seguir uma carreira científica, é absolutamente necessário demonstrar que temos razão... àqueles que aderiram à convicção delirante. Por conseguinte, duas opções se apresentam: esperança de carreira ou esperança de vida. Assim, combatemos a dúvida para privilegiar a convicção, reforçando, inclusive, a nossa estupidez e a nossa esperança de carreira. Aí assinamos publicações "assim, assim e assado" para sermos admirados, inserindo os termos e as citações que mais agradam. Desse modo, transgredimos, ainda que sejamos agredidos. Depois de um tempo de desconforto, talvez sejamos chamados pelos outros para formar uma nova seita... que, por sua vez, repetirá as mesmas falácias. Ter as suas próprias opiniões é, portanto, condenar-se a continuar tendo as suas próprias opiniões, em vez de prontamente juntar-se a um bando de amigos que formarão um novo bando de estúpidos... Estúpidos amigáveis. E, quem sabe, com um pouco de sorte, cheguemos a nos deleitar por falar e agir como estúpidos, mas, pelo menos, estaremos acompanhados. É assim que uma carreira pode ser afetada pela nossa relação com a estupidez.

Diga-se de passagem, depois deste artigo, acho que a minha carreira vai ficar um bocado prejudicada!

A linguagem da estupidez

PATRICK MOREAU

Professor de literatura na Universidade
Ahuntsic de Montreal, redator-chefe da revista *Argument*.

"O que dizem os estúpidos? Nem eles mesmos sabem, e essa é a sua salvaguarda. A fala do estúpido, mesmo que tenha algum sentido, não se limita à exatidão. Grasnando com ênfase, a sua meta é repelir o silêncio por todos os cantos. O estúpido [...] se agarra aos lugares-comuns como um trapezista bêbado se agarra à sua corda. Fica grudado no corrimão das banalidades e não larga delas nunca mais."
— Georges Picard, *De la connerie.**

Por vezes, cometemos estupidezes que são mais frequentes do que gostamos de admitir. Na maior parte do tempo, elas passam pela linguagem. Esses discursos que julgamos estúpidos não estariam refletindo uma deficiência, ao menos momentânea, de inteligência, e só representariam uma das inúmeras manifestações possíveis? Será que não existe nenhuma estupidez especificamente relacionada à linguagem, que encontraria o seu lugar natural dentro de assuntos imprudentes? Essa hipótese aproximaria a estupidez da novilíngua orwelliana, cuja utilização ideal, que o autor de *1984* apelida de patofalar (*duckspeak*), não apresenta "nenhum tipo de risco aos centros mais evoluídos do cérebro".[46]

À primeira vista, pode parecer estranho associar esse dialeto da estupidez com a novilíngua, modelo canônico de todas as línguas estereotipadas. Os dois, no entanto, estão interligados pela sua própria natureza: ambos se definem como uso inadequado e inconsistente da língua. As palavras ou enunciados dos estúpidos, assim como os da novilíngua, revelam-se inapropriados ao expor de maneira idônea a realidade, da mesma maneira que o pensamento que os utiliza. Embora uma esteja inserida numa dimensão político-ideológica e o outro seja mais espontâneo, a novilíngua e o dialeto da estupidez podem, portanto, se conciliar: os dois aparecem como perversões em relação à utilização normal e legítima da língua e suas palavras.

* Éditions Corti, 2004.

Além do mais, desenvolveremos a hipótese de que os dois fenômenos vizinhos, mas de origens distintas, atualmente estão se aproximando, devido a, pelo menos, dois fenômenos concomitantes. De um lado, as ideologias (feminismo diferencialista, antiespecismo, teoria do gênero etc.), todas praticando um intenso "lobby conceitual",[47] têm evoluído cada vez mais em direção ao senso comum. De outro lado, uma estupidez que irrompeu de maneira brutal para dentro da esfera pública, especialmente por causa da internet e das redes sociais, que lhe ofereceram uma formidável câmara de eco.

Que melhor exemplo para esse encontro atual da estupidez com a novilíngua do que essa mensagem publicada no Facebook, em março de 2018, por uma militante vegana, logo após o atentado islâmico em Trèbes (março de 2018), no qual um açougueiro foi assassinado:

"Vejam só, vocês ficam chocados com um assassino que foi morto por um terrorista? Eu não, tenho zero compaixão por ele, porque, para mim, a justiça foi feita."

Encontramos aí uma combinação de tudo o que a novilíngua contemporânea tem de mais característico e que se metamorfoseou, justamente, em estupidez.

Derivação referencial: quando as palavras se "desparafusam"

Nessa mensagem, o que choca mais o senso comum é, com certeza, a caracterização do açougueiro como "assassino". O termo, por vezes, parece impróprio, hiperbólico, insultante e, por fim, estúpido, do mesmo jeito que a palavra "bicha", que um comentarista esportivo utilizou recentemente, fora do ar, para qualificar os jogadores de futebol de uma equipe alemã que enfrentaria um clube francês.

Em vista disso, a estupidez a que nos referimos é sobretudo um tipo de falsidade, frequentemente repleta de exageros. As palavras utilizadas não correspondem ao seu significado habitual nem à sua definição original. No entanto, ela se distingue da mentira, pois é ela mesma que diz que as estupidezes não são, de fato, feitas para confundir os seus interlocutores. Em vez disso, ela só diz besteiras. Claro que sem dar a menor importância para a verdade,[*] e sem a menor pretensão de ser levada a sério, ela quer com isso dizer: leve-me ao pé da letra. Esse último ponto parece, à primeira vista, diferenciar aquele que diz coisas estúpidas do utilizador da novilíngua, para a qual, pelo contrário, cada palavra é importante, porque apresenta uma ortodoxia. Vejamos o que ela é.

Ao chamar o açougueiro vítima do terrorismo de "assassino", aquela militante vegana, sem dúvida, demonstrou não ter nenhuma consciência de que falou uma estupidez. Ao contrário. Ela usa esse termo com a total consciência de que está fugindo do significado ordinário. Ela reivindica com veemência algum tipo de readequação lexical que, segundo ela, torne a língua mais apropriada para dizer a verdade, para expor a realidade. Para ela, matar animais é, objetivamente, um homicídio, então qualificar de "assassino" um matador de animais é usar a palavra correta, mesmo que essa correção não seja imediatamente percebida por todos. Temos de reconhecer que uma readequação do sentido das palavras não é em si mesma nada absurda. Para fundamentar esse processo, poderíamos, por exemplo, alegar que, nos tempos da escravatura, a morte de um escravo também não era vista como um homicídio! O uso aparentemente ultrajante que foi feito da palavra "assassino" seria, por sua vez, nada mais do que um avanço em direção a um sentido que lhe será, mais para a frente, atribuído unanimemente. A hipótese é plausível: do mesmo jeito que a transformação das línguas antigas, em particular do significado das suas palavras, a novilíngua se apresenta em muitos casos como um progresso. No entanto, será que isso se aplica aqui?

Evidente que não. Para começo de conversa, pelo simples motivo de que, nos dias atuais, os açougueiros não abatem os animais — que se encontram nos abatedouros —, e sim apenas destrincham as suas carcaças em bifes, filés etc. Por conta disso, o adjetivo "assassino" carece de exatidão e continua sendo uma impropriedade lexical.

Tocamos aqui num primeiro ponto que aproxima a linguagem da ideologia da estupidez, qual seja, a derivação referencial que faz com

---

[*] Essa "indiferença em relação à realidade" que é, segundo Harry G. Frankfurt, "a própria essência" da *estupidez* (cf. *De l'art de dire des conneries*, Mazarine/Fayard, 2017, p. 46).

que as palavras se desparafusem, por assim dizer, da sua relação com o real, sem que possamos com isso equiparar os usos impróprios da linguagem com as mentiras. O estúpido não acredita de verdade que os adversários da sua equipe predileta sejam todos homossexuais. Quanto à nossa militante exaltada, ela simplesmente não chegou a pensar que o açougueiro que ela queria condenar talvez jamais tivesse sacrificado um único animal. Nesse tipo de discurso, as palavras só se remetem a elas mesmas, derivam dos "seus próprios referenciais".[48] Elas veiculam uma espécie de fantasma, como fetiches cuja significação prevalece sobre o sentido real.

Inconsistência de significado: um assassino é sempre um assassino?

Ainda assim, recorrer à função referencial da linguagem não basta para solucionar a querela sobre o bom uso do vocabulário, ou seja, separar o joio — de definições incorretas — do trigo — composto por palavras corretas. É preciso também refletir sobre o significado dos termos em questão, isto é, sobre as suas definições, pois as palavras descrevem menos o mundo à nossa volta do que servem para analisá-lo, para dar-lhe sentido com o auxílio dos conceitos que nós mesmos definimos.

Ora, poderíamos ressaltar para aquela moça que utilizou a palavra "assassino" que se o ato de matar um animal fosse realmente um assassinato, então, também deveríamos qualificar como "assassino" o gato que ataca e mata um rato, a baleia exterminadora de krill, o guepardo que, para poder jantar, sacrifica um antílope. O uso correto das palavras exige, de fato, conceituar que elas possuem definições estáveis, que lhes permitem descrever diferentes referências, se elas possuem a mesma qualidade. Se, portanto, matar um animal é um ato criminoso da parte de um ser humano, decorre logicamente daí que o próprio ato é também criminoso da parte de outro animal. De um jeito ou de outro, a nossa defensora dos direitos dos animais deveria, assim, aplaudir a ideia do desaparecimento de todos os carnívoros, ao menos para que haja essa "justiça" providencial que ela invoca no fim de uma mensagem da qual nem sequer temos certeza se, ao ser escrita, ela avaliou todas as consequências. São claras a inconsequência e a irreflexão, das quais ela é o fruto que constitui os principais pontos em comum entre a novilíngua e a estupidez. Tanto uma como a outra, de vez em quando, fazem com que digamos leviandades e cometamos deslizes. Mas isso não é tudo.

Palavras encabrestadas: o estilo Humpty Dumpty

Com efeito, palavras que se emancipam em comparação ao seu referencial e ao seu próprio conceito fogem, de algum modo, da condição ordinária de palavras. Pois uma palavra dessas sempre se torna essencialmente problemática: o seu significado fica em aberto e ela pode se apresentar como objeto de uma negociação entre dois interlocutores,[49] que vão se basear, alternadamente, na sua maior ou menor adequação em relação ao referencial, ou na sua coerência conceitual, para afirmar ou negar que ela é corretamente utilizada em tal e tal caso, pois se trata de um trocadilho.

Desse ponto de vista, a linguagem é uma realidade dialética e ao mesmo tempo dialógica, e só um indivíduo tão tirânico quanto Humpty Dumpty, em *Alice através do espelho*, poderia dizer "num tom suficientemente desdenhoso": "Quando utilizo uma palavra, (...) ela significa exatamente o que decidi que ela deve significar, nem mais nem menos". É exatamente o que os estúpidos fazem na condição de ideólogos. As suas palavras, definidas arbitrariamente e, a partir daí, sem relação com o seu significado original, deixam de estar abertas à mínima discussão. Essa é a perversão máxima da linguagem, porque agora ela só poderá ser comum.

Da mesma maneira que o estúpido, assim como o ideólogo, não mais será sensível por definição à diversidade do real, nem à pluralidade dos pontos de vista,* as suas palavras passam também a ser encabrestadas.

---

* Cf. R. Zazzo, que fez da incapacidade do sujeito de "se descentralizar" de si mesmo e "de se ver com os olhos do outro" uma das principais fontes de estudo para a estupidez ("Qu'est-ce que la connerie, madame?", em *Où en est la psychologie de l'enfant?*, Denoël, 1983, p. 52).

Elas significam "nem mais nem menos" o que decidiu de forma autoritária aquele que as emprega, sem a menor consideração pelos demais interlocutores, inclusive sem consideração pela tradição que está refletida no dicionário. Se essa pessoa (que, lembremos, se vangloria por ter "zero compaixão") decide que a palavra "assassino" é a que melhor serve para definir a profissão de açougueiro, bem... esse será o significado da palavra, que, por sua vez, se tornou autorreferencial em virtude da inconsistência da sua definição. Mas termos desse tipo deixam de ser palavras de fato; em vez disso, são signos (ou elementos-chave) unívocos cujo sentido não mais pode ser interpretado.

Entretanto, por um estranho paradoxo, essas palavras-chave (ou palavras-signos) que buscam se impor com autoritarismo durante uma conversa, porque não podem mais ser debatidas, tornam-se efetivamente indiscutíveis. Em vista disso, só nos resta adotá-las sem discutir, ou... opor-nos a elas, mas por nossa conta e risco.

Palavras slogans: os gritos de guerra de um grupo

Essas palavras-chave constituem também — no sentido etimológico do termo — slogans (a palavra vem do gaélico escocês e designava o grito de guerra que incentivava, em uníssono, os membros de um mesmo clã). Não são tão utilizadas para dizer coisas comuns, que, em geral, dizemos com outros termos, mas para adicionar valor àquelas que empregamos no seio de um grupo mais ou menos formal. (Por outro lado, quem não usa esses termos, ou pior, recusa-se a usá-los, exclui-se do grupo em questão e, irremediavelmente, assume uma posição contrária ao sujeito que fala.) Chamar de "bichas" os jogadores de futebol de uma equipe alemã adversária de uma equipe francesa é, em virtude disso, um meio de se afirmar como apoiador da segunda, como patriota, como homem orgulhoso da sua heterossexualidade etc. Do mesmo modo, a mensagem postada no Facebook por aquela militante denota, ao mesmo tempo, um desejo de conivência perceptível dentro de uma interpelação em estilo familiar dos seus interlocutores virtuais ("Vejam só"), e uma vontade de distinção, que se manifesta nessa maneira incisiva de escrever em que pretende se opor à opinião majoritária, com tom doutrinário ("isso choca vocês"/"a mim não").

Esse aparente espírito crítico, um tanto provocador, mas que jamais vai além do tolerável pelo grupo de pertencimento,* também é comum nos estúpidos e nos ideólogos. Apesar da sua retórica simplista — ou melhor, graças a ela —, ambos possuem o sentimento de superioridade daqueles que sabem tudo. Esse sentimento está na origem de boa parte do dialeto da estupidez, assim como no sucesso fulgurante, e jamais desmentido, de todos os estereótipos. Tanto estes como, frequentemente, aquela, por terem a legitimidade, precisam autorizar quem as utiliza a aplicar em quase tudo os julgamentos — embora grosseiros, peremptórios — assegurados e, portanto, reconfortantes. A dúvida, ao contrário — ou a inquietude intelectual —, contraria a estupidez, e tem participação fundamental nos preciosos antídotos contra os delírios ideológicos.

A perda do senso comum

A ruptura ideológica atual, favorecida, entre outros, por algoritmos e redes sociais que engendram uma cultura de nicho e relacionam entre si membros de grupos diversos, facilita a difusão de jargões que se afastam cada vez mais da língua comum. Ao mesmo tempo, essas mesmas redes tornam porosas as fronteiras dos chamados grupos de afinidade, fazendo surgir uma confusão entre o que é privado, ou semiprivado, e o que se torna público, e, por conseguinte, entre o que pode ou não pode ser dito publicamente.

Por isso é que, logo que sua mensagem, escandalosa para a maioria das pessoas, foi divulgada para outros internautas que não partilhavam do seu vocabulário, nem das suas ditas convicções, aquela moça teve uma primeira reação de protestar, dizendo que "a

---

* Expressões imbuídas de estupidez e palavras lignificadas são, acima de tudo, gregárias, mesmo que, como escreve Adorno, "pareçam garantir, quando as pronunciamos, que não fazemos aquilo que, contudo, fazemos", ou seja, balir "para a multidão" (*Jargon de l'authenticité*, Payot & Rivages, 2009, p. 60).

postagem era dirigida unicamente aos [seus] amigos", e depois telefonou para a "L 214", a associação de defesa dos direitos dos animais à qual ela pertencia. Mas acabou se dando mal, porque a associação, por meio de um comunicado, declarou que não tinha nenhuma relação com o assunto.*

Quanto à observação infeliz do nosso comentarista esportivo, sem a malícia de terceiros jamais teria sido publicada e, portanto, não teria levado ao escândalo que se tornou conhecido.

Esses dois episódios são reveladores de um discurso público em crise, doravante envolto por duas formas de abuso da linguagem que, apesar de diferentes, têm a mesma essência, isto é, a perda do senso comum. Lidamos, por um lado, com os idiotismos conceituais que constantemente bebem da fonte das ciências humanas, mas continuam sendo, mais ou menos, obscuros e chocantes para a maioria dos interlocutores (cultura do estupro, gênero, racismo governamental etc.); do outro lado, com uma grosseria provocante que intervém na esfera pública de forma involuntária (no caso do nosso jornalista), ou voluntária (a pessoa que se manifesta, por exemplo, nos tuítes do presidente Trump ou nos Vaffanculo-Days organizados na Itália pelo Movimento 5 Estrelas).

O uso público da razão sofre para limitar essas duas formas de abuso em prol de um senso comum, sem o qual palavras e discursos não poderiam, ainda que minimamente, chegar a um consenso. O debate público se resume hoje ao entrechoque de slogans cuja insensatez os antagonistas, em vez de refutar, recusam-se a denunciar. Já que os estudos *in loco* sobre o tema da estupidez, como o de René Zazzo citado anteriormente, demonstraram que sempre somos o estúpido de alguém, a tendência é percebermos a esterilidade dessas batalhas ideológicas.

---

* Notemos que isso acontece em todos os grupos, assim que o estúpido se mostra *extremamente estúpido* e cruza a linha invisível que distingue a brincadeira da pura estupidez — esta, inclusive, revelando uma ambiguidade que lhe é característica, o qualificativo "estúpido" que acaba por abranger um amplo espectro de significação, desde o escárnio mais contundente até uma certa admiração. O mesmo se aplica, no livro *1984*, à palavra "patofalar", que também tem "um duplo sentido": pode tanto servir para caçoar de um dissidente quanto para honrar um membro ortodoxo do Partido (p. 405).

O pior disso tudo é que a estupidez, por ser contagiosa, nos deixa perdidos por causa da ausência do senso comum. Magistrados condenaram a militante vegana por apologia ao terrorismo, e os internautas se escandalizaram com a homofobia, segundo eles, absurda do comentarista esportivo. Podemos nos perguntar se, ao interpretar ao pé da letra os dois baderneiros cujo excesso na linguagem foi desnecessário, não demonstraram também uma singular falta de compreensão em relação ao assunto, que talvez devesse ser interpretado pelo que de fato era: uma simples estupidez.

As emoções não nos tornam estúpidos (nem sempre, pelo menos)

ENTREVISTA COM ANTONIO DAMASIO

Professor de Neurologia e Psicologia,
diretor do Brain and Creativity Institute,
na Universidade da Califórnia do Sul de Los Angeles.

Uma ideia bastante aceita afirma que as emoções nos tornam idiotas. É uma idiotice acreditar nisso?

Essa crença é demasiado generalista para fazer jus à complexidade do problema. Primeiramente, as emoções são muito variadas. Algumas nos tornam inteligentíssimos se forem adequadas à situação, e outras podem nos levar a agir de maneira completamente estúpida e perigosa. Portanto, é preciso distinguir emoções negativas, como ira, medo ou desprezo, por exemplo, de emoções positivas, como alegria ou compaixão, que nos tornam pessoas melhores, nos ajudam a cooperar e nos fazem agir com inteligência. Claro que todas as emoções podem ter seus revezes: se você se mostrar compassivo ou gentil demais, poderá ser enganado sem se tornar um indivíduo melhor. Então, não podemos colocar todas as emoções no mesmo saco. E não nos esqueçamos de que é a situação que determina se os nossos comportamentos serão inteligentes ou estúpidos.

As emoções e os sentimentos não surgem de modo isolado: a razão é necessária para julgar as nossas ações. Do ponto de vista evolutivo, ela é importante, porque a nossa espécie, lá no início, experimentou emoções sem que os nossos ancestrais tivessem consciência. Só mais tarde vieram os sentimentos, ou seja, o aspecto que reflete sobre as nossas emoções. Tudo isso se viu controlado pela razão, baseada no conhecimento e na compreensão relevantes às situações. Dessa forma, a inteligência nos seres humanos é uma questão de saber negociar com as emoções, de um lado, e os conhecimentos e a razão, do outro. O problema não é só a emoção, nem só a razão. A razão sozinha é um pouco seca: ela pode ser favorável a algumas situações da nossa vida social, mas está longe de ser a resposta para tudo.

O senhor demonstrou que quando os pacientes são privados das suas emoções devido a uma lesão cerebral, para eles é muito difícil realizar boas escolhas. O que significa que numa situação normal, razão e emoção não são opostas...

Realmente. Mais uma vez, é uma questão de negociação. Não tem como um ser humano atuar nas suas plenas capacidades só com a razão ou só com as emoções. As duas são necessárias. De certo modo, a razão evoluiu a partir das emoções que ficam em segundo plano para nos envolver numa situação ou nos manter afastados. A ideia de que seria possível depender só das emoções ou só da razão para seguir com a sua vida mostra-se uma grande estupidez!

Como explicar que pessoas muito inteligentes, muito cultas, às vezes podem acreditar em coisas totalmente estúpidas, ou até perigosas?

Precisamos aceitar que dentro da imensa complexidade do ser humano nós dispomos de uma enorme quantidade de conhecimento, além de um painel vastíssimo de reações possíveis. Apesar de a psicologia e as neurociências terem desenvolvido modelos gerais do funcionamento humano, não devemos deduzir que todos funcionamos da mesma maneira. Seria um grande equívoco e um perigo imenso. Tudo bem, somos todos humanos, e como tais merecemos respeito, liberdade e cuidados. No entanto, somos todos extremamente diferentes, cada um com o seu próprio repertório de comportamentos, estilo intelectual, estilo emocional, temperamento.

Alguns de nós são muito engraçados, empolgados e acordam cantando pela manhã, ao passo que outros preferem continuar dormindo. Devemos reconhecer essa variedade quase infinita. E o mais importante, não vivemos em solidão, mas no meio de outros humanos, no seio de uma determinada cultura que inspirou o nosso desenvolvimento. Em virtude dessa variedade, podemos, sem dúvida nenhuma, acreditar em coisas idiotas, inclusive sabemos da existência de falsidade no plano científico e estatístico. Nós somos tão diferentes que chega a ser discutível falar de uma cultura ocidental. Vivemos, sobretudo, em microculturas. Cultura francesa, cultura americana... Assim já estamos generalizando. Não há dúvida de que podemos reconhecer facilmente alguns traços como tipicamente franceses ou americanos, mas eles não passam de estereótipos: mais do que isso, é necessário levar em consideração as subdivisões próprias dos nossos grupos de pertencimento, das nossas tradições, nossas normas em matéria de comportamento. Parece muito complicado, mas a realidade é muito simples: não nos reduzimos a estereótipos. Em todo caso, isso não tem como acontecer.

O seu último trabalho, A estranha ordem das coisas, trata das origens biológicas da cultura. O senhor acha que hoje em dia, nessa cultura globalizada, vivemos nos anos dourados da estupidez?

Difícil dizer! Na minha opinião, sim e não. Atualmente, não conhecemos tudo, mas sabemos muito mais do que jamais soubemos. O acúmulo de conhecimentos científicos em matéria de biologia, por exemplo, clima, física, doenças humanas, como câncer, nunca chegou a esses patamares. Realizamos avanços gigantescos. Dito isso, devido à maneira com que as informações chegam até nós, notadamente com a comunicação digital e as redes sociais, vivemos também numa época em que podemos facilmente nos deixar ludibriar, deixar influenciar pelos erros ou mentiras. Mais uma vez, não posso dar uma resposta binária. Depende de quem você é e onde você está. Os nossos conhecimentos têm muito mais relevância do que há dez anos, e isso é inegável, mas estamos sujeitos a ondas de desinformação utilizada com determinação. É totalmente contraditório. Por isso, a época atual é a melhor e a pior para a estupidez.

As neurociências triunfantes são ocasionalmente estúpidas ou perigosas?

Seja como for, elas muito nos interessam: queremos saber como somos; como o nosso cérebro, a nossa mente e a nossa biologia funcionam, o que explica o fato de as neurociências serem tão populares. Quando uma disciplina está tanto em voga, corremos o risco de vê-la sendo mal utilizada por maus médicos. É evidente que existe boa e má ciência, porém não é uma questão de estupidez. E não acho que as neurociências, em geral, estejam em situação pior do que a física, a climatologia ou tantas outras ciências.

— Conversa registrada por Jean-François Marmion

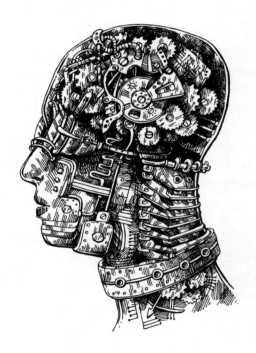

Estupidez e narcisismo

JEAN COTTRAUX
Psiquiatra honorário de vários hospitais,
membro fundador da Academia de Terapia Cognitiva da Filadélfia.

"Dois intelectuais sentados vão mais longe do que um brutamontes marchando."
— Michel Audiard, *Un taxi pour Tobrouk* (1961)

É complicado definir a estupidez e, ainda mais, percebê-la tanto dentro de nós quanto nos outros. Entretanto, um eminente psicólogo cognitivista, René Zazzo, realizou um trabalho experimental sobre o assunto.[50] Zazzo, um homem brilhante, especialista nos estudos da inteligência e da imagem de si mesmo, nos quais a sua contribuição é considerável, não hesitou em publicar os resultados desses estudos, sob o risco de entrar em rota de colisão com o mundo universitário ao qual pertencia.

Tratava-se de um levantamento com cem médicos, psiquiatras e psicólogos de um grande hospital parisiense, além de cerca de vinte personalidades da psiquiatria parisiense, a quem foi entregue uma lista com 120 nomes, incluindo o deles, e solicitado que assinalassem aqueles que mereceriam o epíteto de estúpido. Zazzo também colocou o próprio nome na lista. Mas não mencionou a sua pontuação...

Uma pequena lista de cinco nomes creditados por mais de 85% dos votantes apareceu, mas um só nome foi citado por todos os pesquisados. Era o de um figurão, bom clínico, cujo quociente intelectual era de, no mínimo, 120, mas desprovido de qualquer senso de humor. Ele era muito erudito, mas tinha dificuldades de comunicação com os outros, pouca empatia e uma grande falta de sensibilidade, o que o tornava ofensivo e aviltante, sem que tivesse noção disso. A sua inteligência lógica era perfeita, mas ele cometia gafes por falta de consideração com os demais. Na verdade, vivia enclausurado na sua bolha narcisista.

Segundo esse levantamento, o estúpido seria, portanto, alguém com falta de inteligência emocional e que continuamente engana a si mesmo e aos outros por causa do seu egocentrismo. Essa descrição se aproxima daquela do transtorno de personalidade narcisista, e, a partir deste, percorreremos o fio de Ariadne que atravessa as relações de trabalho, as relações amorosas e as redes sociais.

O transtorno de personalidade narcisista

Ele se caracteriza por um padrão geral de fantasias e comportamentos espetaculares, acompanhados da necessidade de ser admirado e da falta de empatia.[51] De acordo com os estudos, ele atinge de 0,8% a 6% da população geral,[52] e será cada vez mais frequente nas novas gerações nascidas depois da universalização da internet.[53] [54]

Um estudo muito bem conduzido mostrou existirem três tipos principais de transtorno de personalidade narcisista.[55]

1. O transtorno narcisista malicioso e grandioso, cujo indivíduo é manipulador, explorador, enganador tirânico, hostil, agressivo e sem empatia calorosa. A sua grandiosidade não é compensatória, pois ele foi convencido de que tem todos os direitos. Portanto, o transtorno central desse tipo de pessoa é a superestimação permanente de si mesmo. O narcisista malicioso aproxima-se bastante do transtorno de personalidade antissocial, com a diferença de que ele não é impulsivo, nem tomador de riscos, nem irresponsável. Adapta-se regularmente, e sabe tirar o time de campo assim que resistimos a ele. Apresenta muito mais perigo para as vítimas escolhidas.

2. O transtorno de personalidade narcisista instável, cujo indivíduo é frágil, depressivo, ansioso, crítico e invejoso, tem metas demasiado elevadas e pode ser perfeccionista. Mascara os seus sentimentos de inferioridade pela grandiosidade, que aparece sempre que ele se sente ameaçado.

3. O transtorno de personalidade narcisista de alta performance, cujo indivíduo é grandioso, competitivo, exibicionista, sedutor e carismático, numa busca perpétua pelo poder. Mas o lado positivo é ser vigoroso, inteligente, fica à vontade nos relacionamentos e busca o aprimoramento de si mesmo. É o narcisismo de muitos líderes, artistas e estudiosos.

É importante também distinguir esses três transtornos principais do narcisismo cultural, banal e contemporâneo, que tem a sua raiz na sociedade de consumo a partir dos anos 1960, e desenvolveu-se recentemente com as tecnologias de comunicação em massa, que nos faz viver na cultura do narcisismo há três gerações.[56]

A estupidez narcisista no mundo profissional

Sem dúvida, as relações de trabalho manifestam a estupidez da maneira mais óbvia durante uma conversa, uma expressão familiar, um gesto ou um olhar que significa: "Estou olhando para mim através de você".

Há certo encanto em brincar de estúpido para obter benefícios sociais, pois não há nada melhor que se eximir da postura de inteligência que esperam de você. Fingir ser estúpido é uma maneira de se alcançar uma posição elevada, por meio de uma estratégia da posição mais baixa, que consiste em inflar o ego dos poderosos de quem dependemos. O truque é não se deixar levar pelo jogo a ponto de se tornar o Rei dos Estúpidos. Como disse Balzac em *Le Curé de Tours*: "Senhor, nós nos incomodamos só até o momento em que começamos a incomodar os outros".

Lembro-me de que, no início da carreira, um dos meus chefes me disse: "Sempre preferi trabalhar com estúpidos, mas finalmente, com você, eu me enganei". Aceitei com um sorriso no rosto o reconhecimento da virtude de um principiante que soube se fingir de estúpido para ser contratado. Enfim, com o tempo e alguns acidentes de percurso, acabei, sem dúvida, entrando para as fileiras dos estúpidos...

Além desses momentos de estupidez, podemos diferenciar dois tipos principais de estúpidos estruturais.

O primeiro é a vasta confraria de "estúpidos gloriosos". Essa variedade envaidecida e envaidecedora exibe um ego em contínua expansão. Nós os encontramos regularmente nas empresas, e eles são muito bem-sucedidos em órgãos públicos e hospitais universitários. Em geral, são inofensivos, contanto que se saiba bajulá-los para obter o que se quer. São portadores de um transtorno narcisista de personalidade banal, sutil, cujas falhas subjacentes podem ser facilmente corrigidas por subordinados astutos.

A segunda categoria é muito mais tóxica. É o "canalha",* que se satisfaz com a submissão e o sofrimento alheios, e que faz carreira saciando a

---

* N. do T.: Aqui, o autor do artigo faz referência ao *"sale con"*, que, ao pé da letra, significa "estúpido imundo". Por questões etimológicas, preferimos utilizar a palavra "canalha" em português.

sua paixão pela humilhação. É um transtorno de personalidade narcisista malicioso, e pode vir a apresentar a tríade obscura, associando narcisismo, maquiavelismo e psicopatia.[57] Aliás, pode até provocar estragos nas empresas, como mostrou um estudo meta-analítico.[58]

Aos canalhas foi dedicado um livro inteiro que merece uma leitura atenta, pois, apesar do título bem-humorado, trata do assunto de forma bastante séria. É a obra *Chega de babaquice!*, do psicólogo americano Robert Sutton. A regra fundamental: "Sem canalhas a bordo" tem o seguinte enunciado: antes de contratar alguém para uma empresa, ou para a administração pública, ou para uma universidade, por mais brilhante que seja o seu currículo, é preciso verificar, logo de cara, se o indivíduo não é um canalha.

Uma das maneiras de averiguá-lo, independentemente da sua reputação e dos seus contatos, é avaliando o comportamento dele por meio de um questionário que lhe pedimos para responder, torcendo para que seja preenchido com honestidade. Se fizer uma leitura atenta do questionário, qualquer um pode notar que se trata de uma análise de condutas e de pensamentos habituais do transtorno de personalidade narcisista. Veremos a seguir as seis primeiras perguntas:

Para cada enunciado abaixo, marque verdadeiro (V) ou falso (F).[59]

A. O que você realmente pensa das pessoas.

1. Você está rodeado de idiotas incompetentes, e sente uma grande necessidade de lhes comunicar essa triste realidade sempre que possível.
2. Você era uma pessoa simpática antes de começar a trabalhar com esse bando de cretinos.
3. Você não confia nos indivíduos à sua volta, e eles não confiam em você.
4. Os seus colegas são forçosamente rivais.
5. Você acha que a única maneira de chegar ao topo é tirando os outros do seu caminho.
6. Você se diverte diante do sofrimento dos demais.

Com essas questões, torna-se possível recrutar os "canalhas úteis" que desmantelam as empresas sem peso na consciência. Nessa categoria estão reunidos os praticantes de assédio sexual e moral. Diante dessas pessoas, o único jeito de vencer é fugindo, pois não existem ações jurídicas que permitam desmascarar a sua perversidade, ainda que com as devidas provas.

Esses indivíduos raramente procuram a ajuda de um terapeuta, salvo em casos de fracasso ou ameaças à sua carreira. Em geral, quando se consultam com um psicólogo ou psiquiatra, pedem apenas para reinstituí-los de volta à função, para repetir os mesmos comportamentos. Com grande frequência, pedem aos profissionais que lhes ensinem técnicas para melhor manipular os outros.

Narcisismo, estupidez e repetição dos cenários da vida

Muito raramente os "psis" se encontram com portadores do transtorno de personalidade narcisista, mas é comum atenderem as suas vítimas, que se veem implicadas nos mesmos cenários de vida que aqueles. Um cenário de vida é uma armadilha dentro da qual uma pessoa faz de tudo para resistir a ela, embora sem sucesso, e que se repete em diversas ocasiões ao longo de toda a sua existência. O indivíduo reproduz incessantemente a mesma coisa, esperando resultados diferentes.

Esse é o caso de mulheres ou homens que se casam (e casam novamente) com parceiros narcisistas. Quase sempre são pessoas depressivas, pouco confiantes e ansiosas consigo mesmas, que têm a impressão de que só podem amar essas pessoas incrivelmente maravilhosas, e por isso se sentem culpadas por não atenderem aos caprichos dos parceiros.

O que fazer com esse tipo de cenário de vida, no qual tanto o narcisista quanto a sua vítima são pessoas inteligentes, mas agem de uma maneira que será julgada de fora como uma perfeita estupidez? Comumente, a ajuda de uma psicoterapia cognitiva se faz necessária, pois ela modificará os padrões inadequados das vítimas, o que lhes permitirá agir como o adulto sensato diante de uma criança-rei.

Perante um narcisista de alta performance, o adulto sensato poderá aceitar o papel de protetor ou de coadjuvante, assim encontrará seu lugar dentro de um sucesso a dois. O narcisista é o elemento motor do casal, mas sabe compartilhar os benefícios e se coloca numa posição de eterno sedutor. A pessoa narcisista se uniu ao espelho bajulador e sempre disponível que permite a expansão da sua criatividade. Os problemas do casal podem acabar sendo o cansaço ou a escolha de outro ídolo a ser seguido pelo parceiro.

Em face de um narcisista malicioso, o adulto sensato terá a árdua tarefa de estabelecer limites que serão mais difíceis de serem impostos do que os já existentes, sem remorso e sem culpa. Normalmente, o casal se separa. Às vezes, essa separação acontece em meio a violência e turbilhões emocionais. Não raro, aconselhamos uma pessoa coagida a sumir sem deixar rastros, a fim de evitar casos de violência ou chantagem emocional.

Diante de um narcisista instável, o adulto sensato deverá impor limites à criança colérica e impulsiva, criar empatia com a criança vulnerável que se esconde atrás da arrogância. Mas aqui também o adulto sensato pode se cansar do papel de "bom pai/psicoterapeuta", que repara feridas precoces.

Narcisismo, estupidez e redes sociais

As relações entre as redes sociais e a personalidade narcisista foram estudadas de maneira científica nos últimos anos: a seguir estão alguns estudos de destaque.

Christopher Carpenter examinou o narcisismo de 292 indivíduos que apresentavam comportamentos de autopromoção.[60] Esse estudo mostrou que o escore de "exibicionismo" dentro do inventário de personalidade narcisista estava ligado a comportamentos de autopromoção, ao passo que os escores dos itens "direitos exagerados" e "manipulação" previram comportamentos antissociais na internet: comentários exageradamente críticos, respostas agressivas a comentários negativos para manter a sua imagem social, ou expressão inadequada de raiva. Em outras palavras, os portadores de personalidade narcisista maliciosa são os que mais insultam os outros na internet.

J. A. Lee e Y. Sung examinaram as relações entre o grau de narcisismo e os comportamentos de autopromoção nas redes sociais em que são postadas selfies.[61] As pessoas mais narcisistas tiram selfies, dão muito mais importância aos "likes" que recebem e seguem com mais atenção as selfies dos outros. No entanto, não costumam dar tantos likes nas selfies de terceiros do que aqueles com índice de narcisismo menos elevado. Isso significa que os narcisistas adoram ter a sua autoestima reforçada pelos outros, mas tendem menos a lhes dar o mesmo tratamento.

Silvia Casale e seus colaboradores reuniram uma amostra de 535 estudantes, antes de comparar as pessoas não narcisistas com aquelas que apresentavam um narcisismo vulnerável e com outros indivíduos apresentando narcisismo grandioso.[62] Somente os narcisistas vulneráveis, com uma hipersensibilidade narcisista, apresentavam um uso problemático de internet e uma preferência pelas interações *on-line*. Os narcisistas grandiosos não tinham diferenças dos não narcisistas em relação a isso. Em outras palavras, quanto mais uma pessoa apresenta um narcisismo vulnerável, mais ela vai imergir num uso problemático de internet.

O assédio no Facebook advém de um fenômeno frequente. Uma pesquisa[63] indicou que 40% das pessoas são vítimas de assédios na internet, mas, sobretudo, mostra que a parcela mais atacada é de jovens entre 18 e 24 anos, cuja proporção é de 70%. Nessa faixa etária, 26% das mulheres jovens sofriam com perseguidores obsessivos (*stalkers*) na internet.

Um estudo[64] mostrou um elo entre o *"trolling"* (ou "trolagem") e a tétrade maligna da personalidade, que associa narcisismo, maquiavelismo, psicopatia e sadismo.

O culto ao falso

No dia 17 de setembro de 2016, foi noticiado um atentado com reféns dentro de uma igreja no bairro parisiense Quartier des Halles. A investigação concluiu que se tratava de um trote telefônico feito por um adolescente que já estava cumprindo uma pena alternativa de serviços sociais por atos semelhantes. Esse falso atentado mobilizou a polícia em detrimento de verdadeiras urgências. A meta almejada foi alcançada com um cinismo e um sadismo serenos: causar alvoroço. Se os outros se sentiram incomodados ou angustiados: "O problema é deles". O principal era deslocar a polícia para poder se vangloriar diante das câmeras dos jornalistas. O sofrimento alheio não conta.

Nesse último caso, o reforço do ego a curto prazo corre o risco de ser substituído a longo prazo por consequências punitivas. Mas tanto faz, pois o principal foi sair do inferno do anonimato e, finalmente, ser alguém sob o único olhar que importa: o olhar das mídias sociais.

Os piores manipuladores midiáticos? As mídias!*

ENTREVISTA COM RYAN HOLIDAY
Escritor, antigo diretor de marketing, colunista do *New York Observer*.

---

* N. do T.: Utilizamos o termo "mídias" para nos referirmos aos meios de comunicação existentes. Em algumas situações, ficará bastante claro que "mídias" também se refere, principalmente, aos grandes meios de comunicação, sejam veículos escritos ou audiovisuais.

De acordo com o seu livro Acredite, estou mentindo: confissões de um manipulador das mídias, para conseguir manipular os grandes sites de informação, uma das suas regras básicas, paradoxal, é a necessidade de, antes de mais nada, orientar as crianças.

De fato, é preciso atuar com um efeito bola de neve visando os pequenos blogs, cujas "informações" extremadas, imprecisas e sujeitas a controvérsia serão apreciadas pelos maiores, e assim sucessivamente. Nos Estados Unidos, cerca de 100% dos jornalistas utilizam blogs para encontrar as suas informações: o problema é que a maioria desses sites não têm por objetivo gerar laços de confiança com o leitor, nem durar cem anos, como o *New York Times*, mas viralizar o mais rápido possível, custe o que custar. Eles precisam atrair, a qualquer preço, internautas e receitas publicitárias para serem revendidos. Claro que existem outros meios de se utilizar a internet para criar falsas informações (*fake news*): falsificar a Wikipédia ou pagar tuiteiros para que eles tuitem o que lhes convém, por exemplo. Já fiz muito disso.

O senhor escreveu que para atrair leitores é preciso que um título se resuma a uma pergunta mentirosa sem o ponto de interrogação. No fim das contas, nós nos lembraremos dela sem a pontuação...

Se você vir uma pergunta num título apelativo, a resposta será sempre "não". Caso contrário, não a colocaríamos no título. Os autores enganam deliberadamente o público, porque eles sabem que é preciso atraí-los, independentemente da qualidade do artigo. Se os leitores pagassem para lê-lo, ficariam furiosos e exigiriam reembolso. Mas por um artigo gratuito, vai pedir reparação de quê? Não podemos anular um clique. Portanto, a questão é: como acumular um máximo de cliques para garantir os anúncios e agregar valor de mercado ao site?

Qual é, segundo o senhor, a manipulação mais impressionante gerada na internet até então?

O mais surpreendente não é um evento em si, nem mesmo as teorias conspiratórias a respeito do assassinato de Kennedy ou do 11 de Setembro, mas é a maneira como tudo isso funciona no cotidiano, com milhões de pequenas manipulações e pequenas mentiras permanentes e impossíveis de serem rastreadas. As pessoas confiam nos autores não qualificados para que se lhes forneçam informações, e ninguém se surpreende que indivíduos como eu fazem as mídias provarem dos seus próprios venenos. Não há nada mais comum que tentar manipulá-los. O que é impressionante, em contrapartida, é que as mídias não fazem quase nada para impedi-los, e isso não choca ninguém! Se um sujeito qualquer ganha 100 mil dólares criando um rumor falso na internet, muitos vão acabar pensando: "Mandou bem!". Ficamos quase felizes pelo cara. E os grandes meios de comunicação, com pleno conhecimento de causa, terão ajudado nisso.

Pode ser que as pessoas concordem em ser manipuladas, contanto que se divirtam e que as aparências sejam mantidas, que não se sintam humilhadas no processo?

O público certamente se sente atraído por coisas sensacionalistas; e, lá no fundo, de fato, ficamos satisfeitos quando somos enganados. A não ser que a manipulação seja de natureza política. Mas o interessante é que alguns dos atos mais condenáveis cometidos por um governo são acompanhados pelo silêncio das mídias.

No filme Mera Coincidência, Robert de Niro e Dustin Hoffman inventam uma guerra americano-albanesa que não passa de uma cortina de fumaça midiática. No seu entender, isso não seria tão impossível assim.

Foi exatamente o que aconteceu com os Estados Unidos e o Iraque, em 2003! Dick Cheney vazou uma informação para uma jornalista do *New York Times*, depois ele foi lá desmentir na televisão. O vice-presidente, dessa forma, atraiu a atenção com uma pseudoinformação. Esse era o assunto de todas as conversas, mas, acima de tudo, de todos os editoriais. E a farsa estava feita! Se sozinho eu posso criar as peças de uma história para uma campanha publicitária, por que um político não inventaria uma história a respeito de um rival, ou um governo não faria o mesmo em relação a outro governo inimigo?

Assim como as profecias autorrealizáveis, em que as histórias inventadas pelas mídias se tornam verdadeiras?

Sim, e o assustador é a quantidade de decisões importantes baseadas em informações incorretas ou manipuladas. Se uma história se propaga a respeito de problemas enfrentados pela Apple, as ações da Apple vão baixar, porque as pessoas tendem a acreditar nisso. O mundo fictício influencia o mundo real. E isso é terrível. Apesar das coberturas jornalísticas, não temos ideia do que realmente se passa entre os Estados Unidos e a Coreia do Norte, por exemplo. Um evento nos fascina durante duas semanas, mas depois nos esquecemos dele completamente para nos concentrarmos em outra coisa. Às vezes, lembramo-nos dos grandes títulos, mas a verdadeira natureza do evento, as suas consequências reais, as conclusões que tiramos dele, fogem da nossa memória. Ninguém chega a um consenso sobre o assunto, embora todos tenham falado sobre ele.

Nada impede também de utilizar essas técnicas por uma causa nobre?

De fato, poderíamos nos perguntar como fazer para mostrar mais coisas positivas para as pessoas. No entanto, o mundo é um lugar tão complicado, com tantos problemas, que não tenho certeza de qual lado seria mais útil exagerar, o positivo ou o negativo. Isso não nos ajudaria a encontrar soluções. De toda forma, um artigo *on-line* não deve apresentar coisas verdadeiras nem falsas, positivas nem negativas, mas que incitam a clicar num link ou a assistir a um programa.

Então as coisas só tendem a piorar?

Eu queria finalizar o meu livro com soluções, mas não acho que elas existem. É preciso ver o lado positivo e o negativo, porém, novamente: a situação tende a piorar para aqueles que continuarem apenas consultando sites maliciosos; mas sempre será possível encontrar artigos de qualidade nos grandes sites pagos, como o do *New York Times*. Algumas pessoas estão começando a abrir os olhos.

Por fim, a sua afirmação é bastante filosófica: nós contamos a nós mesmos histórias sobre o mundo, que às vezes se tornam verdadeiras. Mas onde está a verdade, e com quem ela se preocupa?

Com ninguém, eu imagino! Escrevi esse livro justamente porque eu tinha uma perspectiva inabalável sobre as mídias, e porque queria chamar a atenção daqueles que o lessem. No início, eu era apenas um pobre coitado sentado diante do meu teclado, mas, assim que vi que o rei estava nu, e como funcionava o sistema, senti vontade de imprimir a minha própria marca. Cheguei aqui tão rápido que, certo dia, pude acordar e dizer a mim mesmo que não era aquilo o que eu queria fazer da minha vida.

Mas devemos vê-lo como um salvador ou um vigarista?

No final do livro, muitos me disseram: "Ah, mas o que você fez?!". Ao que costumo responder: "E você, o que fez em relação a esse problema?". Quem tentou prevenir o público? Pelo menos, eu tentei fazer isso com o meu livro. É um *best-seller* traduzido para vários idiomas, e o público aprecia. As mídias, nem um pouco! A minha expectativa era de que eles detestassem a mensagem e, em seguida, atacassem o mensageiro. Porém, preferiram não falar do assunto, ou fingir que não há problema. Quando revelei aqueles procedimentos, responderam-me: "E daí? Qual o problema em divulgar histórias falsas?". O problema é que as grandes mídias transformam rumores ou campanhas de autopromoção em informação. O maior manipulador da mídia é ela própria!

Existem muitas mídias que realizam um trabalho sério!

Claro, mas como eles podem competir com o sensacionalismo e com o exagero das mídias inescrupulosas, muito mais numerosas que há dez anos, dispostas a deixar a realidade de lado? Para chamar a atenção das pessoas, uma informação séria deve competir com todas as outras, e ser mais atraente do que uma pornografia gratuita a um clique de distância. Existem até algoritmos escrevendo artigos no lugar de jornalistas.

O que devo fazer para que a sua entrevista viralize sem me fazer falhar com a minha ética?

Você precisa criar um título que seja extremo, que obrigue os internautas a clicar sem nenhuma hesitação, igual a uma foto impactante. O texto deverá ser breve, porque as pessoas não terão tempo de lê-lo inteiro. Resuma tudo em alguns pontos, sem grandes frases, nem grandes parágrafos. Não tenha medo de irritar os leitores, nem de deixá-los emocionados.

Então, mesmo para um texto de qualidade, é preciso uma embalagem grosseira.

Exatamente. Aqueles que escrevem para a internet acordam pela manhã sem pensar nas considerações morais ou de qualidade, mas no número de cliques.

— Conversa registrada por Jean-François Marmion

MANIPULAÇÃO PELA INTERNET: A INFÂNCIA DA ARTE

Vejamos a seguir duas das diversas técnicas utilizadas por Ryan Holiday para criar um evento a partir do nada.

Passar-se por especialista. Fácil! Inscreva-se num site como o *Help A Reporter Out* (HARO, que significa Ajude um Repórter), especializado em estabelecer contato entre especialistas das mais variadas áreas e jornalistas, evitando, assim, que estes últimos percam tempo fazendo as suas próprias pesquisas. O site é muito utilizado pelas mídias americanas. Durante vários meses, Ryan Holiday, inscrito com o seu nome verdadeiro, resolveu passar-se, entre outros, por colecionador de vinis para o *New York Times*, um insone incurável para o *ABC News*, vítima de um ataque bacteriológico para o canal de notícias 24 horas MSNBC. Nenhum jornalista verificou a sua identidade nem se deu ao trabalho de ver o que o Google tinha a dizer sobre ele, embora Holiday se apresente abertamente como manipulador de mídias. Ao expor essa realidade, ele chamou a atenção de 75 mídias e gerou mais de 1,5 milhão de cliques de internautas.

Criar um falso escândalo. Em Los Angeles, para divulgar o lançamento do filme besteirol do seu grande amigo Tucker Max, Ryan Holiday colou cartazes do filme, depois de espalhar adesivos do tipo "Tucker Max merecia que prendêssemos o seu bilau numa armadilha de mandíbula bem apertada". Depois disso, ele enviou as fotos desse pôster a diversos blogs locais e, com uma identidade falsa, alegrou-se pelas reações hostis. Feito isso, solicitou também às associações feministas e LGBT universitárias que difamassem Tucker Max. Em menos de duas semanas, a polêmica se espalhou como rastilho de pólvora até gerar artigos nas colunas do site da *Fox News*, no *Washington Post* e no *Chicago Tribune*. Moral da história: grande publicidade para o filme, e o livro em que ele foi baseado atingiu o primeiro lugar de vendas. "Farsas são bem-sucedidas por uma razão muito simples", explica Ryan Holiday. "Se for verdade, é informação. Se não for verdade, os jornalistas poderão escrever um artigo para comentar o anterior, rendendo-lhes dois textos graças ao mesmo assunto. Dessa forma, ficarão entretidos redigindo explicações a respeito daquela pseudoinformação que eles mesmos tornaram popular, e assim segue a vida."

Algum tempo depois, para o novo livro de Tucker Max, Ryan Holiday sugeriu uma doação de 500 mil dólares para o planejamento familiar de Dallas. Em troca: uma clínica deverá ser chamada de "Tucker Max". Recusa. E escândalo: por causa da empáfia do pessoal do planejamento por rejeitar 500 mil dólares, uma importante associação de luta contra o câncer de mama retirou a sua subvenção. Em seguida, mudaram de ideia. A associação PETA anunciou que aceitaria a doação de Tucker Max para salvar os animais. Por fim, duzentas mídias abordaram o tema da polêmica, gerando mais de 3 milhões de visualizações, e alçou o novo livro de Tucker Max ao segundo lugar dos *best-sellers*. Investimento inicial: zero dólar. "O nosso objetivo era, muito claramente, trolar as mídias, provocar reações e debates, o que nos permitiu economizar com uma campanha publicitária", admitiu Ryan Holiday, com todo o sarcasmo do mundo.

— J.-F.M.

É SEMPRE A MESMA LENGALENGA

Para algumas mídias, os truques para fisgar o leitor são praticamente os mesmos que eram usados há cem anos, ou, mesmo, há cinquenta anos. Tudo vale na hora de instigar a compra de um jornal ou multiplicar os cliques num artigo, pois assim é possível impressionar os anunciantes ou eventuais patrocinadores do site. Mas, segundo Ryan Holiday, o nível é ainda mais baixo, e esse movimento só acelera. Julgue você mesmo essas manchetes absurdas, mas autênticas.

MANCHETES DO PASSADO, ENTRE 1898 E 1903, NA IMPRENSA ESCRITA:

– Guerra será declarada em 15 minutos
– Orgia com homens maduros, jovens, apostadores, marginais e mulheres vulgarmente maquiadas
– Bebedeira coletiva —— e brigas incessantes —— assim foi o festival do vício
– Velho dá um tiro na própria cabeça: não conseguia vender a sua orelha
– Mulher morre de medo em hospital por causa de uma coruja
– Buldogue tenta matar moça que detestava
– Gato notívago gera terror em moradores

MANCHETES DE HOJE, EM SITES DE NOTÍCIA:

— Lady Gaga nua fala de drogas e celibato
— Hugh Hefner: "Não sou um estuprador de escravas sexuais vivendo numa mansão cheia de merda".
— Os nove melhores vídeos de bebês peidando e/ou rindo com gatinhos
— De onde vem o rumor de que Justin Bieber pegou sífilis?
— VÍDEO: com o coração partido, Puff Daddy propõe tirar a roupa para Chelsea Handler
— Menina bate na mãe com um pedaço de pizza e salva a sua vida
— Pinguim faz cocô no Senado

— J.-F.M.

Burros e perversos das redes sociais

FRANÇOIS JOST
Professor emérito de Ciência da Informação
e da Comunicação da Sorbonne Nouvelle-Paris 3.

As redes sociais não representam um princípio, uma ruptura radical com o passado. Eu destaquei em um livro recente — *La méchanceté en actes à l'ère numérique*[65] — o que chamei, em referência a Kant, de condições transcendentais da maldade, ou seja, as condições de possibilidade da sua expressão na web 2.0.

Sociedade do espetáculo, sociedade do julgamento

A primeira condição decorre dessa sociedade do espetáculo descrita por Guy Debord, na qual a experiência é tornada visível ou, se preferir, a vida humana é reduzida às aparências. O que levou o situacionista a esta definição: "O espetáculo não é um conjunto de imagens, mas um relatório social entre as pessoas mediado pelas imagens" (Teoria 4[66]). Podemos pegar exatamente essa mesma formulação para aplicá-la ao Facebook, no qual as fotos constroem a personalidade do internauta e os seus laços com os "amigos". Essa é a imagem perfeita do que está no cerne de todas as mídias sociais. Com relação ao Twitter, os estudos mostraram que a presença de uma imagem na mensagem aumenta muito o número de retuítes.[67]

A segunda condição é a extensão do domínio dos julgamentos. Em 1980, Michel Foucault já tinha feito a seguinte constatação: "É insano o quanto as pessoas adoram julgar. Elas julgam tudo, o tempo todo. Sem dúvida, essa é uma das coisas mais simplórias que foram dadas à humanidade".[68] A proliferação dos fóruns, dos sites de compartilhamento de vídeos e a possibilidade oferecida para deixar comentários ampliaram ao máximo esse amor pelo julgamento. Principalmente pela possibilidade de manter-se disfarçado por meio de um pseudônimo, o internauta se sente autorizado a todo tipo de excesso sem correr grandes riscos. Quem pode se dar ao luxo de ir atrás de quem se esconde por trás de um endereço IP para desmascarar o responsável por um insulto?

Como nem o individualismo nem o egocentrismo são novos — a televisão também proporcionou diversas formas de expressão nos anos 1980 e 1990 —, a web 2.0 hipertrofiou ambos ao dar a cada um de nós a possibilidade de fazer o mundo girar à nossa volta. As "lives" de Facebook, que permitem que qualquer um se torne um veículo de informação ao filmar o mundo como bem entende através de seu smartphone, é um dos sintomas mais recentes desse problema. Desde então, se cada indivíduo pode ser o epicentro de tudo, fica difícil conseguir se destacar. Em virtude disso, surgiram inúmeras estratégias de internautas com o intuito de se distinguirem da multidão e se tornarem uma celebridade.

Exibicionismo, ampliação do julgamento sobre tudo e todos, necessidade de ser uma celebridade para existir... Como esses três componentes da performance nas redes sociais atuam diretamente, não mais sobre os valentões, mas sobre a estupidez? Se eles, com certeza, não esgotam o tema, podem servir de bússola para me orientar nesse campo cuja circunferência não está em lugar nenhum e no centro de tudo...

Realidade? Uma simples fotografia...

A criação de sites de compartilhamento, como YouTube, possibilitou que cada um se tornasse um "canal", em que não só se é livre para reunir as filmagens de que se gosta como é lícito publicar os próprios vídeos. Essa potencialidade gerou um forte crescimento dos exibicionismos. Assim, floresceu toda uma série de filmagens cujo objetivo é provar aos outros que se é capaz de realizar este ou aquele feito. Isso começou em 2014, com as chamadas Neknominations, que consistiam em a pessoa beber de uma só vez vários copos de bebida alcoólica enquanto se filmava e, logo após, desafiar outras três pessoas, por meio das plataformas sociais como Facebook, a fazer o mesmo nas próximas 24 horas. O *"À l'eau ou au resto"* veio em seguida, baseado no "Desafio do balde de gelo" dos Estados Unidos, que, como o nome indica, consistia em mergulhar em água fria, sob pena de pagar um jantar para os amigos, seguindo sempre o mesmo princípio da cadeia de indicações. Não é preciso dizer que muitos corajosos se jogaram na água: foram, nada mais nada menos do que 19.600 vídeos no YouTube. Naturalmente, a prática causou uma porção de incidentes — tropeções, escorregões —, mas também muitos acidentes: um jovem se afogou na Bretanha depois de mergulhar com a sua bicicleta presa às pernas; outro, no Passo de Calais, sofreu uma fratura de crânio e lesões cervicais. Apesar disso, muitos participantes indicavam esposas, irmãos ou irmãs.

...é maravilhoso observar os maus fugirem de si mesmos

— Lucrécio

Se podemos, sem incorrer em contradição, afirmar que morrer para reconstruir um desafio desses e colocar em perigo a vida de pessoas próximas é uma estupidez, então convém ressaltar que ela empresta características que destaquei advindas diretamente dos *reality shows*. A primeira, evidentemente, é a mediação do exibicionismo, sem o qual a aposta perderia boa parte do interesse. Aliás, para quem realiza uma coisa dessas, o importante é ser visto, como se a famosa fórmula do filósofo irlandês George Berkeley, *Esse est percipi* (ser é ser percebido), fosse o lema do indivíduo na era digital. A segunda característica, fundamento dos *reality shows*, é a separação radical entre ator e espectador: um sofre e o outro assiste. E juro que, quanto mais o primeiro grita, mais o segundo se contenta. É o famoso sadismo do espectador, cujas origens Lucrécio já tinha previsto em *De rerum natura*: "Quando sobre a vastidão do mar os ventos erguem as ondas, é uma delícia assistir da terra às duras provações dos outros: não que o sofrimento alheio nos seja tão prazeroso, mas é maravilhoso observar os maus fugirem de si mesmos".

A realidade se torna uma foto com menos coerência do que uma bobagem televisiva do *Video Gag*. Deixaremos de nos espantar que o vídeo mais visualizado de desafio seja o de uma jovem escorregando e trombando fortemente com a canela na plataforma de onde pulou: 302.164 pessoas viram essa filmagem, 17 mil deram *"like"* contra apenas 182 que não gostaram! Comentários com conteúdo maldoso: 377, com ênfase no fato de que ela afirmou antes de pular que "as mulheres são muito corajosas por pular na água".[69] Para que se possa entender o teor, abaixo uma pequena antologia:*

Sheshounet há 1 ano
As suas canelas se suicidaram porque se cansaram de suportar a sua estupidez.

B14091990 há 3 anos
A mulher francesa moderna em todo o seu esplendor: Ridículo!

crystal há 1 ano
As *mulher é boa* pra capotar, não pra saltar.

MonsieurPoptart há 3 anos
Uma louca histérica.

sjdhsjd23 há 3 anos
Feministas são sempre espertas assim!

faydeurshaigu há 1 ano
Eu sou mulher, e pular na água não é uma coisa "de homem" para mim. Ela desmonta sua teoria com o próprio desafio :')

AWSMcube há 1 ano
Só uma coisa... Ela é... Qual é a palavra... BURRA. MUITO BURRA.

---

* Mantive a ortografia dos comentários.
N. do T.: Video Gag é um programa de televisão francês que vai ao ar semanalmente no canal de televisão francês TF, e usa vídeos engraçados enviados pelos espectadores.

Cyril Benoit há 2 anos
Na verdade, ela só queria se exibir na frente de uma câmera. Motivações medíocres geram resultados medíocres.

Kevin Prudhomme há 2 anos
Kkkkk... parece que ela se deu mal nesse salto :)

Como se vê nessa pequena amostra, não é preciso dizer que os desafios, como o realizado pela moça, são considerados estúpidos pelos próprios internautas que demonstraram perversidade ou sexismo, ou os dois ao mesmo tempo, com pronunciada predileção por insultos e, inclusive, atacaram a igualdade entre homens e mulheres. A exibição de alguns desencadeia nos espectadores um prazer proporcional à burrice neles contida, à possibilidade de expressar as suas aversões (nesse caso, a uma mulher, às mulheres ou ao feminismo) e o fato de serem burros... e perversos ao mesmo tempo.

Uma definição endógena da estupidez

Outro exemplo nos é concedido pelos comentários de um programa que analisei em *La méchanceté en actes*: "Um jantar quase perfeito". A ideia do programa é a seguinte: pessoas se recebem sucessivamente e devem julgar, um por vez, a habilidade dos seus anfitriões e a qualidade do seu acolhimento, observando vários critérios, entre eles, a culinária e a decoração da mesa. Num episódio, ao descobrir que o seu anfitrião utilizou cereja em calda para uma salada de frutas, um dos convidados se indignou. A conversa foi ficando mais acalorada e, finalmente, a anfitriã, Sandra, jogou um copo d'água na pessoa. Essa cena, postada no YouTube em 17 de janeiro de 2015, tinha sido vista 3.678.805 vezes em 20 de março de 2018 e recebido 16 mil "likes" de internautas.[70]

Seria impossível, para mim, conseguir analisar os mais de 7 mil comentários. No entanto, a leitura dos setecentos primeiros nos ensina bastante sobre o que a estupidez quer dizer pelos internautas que discutem sobre essa sequência no decorrer dos anos.

Para muitos, o fato de ter utilizado cerejas em calda numa receita "culinária", como definiu um internauta, permite oferecer uma definição "objetiva" da estupidez:

Game Of Thrones há 2 anos

É objetivamente uma estúpida. Mesmo eu, para uma sobremesa prática na casa, não comeria frutas em conserva, é mesmo uma piada. O cara fez um comentário, e a única coisa que ela conseguiu fazer foi insultá-lo e jogar água na cara dele, e essa estúpida se orgulha da grosseria. Sério mesmo, não tem uma seleção para os candidatos desse programa? Eles são escolhidos aleatoriamente ou o quê?

Esse comentário recebeu "like" de 161 participantes da discussão e nenhuma rejeição, o que nos faz pensar que ela exprime um sentimento compartilhado. Contudo, a maioria dos itens tem menos a ver com o comportamento de Sandra do que com a aparência física. Abaixo, alguns bastante emblemáticos:

frederic572 há 5 meses

Vc não passa de um animal de 4 patas com cara de porco e muito doida

Tib Ln há 6 meses

Cacete que monte de merda

Jessica Martin há 7 meses

Uma coroa que parece uma lesma gigante

john do há 7 meses

Difícil ver um atum gordo tão feio...

Lolilol há 1 ano

Me fez lembrar a lesma que matei hoje de manhã : D
Desculpa, mas me deu agonia!

ByWeapz há 8 meses (modificado)
Sandra 19 anos: queixo duplo, maquiagem IMUNDA, feia, estúpida, nenhum respeito, gorda, gosta de insultar. Tipo de gente que precisa ser queimada viva 2:00 "Todos os dias fico de saco cheio" DESCULPA vc nem levanta a bunda pra pegar uma fruta e já fica de saco cheio, mas porra eu teria feito qq outra coisa no lugar do cara, eu teria dado uma porrada nessa puta gorda. Por outro lado, respeito pra caralho os caras que mantiveram a calma durante a noite com aquela outra piranha. "Só te digo que você vai se dar mal" com essa barriguda, se ela nem pode se levantar, vai fazer o que esse saco de gordura?

Difícil imaginar que tanta violência seja suscitada não por um gesto, mas pelo físico de uma pessoa. A multiplicação de comentários degradantes implica a construção de Sandra como bode expiatório, baseando-se no que René Girard chama de "traços universais de seleção de uma vítima", entre os quais são privilegiados "doença, loucura, deformidades genéticas, mutilações acidentais e enfermidades em geral".[71] A selvageria de alguns comentários — "Esse tipo de gente precisa ser queimada viva" — mostra bem como a condenação verbal se transforma rapidamente numa incitação ao ódio e à morte, não mais simbólica, mas real.

Para alguns participantes isolados, essa redução da inteligência ao físico é a própria definição de estupidez:

M.A.D há 1 ano
Por que se esforçar para instruir aqueles que não se dão ao trabalho de iluminar os seus cérebros Vocês são mesmo patéticos, diga-se de passagem, a despeito do que pensam, não sou um "saco de gordura" ^^ Você sabe que a gente pode estar na "norma" física e defender as pessoas que não estão, em vez de zombar delas. Isso se chama inteligência, palavra que vocês entendem sempre precedida por "você não tem" Com isso, vou parar de perder meu tempo, beijos!

lili beyer há 1 ano
M.A.D um pouco atrasada, mas estou completamente de acordo com você que os comentários são tão baixos que tenho pena dessas

pessoas que não chegam a qualificar o comportamento, mas só a forma física. Coitada dessa gente que é tão idiota a ponto de tamanha maldade.

séveras rogue há 1 ano
M.A.D sinceramente você tem toda razão. Normalmente, os comentários deveriam falar do que aconteceu no jantar, não de outras coisas, principalmente sobre o seu peso. Essas pessoas que colocaram comentários sobre o seu peso são realmente pessoas com falta de inteligência.

Ainda que na linguagem deles, que não é a minha, esses comentadores isolados definem perfeitamente o que é a estupidez na era das redes sociais: a formulação de julgamentos incontestáveis reduzindo a vida a aparências e erigindo nas normas de comunicação "um relatório social entre as pessoas mediado pelas imagens", como vimos em Guy Debord.

Um dos componentes que destaquei para caracterizar as redes sociais ainda não foi citado: a necessidade de a celebridade existir. Se ela está num estágio embrionário na demonstração de coragem de quem saltou na água gelada, não é difícil que esteja na origem da presença nas redes sociais. O que fazer para se destacar da massa de internautas? Esse é o problema que todos os aspirantes à notoriedade devem resolver. A solução é sempre por um ato espetacular. Vimos que algumas pessoas não hesitam em colocar em perigo uma pessoa próxima para realizar um desafio. Às vezes, os youtubers vão ainda mais longe. Como o jovens pais americanos que fizeram um vídeo para ficarem famosos: a mulher disparava com uma pistola contra o marido na altura do peito, o qual estava protegido por uma enciclopédia que deveria parar a bala... "Pedro e eu vamos gravar provavelmente um dos vídeos mais perigosos já registrados", preveniu a futura atiradora. Aconteceu o que deveria acontecer: ela foi condenada a seis meses de prisão por ter atirado no companheiro... O resultado da estupidez, como é entendida, foi alcançado. Mas estamos convictos de que isso tende a crescer...

Os três componentes da estupidez na internet que citei têm muitas outras aplicações do que as que ilustrei neste artigo. Se o interesse deles é o de fornecer uma definição quase endógena do nosso objeto de pesquisa, porque ela surgiu no interior do próprio terreno que a fecundou, uma pergunta fica em suspense: quem são as pessoas que manifestam essa burrice? Os perfis de internautas são muito sucintos e é quase impossível saber quem são eles, quais são as suas origens sociais, as suas idades e mesmo os seus sexos. Nessas condições, é complicado identificar qual estupidez estamos enfrentando, se reconhecermos que esta, como o prazer, difere de acordo com as faixas etárias. A única coisa que podemos inferir a partir desses exemplos que examinamos é que a ortografia demonstrada pertence especialmente a jovens cujo nível escolar, sem dúvida, não é dos melhores. Chegaria até a arriscar que se trata de uma estupidez adolescente? Isso é fato.

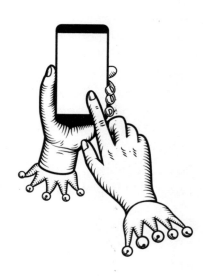

ILUMINADOS SHADOKS

"É melhor sensibilizar a sua inteligência às estupidezes do que sensibilizar a sua estupidez às coisas inteligentes."
Lema Shadok

Há muito tempo, eu começava minhas falas na televisão por esse lema Shadok. Ele define perfeitamente o desafio da análise das mídias: primeiro, gerar uma reflexão sobre um tema ainda menosprezado pelos intelectuais, que se vangloriam ao debatê-lo sem nenhum conhecimento a respeito; depois, provar que a alegada banalidade do objeto não passa necessariamente pelo discurso que tenta compreendê-lo. Entretanto, antes de fazer dessa máxima um mantra, é necessário um rigor. Admitir que a televisão assimila globalmente a estupidez é, realmente, dar razão àqueles que a identificam com uma lata de lixo, e, ao mesmo tempo, abrir um campo de pesquisas bastante extenso, um "vasto programa", diria De Gaulle. Se todos os programas são estúpidos, podemos falar de qualquer um: o conceito de estupidez tem tanta extensão que não possui mais nenhuma utilidade. Portanto, aceitemos a máxima dos Shadoks não como uma verdade generalizada, mas como um incentivo à melhor compreensão.

Esse lema nos incita a começar por uma primeira oposição entre as estupidezes e a estupidez. Assim como o filósofo Vladimir Jankélévitch difere entre "ser cruel" e "realizar atos de crueldade",[72] precisamos diferir entre a estupidez que caracteriza um indivíduo estúpido e dizer estupidezes. Mas se todos concordam com uma definição mínima sobre a maldade, que seria quase a sua essência — "desonrar, sujar, destruir"[73] —, o mesmo não se aplica à estupidez. A sua definição só pode ser vista no uso das comunicações. O locutor lambda pode reconhecer que diz ou disse estupidezes. É o caso do presidente do Partido Republicano, Laurent Wauquiez, que admitiu publicamente que tudo o que se profere nas plataformas televisivas são "*bullshit*" (o equivalente a "estupidezes", em inglês). A situação inversa é mais comum: geralmente é o interlocutor, o leitor ou o ouvinte que julga, interna ou publicamente, que o outro falou uma estupidez.

Última observação: a estupidez pode qualificar tanto um ato ("A guerra é uma estupidez!", Jacques Prévert) quanto uma "fala inepta" (*Dictionnaire Culturel Le Robert*). Enquanto o primeiro — como ato — é julgado como tal com base na moral ética, nas contradições que induz ou nas suas consequências, a segunda — associada ao verbo "*déconner*: proferir contrassensos" — repousa sobre uma espécie de ideia de saber, uma ideia da verdade, como nessa definição proposta pelo filósofo Harry Frankfurt: "Uma conversa fiada é inevitável toda vez que as circunstâncias levam um indivíduo a abordar um tema que ignora".[74]

— F. J.

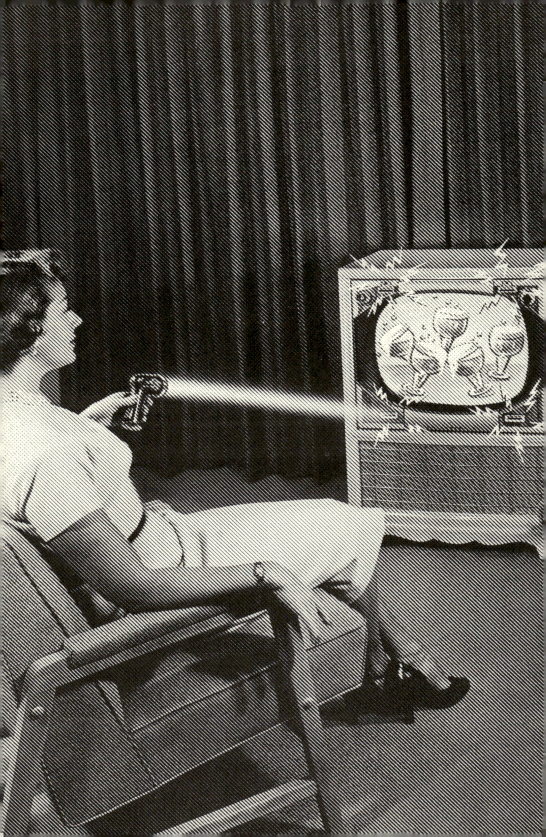

Internet: a derrota da inteligência?

ENTREVISTA COM HOWARD GARDNER
Professor de Cognição e Ciências da Educação
na Harvard Graduate School of Education.
Teórico de inteligências múltiplas.

Como o senhor chama as "três virtudes" supostamente ameaçadas pela internet?

Em 1999, lancei um livro intitulado *The Disciplined Mind*. Nele, expliquei que o principal objetivo da educação, além de alfabetizar, é oferecer as ferramentas — em particular nas disciplinas científicas — que permitam diferenciar o verdadeiro do falso; julgar o que é belo na arte, na natureza e nas outras áreas; e poder justificar essas preferências; enfim, orientar o julgamento e a ação nos domínios morais e éticos. Quando escrevi esse livro, eu era um pouco ingênuo: achei que essas virtudes tradicionais não causassem problemas. Rapidamente, descobri que estava errado. Então, na década seguinte, repensei todas as minhas ideias em termos de análise filosófica (pós-modernismo, relativismo) e de progresso tecnológico (o advento das novas mídias digitais).

*Em **Les nouvelles formes de la vérité, de la beauté et de la bonté**[75], o senhor descreve a internet como um "caos generalizado", "causador de confusão", com uma "quase ausência de reflexão". O problema reside na qualidade ou na quantidade de informações disponibilizadas a partir de então?*

Nas duas. Sabemos que os indivíduos sobrecarregados ou submersos em tantas informações, tantas escolhas, acabam paralisados e sentem dificuldade para tomar decisões sensatas. Esse quadro é agravado quando grande parte da informação é de qualidade duvidosa — o que, certamente, é o caso de vários blogs, mídias sociais, sites etc. Porém, no meu livro, as conclusões que apresento sobre a verdade não são desoladoras. Inclusive, vivemos numa época em que é possível, mais do que nunca, compreender exatamente o que se passa — uma vez que estejamos dispostos a despender o nosso tempo para adotar decisões prudentes.

Vamos pegar um exemplo recente. Em abril de 2013, ocorreu um grave atentado terrorista no final da maratona de Boston. Todos os dias, eram apresentados mais e mais detalhes sobre o que tinha acontecido e por que, graças aos rastros deixados pelos dois irmãos no Facebook, Twitter e demais mídias sociais. Esse é o tipo de coisa inconcebível antes da era das mídias digitais. Claro que ainda existem aqueles que acreditam que os irmãos não cometeram o crime. Mas esses "negacionistas" funcionam em circuito fechado, assim como aqueles que continuam a alegar que Barack Obama é, na realidade, um muçulmano nascido na África.

A multiplicidade de pontos de vista mais ou menos confiáveis oferecidos na internet favorece um relativismo excessivo que o senhor critica, mas também não incentiva a dúvida sistemática, um bem precioso para o avanço científico?

Sim, concordo que a internet foi capaz de questionar a noção de uma só verdade autorizada. Quando eu era jovem, existiam pouquíssimas mídias audiovisuais, e quando todas contavam a mesma história, supúnhamos que elas tinham dito a verdade. Hoje, somos mais céticos — veja, por exemplo, a conscientização que jamais houve sobre as armas de destruição em massa no Iraque, ainda que as "mídias tradicionais" insistissem nisso para nos fazer acreditar que era verdade. Portanto, sim, a dúvida tem os seus méritos.

Mas não é bom que a dúvida leve ao ceticismo generalizado. E como disse antes, se estivermos dispostos a manifestar o nosso discernimento, estaremos mais inclinados do que nunca a descobrir a verdade — seja da história, da política ou da ciência. Por exemplo, as fraudes científicas estão sendo cada vez mais desmascaradas, ao passo que eram muito mais difíceis de serem descobertas em eras pré-digitais.

O senhor é famoso pela sua teoria das inteligências múltiplas. Na sua opinião, a internet afeta uma delas, para o bem ou para o mal? E o senhor acha que a internet pode constituir o vetor de um novo tipo de inteligência, não mais múltipla, mas coletiva?

Eu costumo considerar que as novas mídias digitais são maravilhosas para as inteligências múltiplas. Hoje, existem aplicativos, jogos, programas educativos capazes de mobilizar um conjunto de inteligências que trabalham juntas de maneira inédita e poderosa. Não vejo nenhum inconveniente nessa visão pluralista de inteligência. Contudo, a inteligência é o reflexo do cérebro humano, e, por sua vez, o cérebro humano evolui muito lentamente, em questão de milhares de anos, não em razão das tecnologias que têm alguns anos ou décadas de existência. Eu não aceitaria, portanto, a ideia de uma "inteligência digital". Por outro lado, não duvido que as novas tecnologias estejam ligadas a uma "cota de inteligência" diferente, como diria Marshall McLuhan. Assim, por exemplo, tínhamos a mesma "informação interpessoal" *on-line*, só que conversando ou interagindo com alguém cara a cara.

Em todas as épocas houve grupos fazendo ponderações com debates e controvérsias. O "coro grego" remonta a milhares de anos. Porém, eu queria insistir no fato de que os grupos podem apresentar uma inteligência coletiva, mas também uma burrice coletiva. Como a compreendemos há um século, com críticos como Georges Sorel ou Elias Canetti, os loucos podem ser tanto destrutivos quanto construtivos. Além disso, sabemos agora que as sociedades e instituições podem manipular comentários e opiniões *on-line* — não são apenas "as pessoas" que se exprimem, mas, igualmente, aqueles que recebem vantagens financeiras para enaltecer certas opiniões e experiências. É importante e instrutivo saber o número de "Curti" — mas, pessoalmente, estou mais interessado na QUALIDADE de um julgamento e na SABEDORIA do indivíduo que o expõe. Quantidade não é a mesma coisa que qualidade!

Ao lamentar que a verdade, a beleza e a bondade sejam excessivamente questionadas, a sua preocupação principal não é a diluição ou o desaparecimento da autoridade?

Não tenho nenhuma paciência com a autoridade autoimposta. Não dou a mínima para os seus diplomas, nem para a sua idade. Mas eu me importo bastante com os seus conhecimentos, o seu julgamento, se você reflete antes de defender o seu ponto de vista e se você está preparado para admitir um erro diante de contra-argumentos. Isso me lembra uma velha piada: "Na internet, ninguém sabe se você é um cachorro". Se pudermos colocar a autoridade merecida ou comprovada no lugar da autoridade declarada, então eu serei totalmente partidário da autoridade.

O senhor explica que é indispensável aprender durante a vida toda. Mas por que isso levaria a um consenso em torno da verdade, do bem, do bom, em vez de sensibilidades cada vez mais pessoais e, portanto, relativistas? Em vez de duvidar cada vez mais?

Essa é uma pergunta interessante. Como diríamos em francês, "ça *dépend*" ["depende"]. Em algumas áreas, mais conhecimento pode levar a menos certezas. O meu próprio conhecimento a respeito da personalidade humana, sem dúvida nenhuma, foi ficando mais complexo ao longo dos anos. Ao examinar o trabalho dos meus alunos sobre um tema que conheço bem, sou muito mais confiante nos meus julgamentos. Ouvimos com muito mais atenção os meteorologistas de hoje do que os de cinquenta anos atrás. Em outras áreas, no entanto, um conhecimento maior leva a uma certeza maior ainda. Sendo assim, é importante refletir sobre que domínio você está julgando e baseado em quê. No meu livro, menciono exatamente o argumento que você fez antes, quando escrevi sobre a beleza. Não há nenhuma razão para que as nossas concepções em relação à beleza se mantenham imutáveis, nem que coincidam necessariamente com as dos outros. *De gustibus non est disputandum*.[76] Mas quando se trata das outras virtudes, a situação é diferente. Se não houver uma mínima convergência sobre o que é verdadeiro, falso ou incerto, sobre o que é moral e ético ou o que não é, não seremos capazes de ter uma sociedade duradoura.

Na prática, quase todo o mundo age como se fosse possível um consenso melhor sobre a verdade e a moral. Apenas filósofos e pensadores de ciências humanas em geral, por diversas razões, querem destruir esses conceitos. Porém, eles sempre esperam que os seus filhos digam a verdade e se comportem de determinada maneira, não de outra.

— Conversa registrada por Jean-François Marmion

Estupidez e pós-verdade

SEBASTIAN DIEGUEZ

Neuropsicólogo e pesquisador do Laboratory for Cognitive
and Neurological Sciences na Universidade de Fribourg.

Estamos sucumbindo, pouco a pouco, à estupidez? Se observarmos certos acontecimentos contemporâneos, é plausível fazermo-nos essa pergunta. Pessoas aparentemente instruídas e capazes de obter informações livremente, hoje em dia, rejeitam recomendações científicas sobre vacinação e clima, assimilam "teorias da conspiração" bizarras, votam alegremente em idiotas e subscrevem projetos estúpidos, ficam indignadas com besteiras desinteressantes, apaixonam-se por caprichos sem sentido, e algumas chegam até a decidir que, doravante, para elas, a Terra seria plana, como costumávamos dizer. No fundo das tensões diplomáticas, do terrorismo e de guerras sem fim, de destruição metódica do meio ambiente e de uma economia que só dá lucros para um punhado de indivíduos — sendo que, a propósito, nada indica que sejam particularmente espertos —, a nossa época parece inteiramente condenada ao triunfo da estupidez.[77] Participantes desse naufrágio, mentes que se acham esclarecidas, têm explicações na ponta da língua: é culpa dos americanos, da sociedade, dos pesticidas, dos carboidratos, do glúten, dos perturbadores endócrinos, da esquerda, da direita, das elites, da classe pobre, dos estrangeiros e seus genes defeituosos, desses professores preguiçosos e dos pedagogos ideólogos, dos tablets, das telas e das ondas que apodrecem o cérebro...

No fundo, isso tudo não passa de *bullshit*?

Bullshit e pós-verdade

Não é que a estupidez não exista e que o estado da arte não esteja alarmante. Já adianto que compreenderemos melhor isso que parece uma queda globalizada da inteligência se interpretarmos como um aumento dessa *bullshit*.[78] De fato, a estupidez não é, ou não é apenas, o contrário da inteligência. Podemos ser muito inteligentes e muito estúpidos: para se convencer disso, basta colocar um intelectual qualquer num cargo político, ou incentivar um especialista de alguma coisa a se expressar sobre um assunto a respeito do qual ele não tem familiaridade. O que virá em seguida se chama *bullshit*.

Segundo a célebre análise realizada pelo filósofo Harry Frankfurt,[79] a essência da *bullshit* é uma indiferença para com a verdade. Ao contrário do mentiroso, que precisa sempre se manter de olho na verdade para travesti-la ou dissimulá-la, o *bullshitter* não está nem aí para ela. Ele divaga sobre tudo aquilo que se lhe passa pela cabeça, na hora que bem entende, sem a menor preocupação com a verdade ou falsidade daquilo que afirma. Zomba alegremente e, para isso, utiliza-se de várias estratégias: tergiversação, engambelação, mudança de assunto, obscurantismo, lirismo, solenidade afetada, meias palavras, discurso vazio, paródias... Pouco importa a maneira ou o contexto, o *bullshitter*, diz Frankfurt, busca "safar-se" sem custos para a sua imagem, fingindo dizer alguma coisa, ainda que não diga nada, no sentido de que não transmite nenhuma informação importante. Portanto, a *bullshit* é uma forma de camuflagem epistêmica: finge ser uma contribuição à discussão, mas sempre obstruindo o seu progresso. Em suma, é o contrário do progresso discursivo.

Por que toleramos um parasita intelectual desses? Afinal de contas, o mentiroso, quando é desmascarado, geralmente se vê reprovado, menosprezado, repudiado; o *bullshitter* parece tudo destruir completamente impune. Frankfurt deixou essa questão em aberto, "a título de exercício para o leitor", mas parece que certas disposições psicológicas, associadas a fatores sociais e culturais particulares, permitem explicar esse curioso fenômeno. Por um lado, parecemos excessivamente generosos em relação à *bullshit*: se alguém diz algo, a nossa primeira reação é tentar encontrar um sentido no seu discurso, inferir que ela é pertinente na situação em questão e, se necessário, prover uma interpretação que satisfaça essa necessidade. Habitualmente, as *bullshits* fazem a maior parte do trabalho para os *bullshitters*. Por outro lado, a *bullshit* pode igualmente tirar proveito de determinado ambiente cultural: se a autoconfiança, certeza de si, autenticidade e sinceridade forem mais valorizadas que o simples fato de dizer algo claro e concreto, então a *bullshit* não só passará despercebida como poderá prosperar. Frankfurt, inclusive, concluiu a sua análise com estas palavras: "A sinceridade em si é *bullshit*". Expressar-se "com o coração", exprimir-se "com fogo e paixão", dizer algo que vem "do fundo dos seus pensamentos", falar "de homem para homem", ser "direto" e "falar na lata", nesse caso, seriam princípios contemporâneos muito mais valorizados que o rigor, a prudência, a precisão e a exatidão, substituindo-os imediatamente.

Com locutores "sinceros e autênticos" e receptores "generosos", cujos respectivos papéis podem fácil e regularmente ser trocados, que a cada assunto reforçam e propagam a estrutura reinante que se presta a esse tipo de interação, as condições parecem reunidas para que uma massa crítica possa ser atingida pela *bullshit* do discurso público. Se essa análise estiver correta, parece que dispomos de uma explicação para o advento da "pós-verdade", definida nos dicionários Oxford, que vimos ter sido "a palavra do ano" de 2016, como um adjetivo que designa as "circunstâncias nas quais os fatos objetivos têm menos influência para formar opinião pública do que o apelo à emoção e às crenças pessoais".[80] O corolário imediato a partir de uma situação dessas seria: qualquer um que não compartilhe da nossa opinião está *de facto* errado, busca nos manipular, é profundamente imoral e não respeita as nossas crenças, que são a nossa verdade. Por isso é que num debate polarizado cada um que pretende defender ou impor o seu ponto de vista, paulatinamente desacreditando os outros, de maneira a salientar ao máximo a sua integridade, a sua determinação e as suas virtudes morais, inclusive no seio do seu próprio "campo de domínio". Nesse processo infernal, naturalmente, a verdade, os fatos, o que realmente importa, o que é mesmo o caso ou não, tornam-se conceitos totalmente subsidiários, ou até suspeitos.

Um observador imparcial, vendo uma dinâmica dessas em ação, não teria outra escolha senão perguntar-se se tudo aquilo, no fundo, não é um tanto estúpido. *Bullshit*, pós-verdade, fatos alternativos, *fake news* e outras teorias da conspiração, são todos apenas novos nomes que demos à babaquice?

Princípios da estupidez contemporânea

De fato, a tradução francesa da *bullshit* frankfurtiana optou pelo termo *"connerie"* (e, em português, optou-se por "estupidez"); *bullshitter* seria "aquele que domina a arte de dizer coisas estúpidas". Infelizmente, o termo *"connerie"* sofre aqui de uma ambiguidade que não faz jus à noção de *bullshit*, no sentido filosófico que lhe foi conferido. Sem querer adentrar muito em considerações semânticas, parece que a *"connerie"*, ou a estupidez, abrange de uma só vez, de acordo com os contextos, a mentira, a burrice, a insanidade, a ignorância e a inépcia. Dessa forma, o domínio fica muito vasto para desejar obter uma compreensão acurada das problemáticas em jogo na pós-verdade. Em contrapartida, o termo *"connerie"* tem também a vantagem de chamar atenção para o papel da burrice na nossa relação atual com a questão da verdade. Para não fugirmos do assunto, poderíamos considerar como amplamente equivalentes os termos tolice, burrice, babaquice, imbecilidade e estupidez, mas, como já dissemos, vamos nos preocupar em discerni-los da simples ausência de inteligência. Diga-se de passagem, parece que um determinado nível de inteligência é necessário para produzir o tipo de estupidez que caracteriza a pós-verdade: inventar, defender e propagar coisas estúpidas demandam, na verdade, recursos cognitivos consideráveis, e até dispositivos mentais que exigem bastante energia cerebral.

Nesse caso, podemos ser muito inteligentes, desfrutarmos de muito conhecimento, lutarmos ferozmente contra o erro e o falso (dos outros, que fique bem claro), e, ainda assim, sermos muito estúpidos. Por quê? Pois um indivíduo desses pode agir sem objetivo definido, sem saber qual é o real valor da verdade e do conhecimento, sem compreender na prática o que acarreta conhecer alguma coisa, sem saber utilizar os seus conhecimentos com sabedoria, sem dar atenção às normas e aos métodos que permitem, na melhor das hipóteses, fazer a coisa certa, sem se preocupar com os motivos que tornam essas normas e esses métodos válidos e sem saber como transmitir corretamente os seus conhecimentos, nem mesmo por que ele deveria transmiti-los corretamente.[81] Esse tipo de cretino exerce aquilo que Robert Musil chamou de "burrice inteligente", e o que Kant considerou como uma falha de julgamento — falha, segundo ele, infelizmente incurável. Estruturalmente, essa forma de estupidez inteligente não tem outra finalidade senão produzir *bullshit*, porque a concepção da verdade e do conhecimento que a motiva é intrinsecamente deficiente.

De certa maneira, é como se a pós-verdade consistisse em recrutar e explorar a inteligência humana em prol do seu objetivo de ser elaborada e de fazer prevalecer as formas mais arrojadas de estupidez. Eu proponho a seguir três fatores próprios da estupidez contemporânea, que juntos podem explicar o surgimento da *bullshit* em larga escala, estabelecendo por fim o sistema de imbecilidade generalizada que chamamos de "pós-verdade". Para não nos prolongarmos, podemos identificar esses fatores sob os termos de narcisismo, autocegueira e pretensão, que veremos em breve, bem como de que modo as suas interações podem se fortalecer mutuamente. Logo após, direi algumas palavras sobre as consequências éticas decorrentes da estupidez, antes de finalizar — lamentavelmente de maneira muito sucinta — falando sobre a possível evolução da pós-verdade e sobre os meios de enfrentá-la.

A paixão pelo mesmo

Na sua profunda análise da burrice, Alain Roger chega à conclusão de que não se trata de uma falta de racionalidade, mas, pelo contrário, de um excesso de lógica.[82] A burrice seria a paixão tautológica pelo mesmo: "dinheiro é dinheiro", "é bom que se diga, religião é religião", "não sou mais burro que qualquer outro"... Eis a estupidez desnudada, no seu grotesco conceito de identidade "A = A", que não diz nada além do que já tenha sido dito e pensado. Em resumo, a suficiência no seu mais puro estado: eu digo o que penso e penso o que digo, pelo simples motivo de que eu digo e penso essas coisas. E se eu não estiver de acordo com algo é prova de que esse algo é falso, ou que ele me é indiferente. Só é compreensível o que "fala ao meu íntimo", o que salienta os meus gostos e inclinações. Questioná-lo é *de facto* uma ofensa, pois só um inimigo poderia não concordar plenamente com o que digo.

"Essa é a minha opinião, e eu a compartilho", paradigma ridículo da burrice, seria muito divertido se não fosse o fato de que o termo "compartilhar" carrega hoje uma conotação literal e desesperante, na medida em que, efetivamente, a estupidez se "compartilha" e se *follow* (segue) hoje mais fácil e rapidamente do que nunca.

Na burrice tautológica, a razão é como uma armadilha e não passa de repetição e satisfação de si mesmo, uma subjetividade triunfante e produtiva de lugares-comuns, ideias recebidas e clichês. Vamos ainda mais longe: um enunciado tautológico, baseado no princípio da identidade "A = A" de certa forma é vazio de toda substância, mas tem essa propriedade de tornar-se instantaneamente performático. "Por mais que se diga o contrário, um judeu será sempre um judeu" — isso é uma estupidez sem tamanho, pois não tem base em nenhuma argumentação, a não ser em frases do tipo "é isso aí", "então, já era". "Nós ouvimos o que os nossos clientes têm a dizer", da mesma maneira, é uma estupidez de burrice abissal que funciona no mesmo registro, de *bullshit* quase em estado puro,[83] mas que tem os seus impactos: uma frase dessas gera a ilusão de que, de fato, essa empresa está verdadeiramente "ouvindo o que os seus clientes têm a dizer", e, por conseguinte, ela está levando muito a sério o bem-estar deles e se dedicando para que estejam completamente satisfeitos. Basta dizer isso à risca e a *bullshit* se torna eficaz por força do seu caráter assertivo. Óbvio que nada disso é alcançado na prática, mas é exatamente o que se pretendia alcançar.

Assim sendo, a estupidez é uma constante redução ao mesmo e ao si mesmo,[84] por isso sempre recorre a exemplos pessoais, ao "testemunho", à "situação", à "experiência", à "percepção". A autenticidade, a subjetividade e a sinceridade não apenas bastam, elas dão permissão ao cretino para estufar o peito de orgulho e satisfação: ele acredita saber do que está falando, embora, na prática, seja apenas essa crença singular de que domina o assunto, e acaba não conseguindo sequer conceber que as bengalas externas para as suas convicções possam, talvez, orientá-lo, corrigi-lo ou, quem sabe, fazê-lo mudar de opinião. Não que o estúpido seja incapaz de fazer girar o seu moinho conceitual quando necessário: para que isso aconteça, ele faz uso do viés de confirmação — essa força magnética que permite adaptar as suas opiniões a todas as circunstâncias —, que o auxiliará a encontrar as peças que convêm ao seu quebra-cabeça, sempre negligenciando ou reinterpretando cuidadosamente tudo aquilo que o contradiz.[85]

Estupidez, preguiça intelectual, autocomplacência e narcisismo parecem consubstanciais, e convergem para o triunfo da intuição. A minha opinião e a minha reação estão certas, porque são minhas. Aquele que não demonstra "sinceridade", "autenticidade", autoconfiança e convicção suficientes perde a credibilidade de imediato. Pode até se preocupar com a verdade, buscar a precisão, demonstrar rigor, mas não pode, de jeito nenhum, confiar em alguém que não pareça falar "do fundo do coração", mas expõe laboriosamente os fatos e questiona a respeito do encadeamento lógico. Evidentemente, esse é um dos principais recursos do populismo, o que explica podermos perfeitamente promover e eleger um mentiroso contumaz, contanto que ele seja "dos nossos", sempre seguindo esse princípio identitário estúpido, mas levado à escala global.[86]

Mais uma vez, esses mecanismos da estupidez pouco têm a ver com a inteligência.[87] É perceptível que as pessoas estão ficando, coletivamente, cada vez mais estúpidas, sem que para isso o nível geral de inteligência esteja caindo. Ao contrário, a inteligência é imensamente solicitada para sustentar um sistema burro igual ao nosso, em especial para estabelecer uma epistemologia pessoal,[88] que é, nada mais nada menos, a crença, sabiamente conservada, de que conhecimento é uma questão de intuição; uma coisa se torna verdadeira a partir do momento em que a decretamos como tal, pois estamos "intimamente convencidos" disso; e ainda melhor se lhe atribuirmos um "valor" que nos define.

Mas como eu sou burro!

No entanto, a estupidez não seria estupidez se ela pudesse se autodesignar como tal. Infelizmente, o imbecil, pelo fato de ser um imbecil, não dispõe de recursos mentais que lhe permitam conscientizar-se da sua imbecilidade. Aí está um ponto cego epistêmico que beira o trágico: a estupidez está longe de ser estúpida, pois ela conhece os seus interesses e sabe como se proteger das agressões da racionalidade.

Recluso no seu princípio identitário, o estúpido se priva *de facto* da capacidade de ver as coisas de outra forma, ou seja, do ponto de vista de um indivíduo que não seja ele, diga-se de passagem, e, em particular, alguém que tenha mais conhecimentos que ele.* Os psicólogos costumam chamar isso de efeito Dunning-Kruger, em homenagem aos autores que o documentaram:[89] uma pessoa incompetente numa determinada área do conhecimento sem dúvida exibirá performances desastrosas nessa área; porém, se deixada à sua livre apreciação, não se conscientizará da sua própria nulidade, e superestimará as suas performances. A especialidade, em qualquer coisa, deve ser acompanhada por um conhecimento aprofundado daquilo que constitui a sua especialidade, conquistado com muito esforço, sob o jugo penoso do trabalho assíduo e de constantes questionamentos. O verdadeiro especialista tem consciência de que é um especialista, e por ser grande conhecedor do tema será também, inclusive, conhecedor daquilo que ignora e do que ainda falta ser aprendido: desse modo, ele conhece os seus limites, e as pesquisas mostram exatamente que as pessoas de fato competentes subestimam um pouco as suas próprias competências. O estúpido, por sua vez, não tem a menor ideia do que poderia fazer para ser menos estúpido. A propósito, ele nem sabe que é estúpido, porque não é preciso saber nada para ser estúpido. Adoraríamos dizer que o seu problema reside nisso, mas, em verdade, o problema acaba se tornando *de facto* um problema alheio, na medida em que o estúpido, ignorante de que é estúpido, não se sente perturbado de maneira nenhuma pela sua estupidez, e, igualmente, não se priva de impô-la às pessoas do seu convívio, ou até muito além.

Assim, não é (unicamente) por pura maldade que optamos por uma epistemologia calibrada em relação à subjetividade, à intuição, à "autenticidade" e à "sinceridade". Esse também é um meio muito seguro de jamais cair em erro, e até de refutar a nossa própria estupidez. Estupidamente envolto no seu Eu inviolável, imune à mínima descoberta que possa alterar a sua estupidez, o imbecil acaba, muito rapidamente, não só deixando de ser capaz de detectar, reconhecer e

---

* Observemos que é muito difícil, tanto para alguém inteligente quanto para alguém racional, imaginar o que pode ser o universo mental de um estúpido, um fenômeno ocasionalmente chamado de "maldição do conhecimento", S. Birchet P. Bloom, «The curse of knowledge in reasoning about false beliefs» *in Psychological Science*, 18, 382-386, 2007.

identificar a sua própria estupidez como também — e o que é pior — destinará toda a sua inteligência, esta que não serve mais para avaliar a qualidade das informações e a validade das suas crenças, para determinar se elas estão ou não alinhadas com as suas preferências anteriores e para depreciar tudo o que não teve a sorte de convencê-lo. A essência da estupidez trabalha incansavelmente em prol da sua própria defesa, e em mais nada.

Essa particularidade perniciosa da estupidez tem consequências. Como já vimos, não só a estupidez se torna invisível a si mesma como o imbecil é incapaz de perceber que é um imbecil, e assim acaba supervalorizando as suas competências, mas isso o leva necessariamente a aviltar a verdadeira inteligência (seria muito difícil reconhecê-la como tal) e, portanto, a reforçar constantemente a sua estupidez. Aquele que desfruta de crenças verdadeiras e de informações corretas, no fundo, só tem uma coisa a dizer: a verdade. O imbecil, pelo contrário, desfruta de um estoque infinito de estupidezes, porque ele não vê de maneira nenhuma que está cometendo erros. Ao passo que os cretinos se sentem habilitados a fornecer as suas opiniões sobre tudo e qualquer coisa, e dispõem de meios econômicos e eficazes para tal, é evidente que o tempo disponível para corrigir todas as suas estupidezes vai cruelmente faltar para aqueles que dispõem de métodos confiáveis para chegar à verdade. Isso é o que chamamos de "princípio da assimetria da *bullshit*":[90] a *bullshit* é produtível em grande escala para qualquer um e tem baixo custo, enquanto as pessoas aptas e determinadas a desmantelá-la são pouco numerosas e devem dedicar grandes esforços para tanto.

A estupidez se disfarça

Então, a estupidez se caracteriza por formas de narcisismo e autocegueira que se fortalecem mutuamente e contribuem, dessa forma, à sua fácil propagação pela população. Ela sempre tira proveito da autoconfiança que salienta o excesso de convicção do cretino em si mesmo, que necessariamente a transmitirá sobre todas as manifestações de prudência e rigor num ambiente em que seria inevitável que o conhecimento fosse, sobretudo, uma questão de intuição e "sinceridade". Em suma, aquele que falar mais alto e com mais "convicção" e "paixão" vai acabar se passando por alguém que tem mais coisas a dizer, e simplesmente será ouvido.

Contudo, nem todas as estupidezes são iguais. A competição é feroz nessa área, e até mesmo os imbecis devem encontrar uma maneira de se destacar em relação aos outros imbecis. E é assim que surge o fenômeno mais perturbador da estupidez: ela pretende ser considerada como inteligência. Seguro disso, o estúpido apresenta as suas estupidezes como pérolas da sabedoria, observações inéditas de incrível perspicácia, frutos de uma reflexão intensa e, claro, anseia ser ouvido com a maior seriedade. Uma das suas descobertas é o raciocínio fantasma: mais do que raciocinar genuinamente para chegar a uma conclusão, trata-se de começar pela conclusão, de trás para a frente, com o intuito de remendar o "raciocínio" que permitirá, de modo infalível, ser guiado até ela. "A burrice consiste em querer concluir", disse Flaubert. Pois bem. Mas ela também consiste, como diriam os seus compadres Bouvard e Pécuchet, em se imaginar chegando à conclusão pelos meios adequados.[91] Estranhamente, isso acontece com bastante frequência, e o último dos impostores pode, assim, fingir ser um projeto de gênio, um gigante da filosofia ou um figurão das neurociências.

Do mesmo modo que as pseudociências adotam os hábitos da ciência, embora a menosprezem; assim como as *fake news* se apresentam como informações fiáveis e verificáveis, embora condenem a imprensa "oficial"; e assim como as "teorias da conspiração" tentam se passar por investigações rigorosas e empenhadas em esclarecer a verdade, porém sem jamais fazer o mínimo esforço nesse sentido — a estupidez só consegue sobreviver e prosperar se mantiver as aparências dos seus maiores inimigos: a razão, o conhecimento e a verdade.[92] Para isso, exige-se certo talento para a imitação, ou seja, é preciso que o "raciocínio" concebido pelo estúpido tenha, apesar de tudo, alguma semelhança com uma verdadeira atividade pensante, e, sobretudo — pois esse é o objetivo —, que permita preservar e irradiar a ideia que fazem dele, seja a de uma pessoa de moral irretocável, seja de um provocador que não tem medo de dizer o que pensa, seja de um intelectual do tipo "ninguém pensaria numa coisa dessas", seja dos três ao mesmo tempo, o que é o mais comum. Trocando em miúdos, o típico comportamento pretensioso e esnobe.

A conclusão é que a estupidez atua por parasitismo mimético: ela explora as virtudes e expectativas ligadas às concepções autênticas da razão humana, ela opera por pseudorracionalidade.[93] Por isso é que se exige alguma forma de inteligência, como ressaltou Robert Musil, para quem a burrice era "não tanto uma falta de inteligência, mas uma abdicação dela diante das tarefas que tem a intenção de cumprir", e "uma desarmonia entre preconceitos sentimentais e um entendimento incapaz de moderá-los".[94] Quando não se tem nada de interessante para dizer, infelizmente, resta a possibilidade de imitar a aparência superficial de uma coisa interessante a ser dita. E se essa abordagem se torna a norma numa determinada sociedade, podemos, de fato, falar em "pós-verdade".

O burro e o perverso (e a relação entre eles)

A pós-verdade se alimenta de agentes individuais cujas crenças e comportamento são amplamente impulsionados por uma comparação com o conhecimento que se baseia no recurso à intuição e ao ressentimento, uma forma de estupidez que se caracteriza por uma autocegueira que impossibilita o seu próprio questionamento, mas que se esforça para parecer com uma preocupação racional, honesta e pertinente com a verdade. A partir desse ponto de vista muito generalizado, depreende-se que a *bullshit*, as *fake news*, as teorias da conspiração, os "fatos alternativos", bem como o "compartilhamento" intempestivo deles, são todas manifestações contemporâneas e exacerbadas da boa e velha burrice eterna. Não é nada surpreendente: todo o mundo já deve ter constatado — exceto os estúpidos, é claro — que a "pós-verdade", em última análise, engloba um pacote completo de estupidezes.

Só nos resta examinar algumas das suas manifestações e consequências. Vimos que a estupidez implica uma usurpação do domínio intelectual, mas isso não seria tão grave assim se a estupidez não ultrapassasse também os limites da ética. "O babaca", diz o filósofo Pascal Engel, "se sente culpado quando não respeita a verdade". A sua carência em virtudes intelectuais se converte num vício moral. Pior ainda, o "bom coração", o *bullshitter*, é aquele que procura respeitar os valores do coração, que parece se preocupar com a verdade e agir com razão, mas que, na realidade, só macaqueia essas qualidades para se fundir a um meio, transmitir uma imagem de intelectual ou, simplesmente, brilhar em sociedade sem dificuldades. Uma pessoa que apenas tem pouca inteligência, por assim dizer, pode muito bem respeitar a verdade e o tipo de inteligência que lhe permite ter uma boa conduta. O *bullshitter*, o esnobe, o vaidoso e o estúpido menosprezam-na e a exploram, não por preocupação com a verdade, mas por preocupação com eles mesmos. Em virtude disso, os prejuízos causados pela estupidez são infinitos, desde a simples ostentação, que consiste em querer se expressar por meio de coisas novas e interessantes, ou mesmo por um pensamento radical e prodigiosamente audacioso, até o fariseísmo, esse jeito de praticar a virtude com o único intuito de ser virtuoso e, sobretudo, fazer com que os outros saibam disso; e o seu corolário é demonstrar a sua indignação, que equivale a indignar-se contra alguma coisa com o único propósito de indignar-se e mostrar que está indignado, um fenômeno muito contemporâneo que classificamos como grandiloquência moral.[95]

Tendo em conta o caráter dessa ou daquela alegação ou evento, o estúpido, imediatamente, dá um jeito de sentir e manifestar a sua desaprovação, a sua rejeição, a sua indignação, a sua cólera... só porque decidiu que determinada coisa deve ser realizada, e que é útil realizá-la e fazer com que o maior número possível de pessoas saiba disso, visto que tal coisa vai ajudá-lo a se definir como indivíduo. Essa atitude induz um mecanismo de autopolarização, já que o tamanho e os motivos de uma indignação dessas exige uma vigilância constante e favorece uma escalada exagerada com vistas a distinguir-se dentro de um ambiente cada vez mais competitivo dentro da estupidez. Daí surgem os *trolls*, as conspirações, os boatos, os *"clashes"* e os *"buzz"* imbecis, que, a partir de agora, devem lutar uns contra os outros a fim de obter as honras do "clique" de um público catapultado para dentro de uma corrida mais e mais absurda, visando apenas à promoção da asneira diária.

Os prejuízos causados pela estupidez são infinitos

Além dos prejuízos específicos que cada ciclo de estupidez pode infligir aos seus alvos, deve-se, sobretudo, salientar que o efeito geral da *bullshit*, das *fake news*, dos "fatos alternativos" e da pós-verdade que os encadeia não consiste, a bem dizer, em induzir a falsas crenças. Esse era o resultado, previsto ou não, dos boatos e da propaganda "das antigas". Hoje, trata-se mais de desestabilizar completamente a nossa relação com a verdade e de corromper as relações de confiança necessárias ao jogo democrático. Não mais acreditar em nada, nem sequer considerar ser possível alcançar os conhecimentos pelo menos próximos de uma verdade que seja comum a todos, tende a ser mais pernicioso que simplesmente acreditar em falsas premissas, as quais conservam um mínimo de esperança de, algum dia, serem corrigidas.

Tudo isso é de uma estupidez desconcertante e não nos dá nenhum motivo para sermos otimistas. No entanto, é preciso salientar que a própria existência da pós-verdade requer um fundo de verdade em cujo seio ela pode prosperar, nem que seja tentando imitá-la. A moeda falsa só causa estragos até certo ponto, pois, ultrapassada uma determinada barreira, se praticamente não houver mais nada além de moedas falsas em circulação, ela não serve mais para nada nem para ninguém. A questão que se coloca é, portanto, saber até onde pode ir a nossa estupidez, e até que ponto ela pode proliferar sob o incentivo das plataformas tecnológicas que parecem ter sido concebidas para explorá-la, aumentá-la e expandi-la o mais longe e o mais rápido possível.

Será suficiente encorajar as novas gerações a desenvolver um "espírito crítico" ou lhes ensinar a "decifrar a informação", sabendo que os problemas delas, em alguns anos, serão os mesmos que os de hoje, e que a estupidez, como a vimos, já terá se transformado em algo parecido com o "espírito crítico" e não mais se privará de propor "soluções" para os problemas que causa, naturalmente, sem saber que os causa? Poderão as autoridades epistêmicas — a ciência, a imprensa e a justiça — desempenhar os seus papéis nesse combate, por exemplo, propondo mais transparência para os dados, uma comunicação mais clara, uma assídua "verificação de fatos" e leis dissuasivas e vinculativas contra os vendedores ambulantes de estupidezes manipuladoras e maliciosas? Provavelmente, mas mantendo em mente que a pós-verdade vai consumir cada um desses avanços, reciclando-os imediatamente no seu sistema imbecil de erosão da confiança, de suspeita generalizada e de indiferença quanto aos fatos.

Falta uma terceira abordagem, que consistiria em dar à *bullshit*, e à estupidez subjacente, uma dose do seu próprio veneno, ou seja, mostrando provas de que ela inventa coisas falsas e burras. É o trabalho da comédia e da ficção, porque, no fim das contas, a pós-verdade nada mais é do que uma pós-ficção. Não se preocupar com a verdade é também não apreciar o falso. Talvez apenas tenhamos a necessidade, para sermos um pouco menos estúpidos, de retomar o gosto pelas criações da mente humana, e de demonstrar mais modéstia intelectual, como quando a inteligência oferece os seus serviços à inteligência, não à estupidez.

As metamorfoses das loucuras nacionalistas

PIERRE DE SENARCLENS
Professor honorário de Relações Internacionais
na Universidade de Lausanne, antigo alto funcionário
da Unesco e da Federação Internacional da Cruz Vermelha.

As sociedades precisam de mitos. O filósofo Ernst Cassirer atribuiu o absurdo e as contradições desses constructos imaginários à "estupidez primitiva" do ser humano. Ele zombava da hipótese de antropólogos, em especial Bronislaw Malinowski, que interpretavam essas crenças como tentativas de resposta à questão insolúvel da morte. Via nisso também a expressão de desejos coletivos, e não achava que as sociedades pudessem se livrar deles. Ainda assim, inquietava-se: "É provável que o aspecto mais importante e mais inquietante do pensamento político moderno seja o surgimento de uma nova potência: a potência do pensamento mítico", escreveu ele em 1945, quase no fim da vida, nos Estados Unidos.[96] O nacionalismo fazia parte desse pensamento mítico, principalmente porque ele conhecera as metamorfoses funestas com a ascensão dos regimes fascistas.

Sob muitos aspectos, essa ideologia lembrava as histórias impregnadas de magia que os gregos assimilavam às fábulas "que as amas contavam às crianças para entretê-las ou assustá-las".[97]

Democracia: da razão às paixões

Herança do Iluminismo, o ideal democrático subentendia o avanço da razão. Sob essa perspectiva, as superstições e os restos de animismo estavam fadados a desaparecer graças ao desenvolvimento da educação e ao avanço das ciências. Os cidadãos acabaram aprendendo com a experiência. Assim, as deliberações das suas instituições foram baseadas nos processos empíricos e permitiram a escolha entre as melhores opções políticas. Eles elegeriam para essa finalidade dirigentes esclarecidos. Com o progresso das suas condições materiais e do conhecimento, eles se viram capazes de conquistar a sua liberdade e edificar com plena inteligência o curso da sua história.

Essa convicção se revelou parcialmente ilusória. As sociedades têm necessidade do sagrado. A razão provou-se um frágil auxílio para conter o avanço de conflitos de interesses, arbitrar divergências axiológicas e atenuar as relações de poder que constituíam a trama da vida política. Os indivíduos se envolvem na vida pública com a razão, mas também com tudo o que é abrangido pela sua realidade física: seus fantasmas, suas vontades, suas pulsões inconscientes e até seus instintos. A influência das ideologias reside tanto nas finalidades históricas por elas expostas quanto nas emoções que elas mobilizam e nos excessos de violência que elas justificam.

A exigência da soberania nacional também foi imposta originalmente como um projeto racional, associado às aspirações dos cidadãos por autonomia, dignidade e igualdade. Porém, esse ideal estava particularmente carregado do ponto de vista emocional: foi planejado no âmbito de cerimônias sagradas análogas a cultos religiosos. Podemos mencionar nesse contexto a festa da Liberdade, organizada pela Convenção de 10 de novembro de 1793, no átrio da Catedral de Notre-Dame, e, mais tarde, as grandes manifestações organizadas por Mussolini e Hitler, dedicadas ao culto dos seus ditadores. Com o avanço da democracia no fim do século XIX, a política tornou-se o assunto do povo, o grande teatro das paixões individuais e coletivas, seja de intelectuais, militantes políticos ou massas que invadiam espaços públicos com as suas reivindicações materiais, os seus desejos e as suas fantasmagorias.

Indivíduos que investem no imaginário de uma comunidade — seja étnica, religiosa ou nacional — experimentam todo tipo de emoções, mas, acima de tudo, aquelas que mobilizam sentimentos de apego identitário. Combinando com convicções nacionalistas, eles se apoderam de um ideal coletivo edificante. Essa tendência não é um problema em si, mas o narcisismo que ela estimula pode se tornar uma fonte de ilusões nefastas. Ela traz consigo a ideia de que a sua nação é resultado de uma grande história, prometida a um destino excepcional. Essa reivindicação de superioridade segue de mãos dadas com o rebaixamento de quem é estrangeiro. A sua agressividade é muito maior do que aquela apresentada sempre em grupos, mais ou menos estruturados, de multidões, militares ou movimentos políticos que avançam sob a égide de líderes incontestáveis. Na verdade, o nacionalismo proporciona uma explicação racional e tolerável às necessidades de dignidade individual, mas, igualmente, a tudo que é abrangido por necessidades mais ou menos justificáveis: inveja social, orgulho, agressividade e vontade de dominar. Ao exaltar as necessidades de glória, honra, força física e virilidade, o nacionalismo se apropriou dos conceitos de nobreza do Antigo Regime. Assim, ofereceu aos indivíduos, especialmente aos mais frágeis, recursos para apaziguar os seus sentimentos de incompletude e impotência.[98]

O ideal de grupo e seu lado negativo

Tudo o que é da competência do narcisismo tem a essência frágil. Porque a valorização excessiva da nação é fundada na insegurança, que será determinada pela vulnerabilidade socioeconômica ou por causas de ordem psicológica. Ela implica uma defesa sombria de fronteiras culturais e políticas. O nacionalismo alimenta uma relação íntima com a xenofobia e o racismo. Com o fantasma da integração harmônica no coração da sua reivindicação, o estrangeiro simboliza o que barra o seu desejo. Os nacionalistas usurpam o direito de falar em nome da comunidade nacional e visam eliminar aqueles que são suspeitos de contrariar essa coesão. Utilizam-se do ideal nacional para aviltar tudo o que contradiz as suas concepções políticas. Projetam nos líderes providenciais, ou em imagens místicas de natureza maternal e reconfortante, as suas necessidades e os seus desejos de proteção. Embora a imagem idealizada da nação remeta inconscientemente ao universo materno da pequena infância, aqueles que são vistos como insurgentes devem ser excluídos. Especificamente falando, esse foi o caso dos judeus no apogeu do nacionalismo. Com a exaltação dos nacionalismos na França e na Alemanha, eles passaram a ser vistos como "intrusos" que minavam a harmonia da comunidade nacional. "Toda sociedade", lembrou George Devereux, "acredita ser um grupo ideal" que demanda um lado negativo. Os judeus permitiram à comunidade nacional estabelecer, de modo ilusório, as suas próprias fronteiras. Eles eram o "contraideal de grupo", cuja função essencial era "servir de realce para a ideia de grupo, encarnando — como exemplo a evitar — tudo o que a ideia de grupo não é, e deve, a todo custo, evitar ser".[99]

Depois da Segunda Guerra Mundial, o nacionalismo perdurou nos Estados Unidos. Ele inspirou, sobretudo, as reivindicações de soberania estatal ansiada pelos movimentos que combatiam o imperialismo colonial. Em contrapartida, perdeu a sua influência na maior parte dos países europeus. As tragédias provocadas pelos regimes fascistas perderam boa parte da sua credibilidade, enquanto os sistemas ideológicos de grande potência dominaram os debates políticos. Além do mais, as proteções do Estado Social e da sociedade de consumo oferecem outras fontes de gratificação narcisista, em vez daquelas associadas com grandeza e honra da nação, e com a defesa armada dos seus interesses.

O retorno dos mágicos

O "soberanismo" que movimentos populistas opõem hoje à globalização promovem novas ilusões nacionalistas, em particular, a de uma comunidade nacional homogênea. Restabeleceu também os seus rituais alienantes, notadamente os seus protestos em massa, os seus hinos e as suas bandeiras. Esse nacionalismo também estimula os sentimentos identitários e a necessidade de líderes mágicos. Nesse contexto, o migrante é acusado pela redução dos salários, pelo aumento do desemprego e da vulnerabilidade social, mas também porque ele é associado com a invasão do território por pessoas de "raças" diferentes, portadoras de conceitos culturais exóticos, e com a desintegração das relações tradicionais de solidariedade. É também o símbolo da mudança dos tempos. Presume-se que a sua rejeição seja muito mais forte também por serem uma fonte de desconforto e culpabilidade. Além do mais, os sectarismos religiosos nascidos do fracasso do processo de integração nacional perpetuam por toda parte visões delirantes, exclusivistas ou raivosas, e mecanismos de projeção que são expressados por intermédio do nacionalismo.

A aspiração dos cidadãos de renovar o contrato social da soberania nacional advém de uma demanda racional. Impõe-se como uma resposta aos desafios e restrições de uma globalização fragilmente regulada que provoca muita insegurança, movimentos migratórios de grande amplitude, novas polarizações sociais e desemprego. Confrontados por essas realidades econômicas e sociais, pelo crescimento de novos modelos de produção e pelas interdependências que daí resultam, os governos presumiram mal as suas funções de integração política e sofrem para sair dos caminhos traçados pelo reformismo e pelas soluções tecnocráticas. Esses fracassos, que andam de mãos dadas com a erosão dos grandes sistemas ideológicos e das suas utopias orientadoras, mas também com o enfraquecimento das instituições de socialização tradicionais, contribuem com o empobrecimento das discussões democráticas. Elas incitam alguns indivíduos a perseguirem as suas jornadas em busca de comunidades imaginárias, aquelas que podem ser associadas a representações extraordinárias da nação ou da etnia e sua religião, ilusões que são fontes de alienação política e social. Elas os incentivam a ir em busca de auxílios de um órgão tutelar, uma autoridade dotada de poderes fantásticos, capaz de proporcionar a proteção que tanto desejam.

O populismo recruta em todos os setores

A crise econômica não explica totalmente o populismo, pois aqueles que o apoiam não pertencem aos setores materialmente desfavorecidos, principalmente nos Estados Unidos. A vulnerabilidade deles pode ser também de ordem psicológica. Ao promover os líderes populistas, cuja retórica se nutre de violência e carisma, os eleitores fazem uma escolha identitária. Vejamos o caso de Donald Trump. No curso da sua campanha eleitoral, a sua falta de civilidade foi um aspecto importante para o seu sucesso político. Ele não tinha nada a esconder sobre as suas falhas na vida pessoal. Trump amplificou a sua imaturidade, a sua fragilidade narcisista, impôs-se como se jamais tivesse chegado à idade adulta, como se jamais tivesse conseguido adquirir uma verdadeira consciência moral. Seduziu as pessoas com as suas mentiras, o seu exibicionismo, as suas incoerências e o seu estilo meio calhorda. Um grande número de americanos, independentemente do *status* social, identificou-se com a falta de educação, o ódio, o comportamento extravagante, as ideias simplistas, as posições maniqueístas, as teorias da conspiração, o racismo e a exaltação da grandeza dos Estados Unidos presentes na fala de Trump.

Os partidos populistas recrutam prioritariamente indivíduos com falta de bagagem acadêmica e formação profissional, vantagens que lhes permitiriam avaliar plenamente as consequências das opiniões que declaram. Os discursos desses partidos fomentam uma linguagem polêmica, de poucas palavras e quase sempre grosseira. Enaltecem as pessoas que têm dificuldade de tolerar, de reconhecer aspectos equivocados da realidade, de enfrentar desafios complexos e cheios de contradições. Esses eleitores não têm a mínima paciência quanto a questões econômicas, frequentemente complexas, nem apreço pelo debate político. Guiados pela fúria contra as elites dirigentes deficientes, sustentam programas que são incompatíveis com os seus próprios interesses: constatamos isso nos seus posicionamentos em relação à liberalização do comércio, aos empregos, ao endividamento e às finanças. Enquanto exploram os procedimentos de deliberação democrática, paradoxalmente, minam a legitimidade do projeto nacional.

Vejamos o caso de Donald Trump

Então são estúpidos? Essa noção não pertence à linguagem das ciências sociais. Se a babaquice política fosse apenas uma questão de educação, nós saberíamos... O populismo mobiliza indivíduos cujo julgamento é anuviado pelas emoções e cujas paixões, por vezes até deficiências na vida privada, obscurecem as capacidades cognitivas. As suas receitas mágicas seduzem, e esse estado de espírito contamina todos os meios, todos os setores. De fato, as opiniões políticas do mundo intelectual não são infalíveis. Na França, como em outros lugares da Europa, os fanatismos políticos, como nacionalismo, fascismo, do stalinismo ao maoísmo, passando pelo trotskismo e outros itinerários bizarros, foram sustentados por pessoas cujo refinamento cultural era incontestável.[100] Além do mais, as opiniões dos especialistas, aqueles em que, hoje, governos europeus e instituições internacionais se baseiam para legitimar políticas sociais que costumam ser nefastas, nem sempre decorrem de uma racionalidade incontestável.

Colocamos a culpa, sem pensar duas vezes, na evolução das sociedades liberais, na expropriação de indivíduos sob a influência do mercado e da "cultura narcisista" que favorece o desenvolvimento. Se todos não estiverem se beneficiando, pelo contrário, acaba sendo difícil proteger-se das ilusões criadas pelo consumismo.

Não é à toa que Donald Trump, Silvio Berlusconi e Beppe Grillo tiveram um papel importante em *reality shows* e no mundo do entretenimento, um caldo cultural de mitos e fórmulas mágicas. O mundo fictício deles se apresenta como real, enquanto mobiliza a esfera das fantasmagorias individuais e coletivas. Do mesmo modo que desperta todas as espécies de pulsões antissociais, também suscita frustrações diante dos desejos hedonistas que ele exalta. A heterogeneidade crescente dos processos de socialização, notadamente ligada à complexidade cada vez maior das estruturas familiares, a fragmentação nos âmbitos institucionais e normativos tradicionais, como a solidariedade cívica tão defendida por todos, deve ter algum tipo de relação com o aumento da potência da incivilidade que favorece o populismo. Em face desses excessos, a proteção da democracia, assim como a luta contra a degradação dos cidadãos, passa pela defesa dos princípios, das estruturas e do equilíbrio institucional, necessários para a proteção do Estado de Direito. Igualmente, exige-se a busca por políticos que visem à justiça social.

Como lutar contra os erros coletivos?

CLAUDIE BERT
Jornalista científica especializada
em ciências humanas.

Num primeiro livro publicado em 2002,[101] Christian Morel, ex-executivo na área de Recursos Humanos que se tornou sociólogo, fornece diversos exemplos daquilo que ele classifica como "decisões absurdas": dois navios petroleiros seguem rotas quase paralelas, mas um deles muda de direção e acaba barrando a rota do outro, que não consegue evitar uma batida; ou, ainda, um avião se prepara para aterrissar quando o piloto, com a impressão de que o trem de pouso não baixou, continua a dar voltas em torno da pista para dar tempo de a tripulação preparar os passageiros para uma aterrissagem difícil — e o avião cai por falta de combustível.

Muita hierarquia mata...

Além disso, o autor faz uma lista de "metarregras", destinadas a aumentar a confiabilidade das decisões que são progressivamente impostas — ou estejam em vias de serem impostas — em diferentes ambientes de risco.

O aspecto mais interessante dessas metarregras é que elas costumam ser contraintuitivas. Destarte, somos todos portadores daquela visão do comandante — ou do piloto — "único mestre a bordo"; e se nos perguntarmos "E em caso de perigo?", responderemos sem hesitar: *"A fortiori*, em caso de perigo, deve-se obedecer sem discussão!".* Claro que não! O respeito estrito à hierarquia é um fator de risco, como estabelece o exemplo da Korean Air. No decorrer dos anos 1990, essa companhia aérea foi vítima de uma série de acidentes fatais, e todas as investigações atribuíram a eles um fato principal — o excesso de hierarquia dentro da cabine: o piloto derrubou o avião por desdenhar os seus subordinados; nem o copiloto nem o mecânico ousaram corrigir um erro do piloto etc.

No início dos anos 2000, o novo diretor da empresa deu atenção à lição ensinada por essas investigações, e impôs uma série de procedimentos totalmente contrários às práticas anteriores e às tradições culturais do país: a comunicação deverá prevalecer sobre a hierarquia; a promoção se dará por mérito, não por antiguidade; todos farão um curso sobre fatores humanos; e adotar-se-á o princípio da não punição dos erros. Resultado: a companhia aérea figura hoje entre as mais seguras do mundo. O princípio da não punição dos erros, igualmente, vai de encontro ao senso comum. Logo que acontece um acidente, um grito em uníssono é ouvido por todos os lados: "Quem é o culpado?". Ora, tanto a Federal Aviation Administration, agência controladora da aviação nos Estados Unidos, como a Korean Air e a Air France incentivam as suas tripulações a reportar todos os erros em detalhes — de forma anônima. Diversos sistemas de saúde adotaram o mesmo dispositivo em relação a erros cometidos dentro dos hospitais. Assim, eles podem ser identificados e mais facilmente evitados.

Unanimidade? Desconfie!

Outra constatação que afronta o senso comum tem a ver com decisões dentro de um grupo. Se a decisão é aceita por unanimidade, claro que ela é boa, certo? Errado: em setores de risco, a experiência ensinou a temer os "falsos consensos": membros de empresas ficam calados por terem medo de contrariar os seus chefes, porque se sentem inferiores etc.

Daí surgiu a adoção de procedimentos para colocar à prova os supostos consensos: obrigação de convidar cada membro do grupo a expressar a sua opinião pessoal; inclusão sistemática de um "advogado do diabo" que será responsável por defender a opinião minoritária... As metarregras citadas acima estão todas relacionadas aos comportamentos humanos. Não admira, portanto, estarmos observando uma tendência a instituir cursos de fatores humanos, além do treinamento técnico, na formação profissional de pilotos, cirurgiões ou guias de montanhismo: estudo teórico e prático sobre as interações no seio de um grupo, pois são fatores que influenciam na tomada de decisão. Um estudo recente, também citado por Christian Morel, ilustra a importância desse tipo de formação: nos 74 centros cirúrgicos vinculados à

Veterans Health Administration, nos Estados Unidos, que passaram a aplicar essa formação, a mortalidade cirúrgica baixou 18% durante os anos seguintes, contra 7% nos 34 centros de controle que ainda não tinham seguido a diretriz.

Parênteses destinados aos leitores que, por não pertencerem a um ambiente de risco, não se sentem preocupados: eis um exemplo tirado do cotidiano, narrado pelo autor no seu primeiro livro. Um casal recebeu os filhos, agora casados, na sua residência no Texas. Fazia 40°C na sombra. Todos tomavam uma bebida refrescante no terraço, quando o anfitrião exclamou: "E se fôssemos comer alguma coisa em Abilene?" (cidade "vizinha", segundo os critérios americanos: 170 quilômetros ida e volta...). Todos concordaram. Quatro horas mais tarde, eles voltaram e se jogaram nas cadeiras do terraço, exaustos pelo calor e deprimidos por um péssimo almoço — ainda por cima, descobriram que nenhum deles queria ir a Abilene, mas cada um deles achou que os outros três estivessem com muita vontade! Ah, se eles tivessem aplicado a metarregra de desconfiar do aparente consenso...

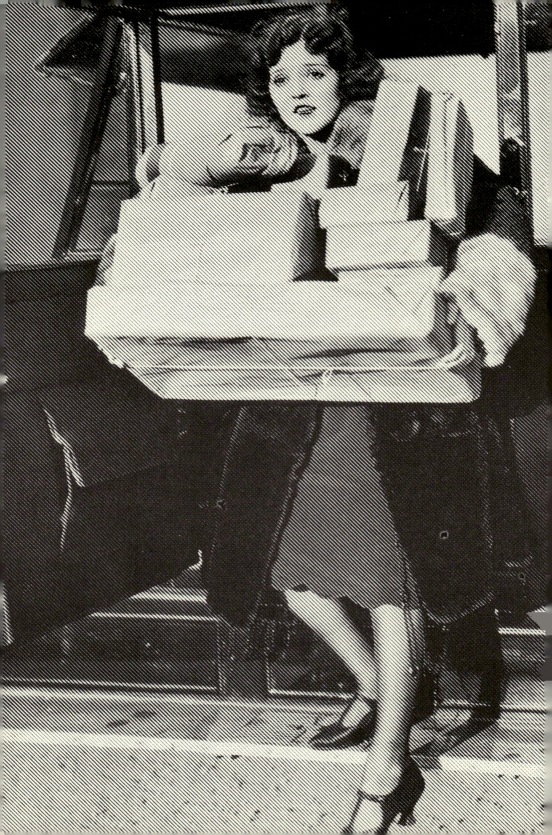

Por que consumimos como estúpidos?

ENTREVISTA COM DAN ARIELY
Titular da cadeira de Economia
Comportamental no MIT.

Como o senhor definiria a economia comportamental?

Antes de responder a essa questão, preciso explicar o que é a "economia padrão" em relação à qual a economia comportamental foi definida. A economia padrão foi elaborada em torno de questões simples. Por exemplo, como as pessoas deveriam se comportar em matéria de escolhas de consumo ou investimentos a fim de aprimorar ao máximo as suas decisões. Essa abordagem conduziu à formulação de uma teoria do ator racional, fosse ele consumidor ou produtor, e a partir daí ela começou a deduzir conclusões políticas sobre a maneira com que a economia deveria ser gerenciada: quais são as melhores instituições e as melhores decisões em matéria de alocação de recursos.

A economia comportamental não faz parte desse ponto de vista. Ela procura descrever como as pessoas se comportam na vida real. O objetivo não é definir um ideal de racionalidade, mas analisar como as pessoas de fato agem. Para isso, essa disciplina desenvolveu experimentos sobre o modo como elas arbitram diante de diversas escolhas quando são confrontadas por uma decisão econômica.

Por exemplo, vamos começar por uma pergunta simples: por que existem pessoas obesas? A perspectiva da economia padrão leva-nos a dizer que as pessoas são consumidoras bem informadas, então, elas que comam o que bem entenderem, depois de terem feito os cálculos dos prós e dos contras. E se comerem muito e se tornarem obesas, foi por escolha delas mesmas.

Para a economia comportamental, as pessoas se tornam obesas por muitas outras razões. Muitas desejam comer menos e reduzir o peso, mas quando se sentam à mesa, têm uma dificuldade tremenda de se controlar. Diversas visam emagrecer, mas acabam não resistindo. São submissas às tentações que não conseguem dominar; criam falsas expectativas em relação ao próprio comprometimento, como seguir um regime. Portanto, essa é a diferença fundamental entre a economia padrão e a política econômica.

Quais são os principais tipos de influência estudados pela economia comportamental?

As emoções, primeiramente, têm um papel essencial nas nossas condutas de compra. A maior parte das nossas ações é guiada mais pelas emoções do que pela razão. Se você passar pela desagradável experiência de ficar cara a cara com um tigre, a sua primeira reação será querer fugir, e não deliberar para saber qual é a melhor atitude a ser adotada. Na vida cotidiana, é assim que costumamos proceder.

Uma emoção como o medo é ótima conselheira: ela nos impulsiona a fugir diante do perigo. Mas as emoções nos impelem a ceder diante de estímulos que nos são apresentados. A maioria dos produtos para consumo são concebidos para estimular as nossas reações emocionais: por exemplo, os Dunkin' Donuts (as rosquinhas americanas que encontramos em qualquer lanchonete) são modeladas e expostas de modo a suscitar a vontade dos comilões que adoram açúcar e creme. As vitrines de revistas exibem produtos de tal modo que os deixe o mais atrativos possível e provoquem a tentação do consumidor. Por isso é que, num supermercado, costumamos comprar mais do que havíamos previsto quando saímos de casa: as nossas vontades foram estimuladas pela constante exposição a produtos atraentes, colocados diante dos nossos olhos e ao alcance das mãos.

Quando ficamos de frente para essas tentações, não há dúvida de que dispomos de uma capacidade de autocontrole. Mas o próprio autocontrole fica limitado em virtude de mecanismos psicológicos bastante estudados pela economia comportamental.

Imagine colocar um chocólatra diante da seguinte escolha: você prefere que lhe ofereçamos uma caixa de chocolates pela metade agora ou uma caixa completa na semana que vem? Tendo em conta que se trata de um presente sem contrapartida, a pessoa tem interesse de esperar até a semana seguinte. Na verdade, na maioria das vezes, atraída pelos chocolates, a pessoa tende a preferir sacrificar o seu interesse a longo prazo para satisfazer a sua vontade imediata.

Portanto, somos constantemente submetidos a dilemas dessa natureza no dia a dia. Considere um aluno que deixa de estudar para o vestibular só para poder ir ao cinema, pois está tentado a assistir a um filme: a escolha entre ficar para trabalhar ou ceder à tentação é desequilibrada. Se ele escolher ficar em casa, o custo é imediato, e o benefício esperado (melhores chances de passar no vestibular), hipotético e a longo prazo. Por outro lado, se ele for ao cinema, o benefício é imediato, e o custo da sua decisão, empurrado para um futuro distante.

Por esse motivo é que, várias vezes, fazemos escolhas imediatas que vão no sentido contrário do que gostaríamos de fazer a longo prazo. Os procrastinadores, que sempre adiam para mais tarde o que deveriam fazer imediatamente, conhecem bem esse problema.

Existe algum jeito de dominar as emoções e conter ao máximo o consumo?

Não há uma solução única e simples para ajudar as pessoas a "controlar" o seu nível de consumo. No entanto, para começar, podemos encontrar dicas pessoais para tomar melhores decisões. Há alguns anos, eu contraí uma doença bastante grave que colocou a minha vida em risco. Os médicos começaram um tratamento que beirava o insuportável: os medicamentos me causavam náuseas intoleráveis durante horas. Muitos doentes preferem saltar algumas doses, ou até abandonar o tratamento, apesar dos riscos. Então, criei um hábito para me ajudar a aguentar aquele sofrimento. Toda vez que tivesse que tomar aquela injeção horrorosa, eu me dava o direito de assistir a algum filme (o que adoro). Dessa forma, não só a doença ficou menos difícil de ser suportada, mas, sobretudo, associei mentalmente que o medicamento traria uma recompensa em vez de um sofrimento. Quando eu sabia que tinha de tomar o medicamento, no lugar das dores terríveis, eu pensava na minha recompensa. E funcionou! Quando terminei o tratamento, o médico ficou surpreso: eu fora o único paciente a chegar ao fim da terapia.

Essa é uma maneira de enganar a si e às próprias fraquezas. Quando queremos controlar comportamentos consumistas, pode ser útil criar técnicas desse tipo. Mas também podemos recorrer a tecnologias que estimulem os consumidores a controlar o próprio consumo. Inclusive, comprovou-se que os americanos baixam de maneira expressiva o consumo de energia nas suas casas quando a companhia elétrica lhes fornece uma bolinha luminosa para o ambiente, que fica vermelha quando muitos aparelhos estão ligados e o consumo ultrapassa um determinado limite.

Enfim, existem também ações políticas positivas que estimulam ou desestimulam os consumidores ou os fabricantes a consumir ou fabricar certos produtos em detrimento de outros, penalizando produtos poluentes, favorecendo produtos eticamente responsáveis, incentivando as pessoas a economizar ou a restringir o endividamento familiar. Escolhas pessoais controladas e incentivos públicos: são essas as ações que a economia comportamental visa promover a partir da observação dos comportamentos dos consumidores.

— Conversa registrada por Jean-François Dortier

OS PARADOXOS DA ABUNDÂNCIA

Esse é um experimento de marketing de cair o queixo. Em um estande, apresentamos aos consumidores seis tipos de compotas. À noite, contamos quantos potes foram vendidos. No dia seguinte, colocamos 24 tipos de compotas. Em seguida, comparamos os resultados das vendas e... surpresa, as vendas foram superiores quando havia seis tipos de compotas em vez de 24! Moral da história: a abundância de escolhas restringe o ato da compra!

O experimento foi conduzido sob a rigorosa supervisão de Sheena Lyengar, professora da Universidade Columbia, autora de *A arte da escolha*. O livro destaca um paradoxo da nossa sociedade de consumo: o mal provocado pela abundância de escolhas.

Diante de muitas possibilidades, parece que o consumidor fica paralisado. É uma experiência que todos nós podemos sentir. Na época da televisão pública, quando só havia três canais disponíveis, o telespectador corria para sintonizar o seu programa predileto. Hoje, controle remoto em mãos, ele pode zapear durante 15 minutos por centenas de canais que estão à mostra. A enorme diversidade oferecida reforça a indecisão e gera, na verdade, uma grande insatisfação: não conseguimos encontrar o programa ideal.

Muitas escolhas prejudicam as escolhas

Muitas vezes, as pessoas dizem que muita informação mata a informação. Os usuários de internet sabem muito bem que, de vez em quando, a imensidão de recursos disponíveis na web acaba desorientando o explorador em busca de uma informação simples e direta. Quanto mais nos aprofundamos numa questão, mais novos caminhos se abrem; as noções que imaginávamos compreender se tornaram mais complexas, os dados se acumulam e corremos o risco de ser engolidos pela avalanche de fatos. Esse é o paradoxo da sociedade da abundância.

Noutros tempos, comida era um bem raro, e muita gente sofria com a fome. Hoje, temos de aprender a nos conter diante da abundância e das inúmeras guloseimas que nos são oferecidas. O mesmo acontece com a informação: milhões de sites ao alcance de um clique, centenas de canais de televisão ao alcance dos dedos no controle remoto, milhares de livros disponíveis nas bibliotecas e livrarias.

Para o marketing, a abundância também prejudica a decisão. Na sua obra *O paradoxo da escolha: por que mais é menos*, o sociólogo Barry Schwartz já havia identificado o fenômeno da sobrecarga mental. Em sociedades com abundância — de alimentos, informação, entretenimento —, o problema não é encontrar recursos, mas ficar longe deles.

— J.-F. D

Ser humano:
a espécie animal
que se atreve a tudo

LAURENT BÈGUE

Membro do Instituto Universitário da
França e diretor da Maison des Sciences de l'Homme
— Alpes.

"Ainda que amemos as vacas, nós as comemos assim mesmo."
— Alain Souchon, *Sans queue ni tête* (1993).

Salvas de canhões reais no pátio frontal lotado do Palácio de Versalhes. Exatamente às 13 horas do dia 19 de setembro de 1783, diante de Luís XVI e sua família, um pato, um galo e uma ovelha — instalados dentro do cesto de vime anexado ao balão de ar quente dos irmãos Montgolfier — entraram placidamente para a história aeroespacial. A aventura logo começou alcançando os 600 metros de altura, depois percorreu muitos quilômetros, sob os urras do público estupefato. Apesar do infortúnio de um rasgo no balão que abreviou o seu voo histórico, os três heróis envoltos em lã e plumas aterrissaram no bosque de Vaucresson. Eles seriam generosamente recompensados pelo príncipe herdeiro, que abriria as portas do seu pequeno zoológico. Somente algumas semanas após a feito dos nossos involuntários aeronautas, foi a vez dos humanos de tomarem os céus, mas correndo menos riscos.

Desde essa data, animais aquáticos ou terrestres (codornas, águas-vivas, gatos, cachorros, macacos, salamandras...) foram enviados às dezenas em direção à estratosfera, apesar de nem sempre terem a mesma boa sorte dos seus três antecessores. Ainda no início do século XXI, para conduzir experimentos científicos, mas também para garantir a sua produção industrial ou satisfazer a sua necessidade alimentar, a humanidade dizima inúmeros animais. No mundo, quase 100 milhões deles são utilizados anualmente nos laboratórios,[102] 70 bilhões de pássaros e mamíferos são abatidos para a alimentação e trilhões de peixes são pescados. Para tornar possível uma produtividade dessa monta, não apenas concebemos protocolos científicos e zootécnicos sofisticados como também implementamos mecanismos psicológicos que nos permitiram ignorar ou legitimar os danos que advêm dessa exploração.

Se os prejuízos ambientais infligidos pelo *Homo sapiens* às outras espécies também não tivessem consequências muito desfavoráveis para a própria existência humana, poderíamos falar apenas de insensibilidade ou crueldade, e não o que insinua o título malicioso deste livro. Infelizmente, em virtude da exploração generalizada dos animais, a humanidade corre o risco de prosseguir a sua jornada como o balão danificado: sob condições perigosas. Alguns autores publicam hoje trabalhos destinados ao grande público com títulos vibrantes sobre as devastações ecológicas e sobre a barbárie das criações intensivas, ou fazendas industriais (*Farmagedon*), ou denunciam a pesca intensiva (*Aquacalypse*), mas apesar desses alertas, colocamos tranquilamente as nossas cabeças no travesseiro. Pois a espécie à qual pertencemos dispõe do perigoso privilégio de ser dotada de recursos psicológicos, que propiciam uma babaquice espetacular, a fim de prosperar numa relação insensata com os outros animais.

Henrique IV, o rei da "galinha na panela todos os domingos", tinha ao seu lado um famoso ministro das finanças, Sully, que adorava proclamar que "pastagem e lavoura são as duas tetas da França". Ecoando essa imagem campestre, proporemos aqui que as tetas da babaquice humana na sua relação com os animais são triplas: incoerência, ignorância e racionalização.

A teta da incoerência lógica

No seu livro carnívoro *L'imposture intellectuelle des carnivores*,[103] Thomas Lepeltier compartilha conosco a sua perplexidade falsamente ingênua diante das nossas incoerências: "Se você se diverte moendo gatinhos num *mixer*, castrando um cachorro sem anestesia, trancando um cavalo por toda a vida num claustro minúsculo, onde a luz do dia não consegue penetrar, você será acusado pela justiça por maus-tratos para com um animal. Você arrisca pegar dois anos de prisão. Então por que os poderes públicos aprovam que moamos galos vivos, que aprisionemos galinhas por toda a sua vida em gaiolas minúsculas e que, todos os anos, cortemos a garganta de milhões de coelhos, cordeiros, porcos (...)?". O direito herda essa incoerência e a perpetua, porque considera que "os animais são seres vivos dotados de sensibilidade", salientando que "sob a guarda das leis que os protegem, os animais são submissos ao regime dos bens"* (Art. 515-15 do Código Civil Francês). Vejamos o caso do coelho: hoje em dia, ele representa um dos animais de companhia mais comuns na França, mas também é o mamífero mais consumido. Se não cumprirmos as nossas obrigações para com ele, sendo negligentes com alimentação, tratamento veterinário e garantia de condições de existência conforme as suas necessidades, corremos sérios riscos de desobedecer a lei, porque "o fato, público ou não, de exercer maus-tratos graves, ou de natureza sexual, ou de cometer um ato de crueldade com um animal doméstico, ou domesticado, ou recluso em cativeiro, será punido com dois anos de prisão e 30 mil euros de multa" (Art. 521-1 do Código Penal Francês). No entanto, a lei autoriza a criação de coelhos em gaiolas coletivas com condições de confinamento inenarráveis.

Por trás dessa incoerência, no entanto, esconde-se uma racionalidade de outra ordem. Com efeito, o valor do animal é indexado ao uso instrumental ou afetivo que dele é feito, ou às representações justificantes que os humanos estabelecem em relação à espécie afetada. Aliás, esse também é o caso dos defensores dos animais: segundo as observações de um veterinário, os ativistas que lutam contra experimentos com animais agem mais contra os laboratórios ou contra os pesquisadores que utilizam primatas ou cachorros do que os que utilizam ratos ou ratazanas. Quase dois terços das pessoas que consideram que uma das prioridades dos movimentos de luta pelos animais reside na abolição do uso de vestimentas com a pele deles admitem ter vestimentas ou calçados em couro. Esse antropocentrismo, que organiza o valor animal em função dos interesses humanos, é a chave da hierarquia que operamos entre os animais.

---

* N. do T.: Pelo fato de a legislação brasileira pertinente ser baseada, especialmente, nas legislações europeias (italiana, alemã e francesa), no Código Civil Brasileiro, os animais são considerados "bens semoventes".

A teta da ignorância

Para todas as pessoas que fazem uso dos animais, a ignorância é o melhor consolo de todos. Recentemente, o circense André-Joseph Bouglione, decidido a excluir os animais dos seus espetáculos dali para a frente, confessou que "para mim, o suave equilíbrio que os elefantes alcançam quando estão presos pelo arreio queria dizer que eles estavam relaxados. (...) O que eu pensava ser um sinal de relaxamento era, na verdade, um transtorno relacionado ao confinamento".[104] O desconhecimento das capacidades cognitivas, perceptivas e sensoriais dos animais poderá ter autorizado a sua sujeição no decorrer dos séculos, como declarou Descartes, talvez para justificar as vivissecções que o próprio cientista praticava, como detalhado nos seus escritos sobre os animais-máquina, em *Discurso do método*. "Isso esperneia, mas não sente nada", foi o que jurou Malebranche, enquanto batia no seu cachorro. Mas não zombemos dos nossos velhos filósofos, pois a burrice não tem época. Em junho de 2017, o *Washington Post* publicou uma pesquisa realizada pela internet com uma amostra significativa de americanos: 7% dos entrevistados (mais de 16 milhões de pessoas) afirmaram que o leite achocolatado provinha de vacas marrons. Como se não pudesse piorar, uma pesquisa do departamento americano de agricultura revelou que um em cada cinco adultos ignorava de qual animal vinha a carne de hambúrguer. Dois pesquisadores da Universidade Davis, na Califórnia, Alexander Hess e Cary Trexler, entrevistaram crianças de 11-12 anos e verificaram que 40% não sabiam que a carne de hambúrguer era proveniente da vaca, e 30%, que o queijo era fabricado a partir do leite. A ignorância alimentar também se destaca do outro lado do Atlântico: uma pesquisa francesa com crianças de 8-12 anos indicou que 40% não sabiam de onde vinham produtos como presunto, e dois terços não sabiam qual era a origem do bife. Ademais, uma proporção elevada de crianças declarou que os peixes não tinham espinha. Qual será a proporção de criancinhas que acham que as glândulas mamárias das vacas secretam leite espontaneamente, sem ter um bezerro para amamentar? As apostas estão abertas.

A ignorância multissecular dos humanos em relação à cognição animal favoreceu as relações de dominação que os avanços da etologia cognitiva e das neurociências corrigiram muito pouco. No entanto, especialistas atuais consideram que "os animais não humanos possuem os substratos neuroanatômicos, neuroquímicos e neurofisiológicos de estados de consciência, assim como a capacidade de comportamentos intencionais" (declaração de Cambridge, 2012), e não nos esqueçamos dos trabalhos demonstrando que os animais não são tão burros. [105][106] Mas a simples difusão do conhecimento é insuficiente para consertar as extravagâncias da razão. Até porque os grupos humanos cuja profissão é voltada para a criação de animais e a venda dos seus produtos concentra os seus esforços na propagação de uma iconografia rústica e idílica de vacas sorridentes e galinhas que não veem a hora de estar na sua mesa. Conforme observa a filósofa Florence Burgat,[107] a execução do animal e o desmembramento da sua carne contribuem para um abrandamento minucioso das realidades da criação e do abate, que ficam evidentes nas diretrizes da própria indústria agropecuária. O filósofo Marin Gilbert[108] conta que, em 2013, a revista *Paysan breton hebdo* advertiu os pecuaristas de maneira bastante pertinente: "É preciso 'desanimalizar' o produto, ou seja, romper o laço afetivo que pode haver com o animal, destacando bem o produto final". Nessa mesma óptica dissimulada, uma revista de profissionais da carne citada por Scott Plous, da Universidade Wesleyana, lembrou que "informar a um consumidor que o corte do cordeiro que ele compra é parte da anatomia de uma daquelas criaturinhas que ele vê correndo nos pastos primaveris deve ser a maneira mais garantida de torná-lo vegetariano".

Outra forma de ignorância merece igualmente ser mencionada. Estamos falando da minimização sistemática da quantidade de carne ingerida pelos consumidores. Por exemplo, diversas pesquisas verificaram que entre 60% e 90% das pessoas que se definem como vegetarianas haviam consumido carne nos dias anteriores à entrevista. A maioria dos estudos sobre o vegetarianismo revela que pouco mais de dois terços daqueles que se declaram vegetarianos ocasionalmente consomem frango, e 80% comem peixe! Enfim, basta informar aos participantes que eles vão aparecer numa reportagem sobre sofrimento animal para que, inconscientemente, diminuam a quantidade de carne que consomem. Às vezes, a fim de reduzir o sofrimento animal, alguns consumidores param de comprar bandejas de carne vermelha... mas aumentam o consumo de aves, o que intensifica a quantidade de animais consumidos e, portanto, de animais que, com certeza, sofreram (para obter a mesma quantia de carne retirada de uma só vaca é preciso sacrificar 221 galinhas).

Para aqueles que, finalmente, optaram por uma alimentação sem carne, o problema não acaba aí! Embora as salsichas ditas "sem carne" não sejam consideradas piores do que as salsichas contendo carne animal, as pessoas cujas respostas a um questionário permitem diagnosticar que elas valorizam essa capacidade, e às quais demos uma amostra de salsicha vegetariana, acharam-na mais gostosa quando as fizemos acreditar que continha carne. Outro estudo indica que aqueles que foram solicitados a provar barras de cereais acharam-nas menos saborosas quando foram levados a crer que continham soja!

A teta da racionalização

Some-se à ignorância comum aquilo que se pode chamar de ignorância motivada. Para evitar o inconveniente de uma conscientização da incoerência entre os comportamentos de consumo e as representações relativas aos animais consumidos (que justificariam a sua abstenção), uma solução cômoda consiste em modificar essas representações, como sugere a teoria da dissonância cognitiva. Por exemplo, uma pesquisa mostrou que as capacidades mentais atribuídas a uma série de animais eram simplesmente correlacionadas à sua comestibilidade: as vacas ou os porcos eram apontados como dotados de uma vida mental mais limitada do que os gatos, leões ou antílopes. Num outro estudo, os participantes deveriam medir as capacidades mentais de uma ovelha depois de terem sido informados de que o ovino estava prestes a trocar de pasto, ou, então, que ele estaria no cardápio da próxima refeição. No segundo caso, as suas capacidades mentais eram diminuídas. Num terceiro estudo (cujo resultado salta aos olhos, pois parece que os humanos pensam com as suas papilas gustativas), os participantes foram rapidamente apresentados a um mamífero que pode ser encontrado em Papua-Nova Guiné, o canguru arborícola de Bennett. Depois, diversas informações foram introduzidas. Por exemplo, havia sido mencionado que a carne do animal era consumida pelos habitantes de Papua-Nova Guiné, ou, então, que não havia nenhuma referência ao seu consumo. Em seguida, os participantes deveriam indicar quanto eles imaginavam que esse tipo de canguru sofreria se fosse machucado, e se ele merecia ser tratado de acordo com os critérios morais. Os resultados indicaram que a simples atribuição desses animais à categoria de carne consumível foi o bastante para modificar as capacidades sensoriais a eles imputadas. As capacidades identificadas, por sua vez, determinavam as preocupações morais estabelecidas pelos participantes em relação ao animal.

Poderíamos refutar à exaustão outros truques intelectuais que permitem justificar o consumo de carne, como as justificativas finalistas ("As plantas existem para suprir os animais, e as bestas selvagens para suprir o homem" (Aristóteles[109])), a ruptura empática ("Vemos (...) que a morte é dolorosa para os animais. Mas o homem deve menosprezar a besta" (Santo Agostinho)), a mitologia eufemizante do consentimento animal (que nos ofereceria a sua carne em troca dos nossos "bons" cuidados), a negação do sofrimento animal ("os animais sofrem menos quando são degolados conscientes do que quando são degolados atordoados"), a invocação de objetivos superiores (como "nutrir a humanidade" ou o "argumento da criança com câncer" para defender a pesquisa), ou até a sobrevivência ("se o Homem for condenado ao vegetarianismo, não sobreviverá"), a alegação de uma aporia alimentar (argumento do "grito da cenoura"), a demonização do vegetarianismo (suspeita de misantropia, associação do vegetarianismo ao nazismo) etc.

Os seres humanos se atreveram a fazer de tudo com os animais. Por isso mesmo é que os distinguimos, acrescentaria Michel Audiard. Mas essa não é uma causa perdida. Um dos membros da nossa espécie, nem um pouco babaca, filósofo que é, afirmou recentemente: "Quando penso, eu me torno vegetariano". Essa confissão de Michel Onfray não foi desmentida pela ciência: aqueles que consomem leguminosas não têm grão-de-bico na cabeça. Melhor: segundo uma publicação do *British Medical Journal*, crianças de dez anos com quociente intelectual superior à média, frequentemente, acabam optando por um regime sem carne quando chegam à idade adulta, e isso independentemente de classe social, escolaridade e renda familiar. A inteligência emocional também parece não ter nenhum prejuízo em pessoas que desistem de cravar os seus garfos nos outros animais, o que difere completamente do que dizem certas pesquisas. Concluindo, se para alguns a carne teria contribuído para o desenvolvimento cerebral dos nossos ancestrais, pode muito bem ser que isso tenha mudado desde então.

Nessa cápsula suspensa no espaço chamada Terra, algumas coisas estão erradas com relação aos animais. O conhecimento crescente das nossas semelhanças, o peso dos riscos sanitários e a previsão de uma crise ecológica são só alguns dos apelos para sermos um tantinho mais espertos.

MAIS CARNE DO QUE RAZÃO

Na França, 99% dos coelhos, 95% dos porcos, 82% dos frangos para consumo e 70% das galinhas poedeiras são criados sob métodos industriais. Em inúmeros casos, as condições de vida e de abate são inaceitáveis (por exemplo, segundo a OABA (organização para melhores condições de abate), mais da metade dos animais ainda estão conscientes quando são sacrificados). No entanto, mesmo sem falar sobre moagem de pintinhos, engorda forçada de gansos, mutilações sistemáticas de leitões e vacas, os motivos para questionar a criação intensiva não fazem mal a ninguém. De um ponto de vista sanitário, a implicação da carne nas doenças cardiovasculares e na obesidade já foi comprovada, e o seu *status* de "potencial cancerígeno para o homem" (e dos agentes cancerígenos nas carnes processadas) foi atestado pela Organização Mundial da Saúde. Num relatório publicado pela Academia Nacional de Ciências (PNAS), pesquisadores da Universidade de Oxford calcularam que se a humanidade optasse por uma alimentação à base de vegetais, a taxa de mortalidade cairia em torno de 6% a 10%.

Outra irracionalidade é que a produção de carne é uma fonte de desperdício de recursos em grande escala: para produzir um só quilo de carne bovina são necessários 25kg de vegetais (4,4kg para frangos e 9,4kg para porcos). A FAO (organização para alimentação e agricultura da ONU) estima que são necessárias de 4 a 11 calorias vegetais para produzir uma única caloria de carne. A utilização insustentável de recursos agrícolas a serviço da carne, uma verdadeira "usina de proteínas às avessas", foi recentemente discutida em outro relatório publicado pela Academia Nacional de Ciências (PNAS). Este demonstrou que se a produção de vegetais para alimentar a produção de bovinos, suínos, laticínios, aves e ovos fosse substituída por uma produção de vegetais destinados aos seres humanos, seria possível disponibilizar de duas a vinte vezes mais proteínas por hectare. Se baseassem a pesquisa apenas nos dados agrícolas americanos, os autores estimam que seria possível alimentar 350 milhões de pessoas a mais.

Além disso, a pecuária tem um grande peso sobre o meio ambiente: ela é uma das principais causas do desmatamento e contribui mais que todas as outras atividades humanas para a emissão de gases de efeito estufa (14,5% das emissões totais, contra 13% advindas dos meios de transporte, segundo a FAO). De acordo com David Robinson, autor do livro *Meatonomics*, "para produzir proteínas animais é necessário cem vezes mais água, 11 vezes mais energias fósseis e cinco vezes mais área terrestre" (ver também F. Nicolino, *Bidoche. L'industrie de la viande menace le monde*, Les liens qui libèrent, 2009). Por fim, a pecuária intensiva é considerada um fator que pode propiciar a proliferação e a transmissão de epidemias, e em alguns países, fragiliza a segurança sanitária da população que, ao consumir os animais cuja alimentação contém medicamentos para prevenir infecções favorecidas pelo confinamento de criação intensiva, contribui demais para a queda da eficácia dos antibióticos.

— L. B.

Como combater os cretinos?

EMMANUELLE PIQUET

Psicóloga e fundadora dos Centros Chagrin Scolaire.

Primeiramente, "cretino" é um termo que vale a pena ser definido, pois não seríamos capazes de enfrentar um inimigo sem antes conhecê-lo.

Dá para sentir na interjeição "mas que cretino!" a cólera epidérmica gerada por esse substantivo, ao contrário do seu primo em "mas que estúpido!", que soa muito mais afetuoso, mesmo que esteja classificado na mesma categoria dos insultos. A mesma coisa ocorre com "idiota", para homens e mulheres: exceto em episódios depressivos demasiado melancólicos, nós diríamos mais facilmente, por exemplo, "seu estúpido" diante do espelho do que "seu cretino" ou "seu imbecil".*

Pois cretino, muitas vezes, suscita um ódio imediato e violento. É aquele que, em particular, acha que está acima das regras, das normas e dos outros. Quase sempre do pior jeito, objetivamente falando. Mas é um tipo próprio de violência; quando ele proclama (explícita ou implicitamente) o seu imenso sentimento de superioridade diante do mundo, gera nos seus interlocutores uma raiva veemente e incontrolável ou um entorpecimento paralisante. Nos dois casos, o cretino se garante: pois continua sendo um cretino, enquanto a sua vítima reprime a vontade impraticável de queimá-lo vivo; mas também permanece cretino, se observa que a pessoa emudece estarrecida. Diante de alguém ainda mais cretino que ele, mantém-se discreto, como o hipócrita que é; contudo, continuará fazendo as mesmas coisas de antes com aqueles que considera mais frágeis. Portanto, há todas as razões do mundo para que ele siga sendo um cretino. Na medida em que ele, na verdade, frequentemente sai como vencedor, não podemos contar com o fato de que ele vá desistir de si mesmo.

---

* Neste artigo, a palavra *cretino*, empregada de modo genérico, também, obviamente, se refere ao seu homólogo feminino.

O cretino, muitas vezes, suscita um ódio imediato e violento

Dessa forma, é melhor para aqueles que sofrem com a sua cretinice voltar ao que estavam fazendo.

Porque, infelizmente, as maquinações do cretino podem deixar rastros indeléveis na psique de algumas pessoas menos cretinas que ele, sobretudo se elas não conseguem modificar as interações das quais são vítimas. Porém, quando conseguem, e essa é a boa notícia, o cretino pode parar, de uma hora para outra, de se comportar desse jeito, principalmente se não vir nenhuma vantagem nisso, ou seja, se as consequências — notadamente sobre a sua popularidade, o seu poder ou o seu sentimento de todo-poderoso — forem negativas, ainda que antes fossem mais que positivas.

Vejamos alguns exemplos no mundo pré-adulto, porque é primordial frear os cretinos desde a mais tenra idade.

O cretino brutamontes

Popular pelo temor que causa nos seus pares, e, por isso, sempre muito ávido pelo poder inebriante, o cretino na escola ou na faculdade não hesita em escolher um bode expiatório apavorado pela sua violência e pela posição superior que ele alardeia em todas as circunstâncias. Numa espiral expansiva bastante vertiginosa e cruel, o cretino poderá, assim, caçoar da sua vítima (aliás, insulto é o que ele mais gosta,[*] contanto que saliente perfeitamente bem a interação que ele pretende manter com o interlocutor assim qualificado), depois de insultá-la, depois de empurrá-la, depois dos três ao mesmo tempo, antes de — por que não? — impeli-la ao suicídio. E isso, sempre de forma pública (real

---

[*] Essa inclinação particular para com o sujeito leva-o, inclusive, a rejeitá-lo com todas as suas forças: "quanto exagero"; "pare de se vitimizar"; ou ainda para os mais sofisticados: "enfie essa vitimização no...".

ou digital), para garantir que a sua popularidade continue em alta, corroborando o seu reino de terror.

Sua cretinice será exacerbada pelas poucas consequências negativas que sofrerá por iniciativa do seu infeliz interlocutor. Assim como o sentimento de poder que arrancará dele na frente dos seus colegas, confundindo admiração e temor, ou achando que um não existe sem o outro.

Assim, Mohamed, oito anos, é aluno do terceiro ano e adora futebol. Ele tem um grupo de amigos na sua sala, mas toda hora é incomodado por um grandalhão do sétimo ano, Égard (o cretino), que é muito forte e, durante as partidas de futebol, adora dar "paulistinhas" nas crianças do terceiro ano que estão jogando, mas, sobretudo, em Mohamed, que é (segundo ele próprio) o menos forte do terceiro ano, talvez até do segundo ano.

Égard tem uma técnica comprovada: ele se coloca atrás de Mohamed, sem que este o veja se aproximando, segura-o pelas axilas e, com um jogo de pernas bastante complexo, derruba-o com violência no chão do pátio no recreio, onde acontecem as partidas. Mohamed indica que está sendo vítima dessas quedas cerca de três vezes por recreio, ou até dez vezes por dia, e já não aguenta mais, mas não sabe o que fazer para que Égard pare com isso. Também não está a fim de renunciar ao futebol, sua grande paixão, para evitar as quedas dolorosas.

Quando perguntado sobre o que o outro faz ou diz no momento em que ele se encontra no chão, Mohamed afirma que o cretino não diz nem faz nada. Então, Mohamed se levanta e continua a jogar como se nada tivesse acontecido, mesmo sabendo que o seu calvário pode recomeçar a qualquer minuto, a qualquer hora. Mohamed explica que não falou com o professor, porque tem medo de que Égard faça algo pior. Não falou com os seus pais pelo mesmo motivo: se o fizer, imagina ele, eles irão imediatamente informar o professor sobre o ocorrido. Mohamed esperava apenas que Égard não repetisse de ano (ele ficou empolgadíssimo quando soube que a legislação passaria a proibir a reprovação) e que, quando Mohamed tivesse idade suficiente para ir ao ensino médio, o seu perseguidor trocasse de passatempo ou de alvo.

No entanto, apesar do futebol, os recreios são longos demais para o jovem Mohamed; então ele nos pergunta se sabíamos de alguma estratégia que pudesse ajudá-lo a dissuadir o grandalhão de se comportar daquela maneira com ele. Nós o aconselhamos a mudar de atitude da seguinte maneira: para começar, combinaria antes com os seus amigos de sala que, assim que Égard o derrubasse, ele ficaria mais alguns segundos no chão, a tempo de cantarem bem forte, gritando em ritmo de rap: "Égard é corajoso; só ataca o 3º ano!". Depois, batendo com as mãos, convidaria os amigos a retomar com ele o refrão derrotista.

Assim foi feito. Égard ficou vermelho diante das dezenas de alunos que repetiam a música por conta própria, e parou de jogar futebol com aquela turma. E nunca mais atacou Mohamed.

A cretina racista

O pai de Hikima, sete anos, ficou aterrorizado. Era uma manhã de carnaval, e ele começou a falar com Hikima sobre a fantasia de princesa de Gana que ela poderia vestir nessa ocasião. Sua tia, que é costureira, começou a confeccionar a roupa que, segundo o seu pai dissera, era simplesmente magnífica. "Seria muito bom para nós vê-la usando aquela fantasia. Queremos muito que os nossos filhos tenham orgulho de serem ganeses", contou-me o pai.

O problema é que, dez dias antes, a menina tinha dito que não queria mais aquela fantasia: podia até ser uma fantasia de pirata, mas não de princesa de Gana. Que ela não gostara nadinha. Que achara muito feia. Seu pai insistiu, a princípio com toda a calma do mundo, para que a filha explicasse as suas razões, ou se havia alguma coisa que ela queria modificar na fantasia para deixá-la mais ao seu gosto. Porém Hikima não se manifestou quanto aos motivos da sua mudança de opinião e chorou quando os pais insistiram.

Então, ele falou que ela não tinha escolha, porque a sua tia passara um tempão fazendo aquele traje incrível, e que seria muita falta de educação e consideração. Hikima, por sua vez, recusou de novo e começou a chorar. O pai afirmou que era capricho e ingratidão, e se manteve irredutível: Hikima iria com a sua fantasia de princesa de Gana ao carnaval da escola, por respeito ao trabalho da tia e também por respeito às suas origens. Quanto mais se aproximava a data do carnaval, mais Hikima se mostrava apavorada, e mais seu pai ficava irritado.

Certa noite, alguns dias antes da festa à fantasia, a mãe de Hikima contou ao marido que a filha conversara com ela. Pelo jeito, uma das alunas de sua sala, Grace (a cretina), toda hora tocava o antebraço de Hikima e, em seguida, cheirava os dedos dizendo: "É como a gente pensava. Você toma banho de cocô todas as manhãs? Vocês são nojentos, vocês negros". Então, todos os colegas ao redor prendiam o ar de nojo e se afastavam, como se ela fosse um monte de lixo.

Hikima fingia não entender, mas dissera à mãe que não era legal ser negra, que ela queria ter a pele bege, e que se ela colocasse aquela fantasia ganense no carnaval, todo o mundo iria zombar ainda mais dela, que isso a magoaria muito. Ela afirmou também que não falara nada disso em casa, porque sabia que deixaria os pais muito chateados, principalmente o pai.

O pai de Hikima, então, me disse:

— Você deve achar que se falarmos com a professora não vai adiantar de nada. Mas quero me encontrar com ela e exigir que envie um bilhete a todos os pais das alunas para explicar o que está acontecendo, e falar para que lhes deem uma bronca, ou até as coloquem de castigo. É inadmissível falar esse tipo de coisa.

— Realmente, senhor, é inadmissível, e isso tem que parar. Para tanto, na verdade, contamos com a boa vontade dos pais e das crianças, na esperança de que o bilhete seja bastante duro, para que elas mudem completamente esse comportamento. De qualquer modo, achamos que existe o risco de que isso continue assim mesmo, só que na surdina; portanto, seria útil preparar Hikima para que ela saiba se defender. O senhor pode, nesse caso, dizer a ela que, se ela não usar a fantasia, será como colocar uma coroa na cabeça de Grace. Seria o mesmo que dizer que ela tem razão em dizer essas coisas idiotas e maldosas, e que isso, sim, vai magoá-la. Porque uma princesa como ela não deve se ajoelhar diante de uma hiena como Grace, senão o mundo não vai para a frente. Assim, ela poderia meio que derrubar a Grace do seu pedestal, dizendo, por exemplo, da próxima vez que ela falar da pele dela: "Sim, é verdade, é porque as moscas são atraídas por cocô. Vem, Grace, vem, eu sei que você não consegue resistir".

Claro, essa resposta teria sido muito mais legal se Hikima estivesse usando um traje de princesa. Mas funcionou mesmo assim.

Os cretinos homofóbicos

Elouan está no primeiro ano de um liceu profissionalizante, e a sua vida não é fácil. A classe inteira zomba dele e sempre faz alusões à sua homossexualidade, chamando-o, por exemplo, de "bichinha", ou imitando cenas pornográficas quando os professores não estão vendo. Tem até pichações a seu respeito em vários muros do liceu.

Entre as piores reações estão:

— Moktar (o cretino), que parece encurralá-lo nos corredores e ameaçar matá-lo, "porque vocês, bichas, não deveriam existir". Elouan morre de medo, pois o rapaz dá a impressão de que quer isso mesmo.

— Dylan, que corre e dá umas gargalhadas nervosas sempre que vê Elouan sendo maltratado, e se junta aos outros, mas de um jeito constrangido, esquisito.

— Océane, imensa, que sai empurrando e insultando todo o mundo, sempre rindo da cara dos outros; Elouan é um dos seus alvos preferidos. Ela o chama de "minha pombinha" e o pressiona contra o peito (porque ela tem uma força absurda) dizendo que tem os seus meios para fazê-lo mudar de ideia. Toda a sala cai na gargalhada.

Certo dia, embora todas as semanas fossem muito difíceis, a professora de francês de Elouan pediu para falar com ele.

— Eu imagino que não deve estar sendo fácil para você, Elouan. Acha que eu posso ajudá-lo de alguma maneira?

— Acho que não, senhora. — Elouan caiu no choro e tentou se esconder, meio sem jeito, morrendo de medo que um aluno da sala o visse em lágrimas.

— Não farei nada se você não estiver plenamente de acordo, mas, assim mesmo, creio que existem soluções para fazê-los morder a língua.

— É mesmo? É óbvio que a senhora não os conhece, professora. Eles não estão nem aí para nada. O sonho deles é ir para a diretoria, dá para acreditar? Então, não será um comentário ou uma punição que irá detê-los. E mesmo que um pare, tem mais dez na fila.

— Eu entendo, Elouan, eu entendo, por isso que é preciso atingi-los com força. Mas precisa ser você a atingi-los. Tenho uma ideia.

Uma semana depois, a professora de francês começou a aula:

— Para continuar o nosso circuito de apresentações, hoje quem vai falar diante da turma será o Elouan, sobre um tema que tenho certeza que vocês adoram: homossexualidade.

Toda a turma ficou agitada e começou a murmurar obscenidades.

Elouan explicou rapidamente a definição, os números e a história. Ele fez uma pausa curta e se entregou:

— Eu gostaria de falar agora sobre uma doença grave chamada homofobia. A pergunta que podemos fazer é: quais são as causas profundas?

A classe, de repente, ficou silenciosa.

Ele prosseguiu:

— Primeiro, ao homofóbico falta inteligência. Alguns homofóbicos têm um cérebro tão pequeno que nem a ideia de que possa haver pessoas com uma sexualidade diferente da deles consegue encontrar um lugarzinho lá dentro.

Elouan olhou nos olhos de Moktar e deu um sorriso. A turma começou a rir, e Moktar cerrou os dentes.

A professora interveio:

— É verdade, agora que você falou, os poucos homofóbicos que conheço têm esse problema de encolhimento cerebral. Mas pensando bem, coitados, não é culpa deles. — Ela olhou fixamente para Moktar, que se contorcia na cadeira. — Existe algum tratamento, Elouan, para essa doença mental?

— Infelizmente, professora, para alguns, o cérebro fica encolhido até o fim da vida. Mas outros, às vezes, conseguem mudar. Os que aprendem a se socializar... O segundo fator possível é eles se sentirem atraídos por pessoas do mesmo sexo, mas entrarem em pânico quando acham que os outros podem perceber.

Elouan encarou Dylan e lhe mandou um beijinho discreto. Dylan congelou e baixou a cabeça, com todos olhando, um tanto sobressaltados, perguntando-se, naquele instante, quem seria o próximo da lista.

— Alguém de vocês quer comentar as duas primeiras causas dessa doença? — perguntou a professora.

Silêncio sepulcral dentro da sala.

— A terceira causa estudada pelos cientistas: uma enorme falta de autoconfiança por causa de algum complexo. O homofóbico diz: "É preciso desviar a atenção do meu complexo para qualquer um que não consiga se defender, então, os homossexuais são um alvo bem prático".

Elouan voltou-se para Océane, que não sabia para onde olhar, mas reagiu:

— Tudo bem, agora a gente nem pode mais brincar...

A professora interrompeu:

— Foi realmente encantadora a sua apresentação, Elouan, obrigada. Agora podemos compreender melhor os motivos dessa doença que atormenta esta sala.

Os pensadores da Escola de Palo Alto (que trata das premissas que dão base para as três intervenções precedentes) sugeriram e fundamentaram a seguinte hipótese: com frequência, é exatamente o que criamos para tentar resolver um problema que, além de não resolver nada, acaba por agravá-lo. Portanto, concluíram que convinha, caso necessário, fazer precisamente o inverso daquilo que já tinha sido tentado de maneira inócua, para que o problema se resolva e seja apaziguado.

Essa hipótese é perfeitamente viável para acabar com as atitudes dos cretinos: cada um desses três garotos deu uma corajosa guinada de 180º para retomar o controle desse círculo vicioso, deixando de se retrair, ou de não falar nada, ou mesmo de esperar que tudo passasse. Revidando, retrucando, aprimorando-se, em vez de sofrer com esses comportamentos que os castigavam duramente.

Essa é a maneira mais eficaz para dar um basta nos cretinos.

A estupidez segundo as crianças

ENTREVISTA COM ALISON GOPNIK

Professora de Psicologia e Filosofia em Berkeley.

Quais são as piores estupidezes que os adultos, inclusive psicólogos, pensam a respeito das crianças?

É um pouco embaraçoso, mas quase tudo que os adultos, e particularmente os psicólogos, vinham dizendo, há muito tempo, a respeito das crianças estava errado! E é muito difícil entender por quê. Por exemplo, costumava-se pensar que as crianças eram irracionais, incapazes de se colocar no lugar do outro ou de abstrações em geral, confinadas no aqui e agora, mas, além disso, também eram imorais e egocêntricas, segundo Sigmund Freud e até Jean Piaget, fundador da psicologia do desenvolvimento! William James referiu-se aos mais novos como uma "confusão crescente e barulhenta" (*blooming, buzzing confusion*), e John Locke, um quadro em branco.

Ainda hoje, encontramos pessoas convencidas de que as crianças não sabem ver a diferença entre o imaginário e a realidade. Sem dúvida, não dá para saber o que se passa na cabeça de uma criança, mas é curioso observar que até os psicólogos cientistas afirmaram coisas terríveis a respeito delas sem provas reais. Poderiam muito bem ter dito: "Não sabemos direito se as crianças são egocêntricas ou não, ou se elas sabem se entregar a abstrações. É preciso esclarecer essa dúvida". Mas não, as crianças eram consideradas como deficientes, adultos piores, aos quais faltavam habilidades fundamentais. Também recentemente, um neurocientista comparou crianças a animais ou a pacientes com lesões cerebrais. No entanto, se refletirmos por mais de dois minutos, veremos que isso não faz sentido e que não existe nenhum argumento que valide essa afirmação. Porém, os cientistas homens europeus de 35 anos acham que são os gênios da raça...

É como se os psicólogos tivessem se esquecido de que eles mesmos já foram crianças?

É por isso que, durante muito tempo, fomos todos estúpidos. De toda forma, não podemos nos esquecer do que significa ter menos de cinco anos. Os bebês não falam, e, mais tarde, é preciso dar algum tempo para as crianças até que consigam se articular corretamente. Se você perguntar para uma criança de três anos o que ela quer de aniversário, sua resposta não será muito coerente. Essa é uma das razões que tornam difícil a compreensão do que se passa na cabeça delas. Por outro lado, não nos esqueçamos de que, durante muito tempo, quem conhecia melhor os bebês, quem cuidava deles dia após dia, eram as mulheres, as esposas. Não há dúvida de que elas pensavam, intuitivamente, que não adiantava confiar nas aparências, pois as opiniões delas eram consideradas menos importantes, menos racionais, mais emocionais. Autores de livros de filosofia e psicologia, eles próprios, não criaram os seus filhos! Alguns poetas que recordavam os seus quatro ou cinco anos apresentavam uma perspectiva mais esclarecida: por exemplo, Woodsworth, que, embora jovem, ganhava a vida cuidando de crianças mais ricas que ele. E o próprio Darwin, por cuidar dos próprios filhos, disse coisas interessantes. Mas essas foram exceções à regra.

A coisa era pior ainda para os bebês, considerados por grandes psicólogos como meros tubos digestivos, que costumavam ser operados sem anestesia até o fim do século XX sob o pretexto de que eles não podiam sofrer...

Exatamente. E até hoje ouço filósofos afirmando que os bebês não têm consciência. Quando eu era acadêmica, um neurocientista me explicou que, como eles não tinham córtex, eram apenas dotados de reflexos. E isso não faz tanto tempo assim!

As crianças são sensíveis à estupidez dos adultos?

Difícil dizer. Se raciocinarmos em termos de sistema 1/sistema 2, o que parece estúpido, às vezes, é muito útil! Por exemplo, não refletir, ou não levar em consideração novas informações para aperfeiçoar os seus pensamentos e aceitar as evidências dos seus erros, pode constituir uma definição de estupidez. Contudo, quando precisamos tomar uma decisão muito rapidamente, nem sempre se pode gastar tempo e energia necessários para se mostrar inteligente. Seguir uma certa rotina, na maioria das vezes, gera bons resultados: muito melhor do que toda vez ver os seus reflexos voltarem à estaca zero. Sendo assim, as crianças confiam muito mais nos seus aprendizados, e muito menos nos seus automatismos. Por exemplo, segundo as minhas pesquisas recentes, elas atualizam as suas hipóteses e crenças com mais facilidade do que os adultos, que se baseiam mais nas suas experiências. Finalmente, existem dois tipos de inteligência muito distintos, mas complementares: garantir um saber sólido é uma forma de inteligência, mas conseguir se adaptar rapidamente a um mundo em movimento é outra! Os neurocientistas falam da dialética exploração intelectual e exploração gananciosa (*explore/exploit trade-off*). As crianças têm uma incrível facilidade de aprendizado, nem que seja só para aprender a língua, mesmo que pareçam muito mais desajeitadas do que os adultos para amarrar um cadarço ou vestir um casaco antes de ir para a escola.

Será que as crianças admitem, se necessário, que os seus pais são estúpidos?

Muitos estudos publicados a respeito do julgamento das crianças sobre os adultos mostram que a partir dos três ou quatro anos elas concedem facilmente o benefício da dúvida. Se um adulto diz algo, elas partem do princípio de que aquilo é verdade. No entanto, se esse mesmo adulto expressa regularmente alguma coisa que se revela falsa, elas param de acreditar. A certa altura, comecei a estudar os adolescentes, e constatei coisas bastante interessantes: a propensão deles para rejeitar o que dizem os pais, para avaliar as coisas por si mesmos, parece relacionada às mudanças neurológicas que os ajudam a explorar, criticar e assumir as responsabilidades.

O superinvestimento parental (parenting) pode levar à estupidez?

Como você sabe, talvez pelos meus livros, para mim, o superinvestimento parental é uma estupidez! Em virtude da dialética exploração intelectual/exploração gananciosa, a ciência só poderá explorar intelectualmente esse assunto no longo prazo. Por exemplo, observando o movimento lento das estrelas, o processo científico passou a conhecer uma dinâmica crucial. Em outras áreas, como a medicina, em que é sempre urgente ajudar os doentes a superar as suas moléstias, estamos interessados a todo momento nessas explorações rotineiras. É paradoxal, mas a urgência compromete a exploração de dados, o que autoriza o recuo. Com o superinvestimento parental, os pais buscam receitas prontas para agir numa situação urgente, aqui e agora, com os seus filhos... e acabam caindo no absurdo em vez de deixar que uma relação se estabeleça naturalmente ao longo do tempo.

As telas deixam as crianças estúpidas?

Essa é uma excelente pergunta para a qual só teremos a resposta com o passar dos anos. Na minha opinião, elas vão ajudar as crianças a desenvolver a sua inteligência de outra maneira. Observamos certo pânico moral a respeito das telas de aparelhos eletrônicos, mas desproporcional em comparação com os nossos conhecimentos reais sobre o assunto. A todo instante vemos produtos que surgem em decorrência dos avanços tecnológicos constantemente acusados de afetar a inteligência das pessoas. Um exemplo célebre é Sócrates condenando a leitura, porque ela o exime de desenvolver a memória. Ele tinha razão, ninguém mais sabe Homero de cor! Mas extraímos outras vantagens por meio da leitura... É plenamente possível que hoje as crianças estejam se adaptando às novas tecnologias para desenvolver novas formas de inteligência, ao preço, talvez, da capacidade de memorização, por exemplo. Se você pode ter a resposta imediata a uma pergunta, por que memorizar as informações *a priori*? E se você dispõe de todas as informações do mundo na ponta dos dedos, é difícil imaginar que isso vai emburrecê-lo...

Quer dizer que a senhora recomenda confiar nas crianças?

Do ponto de vista evolutivo, podemos nos perguntar por que as crianças existem! Nós, humanos, passamos por um período de imaturidade muito maior do que qualquer outra espécie. Ora, quanto mais a espécie depende do aprendizado em vez do instinto, mais inteligente ela é. Isso acontece com as borboletas, os corvos... As crianças são feitas para se tornar inteligentes, assim como para aprender: elas tiram proveito de um período precoce em que não têm outra coisa a fazer senão aprender o que lhe será útil na vida adulta, o que as deixará mais inteligentes, sem ter que se perguntar como vai comer, como vai sobreviver no minuto seguinte. Sob esse aspecto, podemos confiar nas crianças no sentido de que o motivo para a existência delas é, precisamente, explorar para aprender a se virar na vida.

Na sua opinião, um adulto é cretino quando se afasta da infância?

Acho que existem bons argumentos a favor dessa hipótese. Talvez você tenha lido um artigo do *New York Times* reprovando o comportamento de Donald Trump, pois parecia um menino de quatro anos. Isso é muito depreciativo para as crianças de quatro anos! Durante a infância, temos a mente extremamente aberta a todo tipo de possibilidade, de novidade. Quanto crescemos, o horizonte vai ficando cada vez mais estreito, com muito menos latitude na nossa visão de mundo. Veja só a tradição budista, que observa como, por vezes, nos sentimos presos na própria mente, pelos desejos imediatos e ruminações, sem a possibilidade de abraçar o mundo exterior: "Preciso disso, quero aquilo, o que posso fazer para conseguir tudo de uma só vez?". Exatamente o que os adultos, há muito tempo, reprovam nas crianças! Ao passo que são eles que se comportam dessa maneira... E particularmente os cretinos, que, como tais, têm a cabeça fechada pela sua própria persona e pelos próprios objetivos. Ao contrário das crianças. Então, sim, parecermos mais com elas pode ser um bom remédio contra a estupidez.

Muitas pessoas, quando ouviram falar do seu projeto de livro sobre a estupidez, imaginaram espontaneamente que seria por causa do Donald Trump. Porque a senhora é a primeira a falar dele!

Ele acaba dominando todas as discussões! Mas isso mostra o quanto os adultos podem se tornar egocêntricos, muito mais que as crianças.

Como adulto, ele resumiria todas as coisas estúpidas que os psicólogos sempre pensaram a respeito das crianças?

Exatamente...

— Conversa registrada por Jean-François Marmion

Nós sonhamos com estupidezes?

DELPHINE OUDIETTE
Pesquisadora no Institut du Cerveau
et de la Moelle Épinière na equipe
"Motivação, cérebro e comportamento".

Quase todo o mundo pensa que os sonhos são como aventuras grandiosas. Assim que dormimos, tornamo-nos de repente tão incríveis quanto o Super-Homem, sobrevoando os telhados de uma cidade imaginária e combatendo heroicamente os temíveis monstros. Então fica a esperança: e se sonharmos, poderemos escapar da estupidez do nosso cotidiano?

Muitos sonhos estúpidos

Diversos grupos de cientistas, meticulosamente, começaram a torturar acordar dorminhocos inocentes a cada hora para lhes perguntar o que estava passando nas suas cabeças durante o sonho. Que coisa horrível! Os relatos registrados eram tão banais que aquele que tivesse a audácia de contá-los na hora do jantar social arriscaria matar a sua audiência de tédio: "Eu cozinhava corações de alcachofra"; "Fui encurralado num corredor"; "Eu falava sobre *doping* com a mulher de um ciclista". Os bancos de sonhos, que contêm milhares de sonhos de homens e mulheres de todas as idades, confirmam essa constatação acachapante: 90% dos sonhos são muito coerentes, muito críveis e realistas, de uma qualidade dramática pobre (poucos elementos que saem do ordinário). Em suma, nada que inspire um bom roteiro de filme. O imaginário coletivo que vê o mundo onírico como extraordinário é, portanto, infundado. A nossa memória é seletiva: na maior parte das vezes, só nos lembramos de sonhos muito estranhos, intensos e emocionalmente relevantes. Os outros, menos rocambolescos, cairiam nas sombras do esquecimento.

Uma vez estúpido, sempre estúpido?

Poucos sonhos são uma replicação fiel e exata das nossas aventuras em vigília, 84% dos nossos relatos de sonhos contêm elementos autobiográficos: a maioria compreende elementos das nossas experiências recentes, quase sempre combinadas com eventos mais antigos. A nossa vida acordada nutre a nossa vida onírica. *A priori*, portanto, se somos estúpidos durante o dia, há poucas chances de que isso mude durante a noite...

Mas não tão rápido! Os relatos dos sonhos são tendenciosos: podemos censurar os conteúdos picantes, ter dificuldades em exprimir verbalmente as aventuras extraordinárias ou simplesmente esquecer, no todo ou em parte, as nossas explorações noturnas. Quem sabe pérolas de inteligência estejam enfurnadas nos nossos sonhos e desapareçam ao despertar, como estrelas fugidias? Algumas patologias do sono podem nos trazer elementos de resposta. Quando dormimos, podemos estar em sono lento ou sono REM. O último é caracterizado por uma atividade cerebral intensa, movimentos oculares rápidos e uma paralisia muscular. O sono REM é também um estado associado com uma enorme frequência de sonhos e conteúdos oníricos mais elaborados e intensos.

Nos pacientes portadores de transtornos comportamentais do sono REM (ou sonambulismo), uma "trava de segurança" no tronco cerebral, que paralisa os músculos, para de funcionar. Então, eles começam a "viver" uma parte dos seus sonhos, os seus gestos e palavras sonhados se tornam acessíveis à observação por vídeo com a ajuda de uma câmera infravermelha. Graças à ajuda desses pacientes agitados, pudemos desvendar um pouco os véus do conteúdo onírico, libertos de vieses inerentes aos relatos dos sonhos. Muitos dos nossos pacientes se debatiam contra inimigos noturnos invisíveis; outras vezes, fugiam de um leão agressivo; outras ainda, distanciavam-se de crocodilos com um remo fictício, ou combatiam bravamente os sarracenos. E a bravura foi o ponto crucial! Comparando com os sonhos de batalha, os pacientes com transtorno comportamental no sono REM exibiam igualmente comportamentos bastante ordinários: um ex-fumante adormecido se entregava à sua adição passada, fumando um cigarro invisível; um antigo militar dava ordens e passava revistando as tropas; e um carpinteiro aposentado dava marteladas para construir uma escada. Parece que os nossos hábitos e competências adquiridos durante anos de vigília invadem os nossos cenários oníricos. Difícil fugir do nosso cotidiano, mesmo quando dormimos!

Sonho, ou a libertação do estúpido adormecido em nós?

Existem diferentes tipos de estúpidos. Entre eles, encontramos o estúpido social, o vulgar, o bruto, o franco. E parece que esse estúpido se liberta nos sonhos! Um grande estudo se interessou pelas falas noturnas emitidas por 232 soníloquos — pessoas que falam dormindo, e o resultado é impressionante. Os sonhadores não são muito conciliadores: de 361 palavras pronunciadas no sono, 21% continham a palavra "não". O famoso "não" representou 5% de todas as palavras emitidas durante o sono, enquanto nos despertos o "não" não chega a 0,4% dentre todas as palavras utilizadas. Mas isso não é tudo. As palavras noturnas compreendiam também uma boa dose de grosserias e outros xingamentos (9,7% das frases pronunciadas). Em seguida, veja essa seleção de linguagem rebuscada: os incontornáveis "Ai, ai, ai, ai, cacete, cacete, cacete, cacete, oh, cacete!" e "Sim ou não, porra?", o sempre eficaz "Cala a boca!", o regressivo "Fica quieto, seu merda", quando não se tem mais argumentos "Sua filha da puta!", o ameaçador "Ah, eu vou quebrar a sua cara", ou ainda o clássico "Vai tomar no cu". De tempos em tempos, um curto momento de doçura para aquecer o coração. Um soníloquo romântico se dirige a uma mulher durante o sono: "Alguém já lhe disse que você é charmosa? O quê? Nenhum homem disse que você era charmosa?". O recreio do soníloquo acaba com um momento de pura poesia: "Mas esses caras não têm colhões? São todos bichas ou o quê?". Infelizmente, a história não nos diz se o nosso soníloquo mulherengo ficou com a mulher dos seus sonhos. Uma coisa é certa: entre vulgaridades, violência verbal, gestos acusativos e tom sarcástico, as falas noturnas são frequentemente grosseiras e contrastam imensamente com a personalidade diurna agradável dos soníloquos.

Sonhador: um estúpido incompetente e crédulo?

A estupidez no sono não se limita a grosserias. O sonhador é um notório incompetente, constantemente em situações de fracasso. Um vasto estudo sobre sonhos com cerca de 700 estudantes de medicina, ocorrido às vésperas do respeitado exame de admissão e durante o trimestre anterior, mostrou que 60% dos participantes sonharam com o exame. E em 78% dos casos, os sonhos com o exame foram cenários realmente catastróficos: problemas com o despertador, atraso, acusação de cola, assunto incompreensível, falta de tempo, tudo que pudesse levá-los ao fracasso. E essa não é uma especificidade dos alunos de medicina. As emoções negativas (sobretudo medo, tristeza e raiva também) são super-representadas nos sonhos, correspondendo a cerca de 80% das emoções relatadas. Os sonhos azarados (acidentes, doenças, obstáculos) são sete vezes mais frequentes que os sonhos em que ocorre um evento agradável. Dentre todas as interações sociais, a agressão é a relatada com mais frequência, muito mais do que relações amigáveis ou sexuais. O sonhador fica remoendo pensamentos, embrenhando-se regularmente em situações incômodas, ou até perigosas. Equivale a dizer que não há nenhum exemplo de conquista social!

Para piorar a situação, nos raros sonhos que não são realistas e implicam elementos bizarros, pouco prováveis, ou mesmo impossíveis de acontecer na vida real, o sonhador perde todo o senso crítico. Ele acredita em tudo o que vê ou ouve, sem questionar nada. Assim, os sonhadores não ficam chocados por um colega apresentar a aparência de um camarada da sexta série, ou pela sua sala de estar, subitamente, transformar-se num salão de festas. A perda do pensamento dirigido, do controle voluntário, da orientação, do senso crítico durante o sonho, sem dúvida, se deve a diferentes ativações cerebrais em sono REM em relação ao estado de vigília, e notadamente à desativação do córtex pré-frontal dorsolateral, uma zona muito importante para o raciocínio lógico em vigília. Além disso, algumas incongruências características do sono, como a identificação equivocada de rostos familiares, lembram sintomas neurológicos conhecidos e provocados por certas lesões cerebrais (como a síndrome de Frégoli, um transtorno de identificação de pessoas causado por lesões no lobo frontal direito ou no lobo temporal esquerdo). As referidas semelhanças entre sonhos e manifestações patológicas sugerem a implicação, durante o sono, de desativações transitórias em certas regiões visuais específicas, e/ou desconexões funcionais entre essas regiões visuais e outras redes neurológicas em pessoas neurologicamente sadias.

A estupidez durante o sonho: uma experiência salutar?

Lembre-se dos estudantes de medicina que sonharam, em sua grande maioria, com fracassos nos seus sonhos na noite anterior à grande prova. Pois bem, com base nas notas deles no referido exame, essas experiências negativas parecem ter sido salutares. Quanto mais sonharam com a prova, melhor o resultado alcançado! A conclusão corrobora antigos estudos sobre as mulheres em processo de divórcio. Aquelas que incorporavam mais elementos ligados ao divórcio nos seus sonhos adaptavam-se melhor à nova vida e sofriam menos com depressão do que as outras. Inclusive, uma teoria postula que os sonhos poderiam servir como uma simulação de ameaças ou situações que nos preocupam e para melhor nos prepararmos para a vida real, mais ou menos como uma vacina que provoca a produção de anticorpos adotados para nos proteger contra futuros vírus eventuais.

Além da dimensão "realidade virtual" como preparação para a ação, os sonhos poderiam nos permitir digerir melhor as nossas emoções, elevando o "cobertor emocional" das nossas lembranças e só mantendo informações importantes (a memória em si já libera emoções associadas a ela). Um psiquiatra canadense, Tore Nielsen, propõe que os sonhos permitem amenizar a dimensão negativa de experiências ansiogênicas ou traumatizantes, reativando-as conjuntamente com elementos neutros durante o cenário onírico. Esse processo colocaria em jogo duas regiões cerebrais: a amígdala, situada nas profundezas do cérebro, e o córtex pré-frontal mediano, localizado na frente. A reativação do elemento ansiogênico ativaria a amígdala, desencadeando o sentimento de medo, bastante presente no sonho. O córtex pré-frontal mediano permitiria uma análise emocional da situação (o elemento ansiogênico reativado num outro contexto, mais neutro, não é tão inquietante), e a inibição do medo. Segundo esse modelo, se a emoção é muito intensa ou o quadro psicológico é frágil, as emoções negativas acordarão a pessoa adormecida: o sonho se torna um pesadelo. Os pesadelos seriam então uma falha no processo de tratamento das emoções durante o sono.

A estupidez dos sonhos, uma inteligência dormente?

Vamos tentar solucionar um enigma. Imagine dois homens a alguns metros um do outro. Eles observam três vacas próximas a uma cerca, que subitamente fica eletrificada, mandando as vacas para longe. Um deles vê as três vacas sendo lançadas exatamente ao mesmo tempo. O outro afirma que elas foram lançadas uma após a outra. As cabeças ficam quentes, eles começam a brigar. Quem tem razão, quem está errado?

Albert Einstein vivenciou essa disputa absurda em sonho. Acordado, Einstein se viu tão obcecado com esse problema que ele acabou sendo a fonte de inspiração para desenvolver, anos mais tarde, a sua teoria da relatividade, que mostra que o espaço e o tempo não são absolutos e podem se deformar. Portanto, os dois homens tinham razão. Não é assim tão doida essa história de vacas! E Einstein não foi o único que relatou um sonho como musa inspiradora. Obras de arte (o romance *Frankenstein*, a mítica canção "Yesterday" dos Beatles), invenções (a máquina de costura) e grandes avanços científicos (a estrutura química do benzeno, a importância dos neurotransmissores na comunicação neuronal), todos foram possíveis graças à ocorrência de um sonho inspirador.

Numerosos estudos demonstraram que as nossas experiências de vigília (nossas lembranças) são reativadas durante o sono lento, permitindo a sua consolidação, um pouco como um ator que repete o seu texto para memorizá-lo. A nossa hipótese é que no sono REM que vem a seguir (e possivelmente durante os sonhos que o acompanham), o cérebro ator se tornaria um improvisador, ricocheteando de uma associação para a outra, possibilitando a reorganização das nossas experiências e o surgimento de novas ideias que poderão ser exploradas quando a pessoa estiver acordada. Essa hipótese é sustentada pelos testemunhos de vários sonhadores lúcidos, pessoas que sabem que estavam sonhando no momento em que estavam sonhando e que podem, em alguns casos, modificar parte do cenário onírico em curso. Esses verdadeiros onironautas a toda hora relatam utilizar a liberdade única oferecida pelo estado de sonhos para buscar soluções criativas aos seus desafios pessoais (por exemplo, resolver um problema de matemática complexo ou inventar um modelo).

Vimos aqui que os sonhos estão fortemente ligados às nossas experiências despertas. Isso implica que: 1) é muito difícil escapar da estupidez que nos envolve; e 2) que um estúpido de dia terá a tendência de continuar sendo estúpido à noite. Mas quem sabe? Graças ao poder criador dos sonhos, talvez até o estúpido possa se beneficiar de esclarecimentos geniais.

Leitura indicada:

I. Arnulf, *Une fenêtre sur les rêves*, Odile Jacob, 2014.

M. Jouvet, *Le sommeil, la conscience et l'éveil*, Odile Jacob, 2016.

S. Schwartz, *La fabrique des rêves*, Le Pommier, 2006.

I. Arnulf, *Comment rêvons-nous?*, Le Pommier 2004.

M. Walker, *Pourquoi nous dormons*, La Découverte, 2018.

A pior burrice é se achar inteligente

ENTREVISTA COM JEAN-CLAUDE CARRIÈRE

Escritor e roteirista.

Um dia desses o senhor me disse que distingue a burrice da estupidez. Na sua opinião, qual é a diferença?

Eu disse isso?

Disse, sim! Por que, foi uma estupidez?

É possível! Dizemos que a burrice é sempre arrogante, peremptória: fazemos algumas afirmações idiotas, mas com assertividade e toda autoridade necessária. Se a burrice é sempre muito segura de si, a estupidez, por sua vez, pode hesitar de vez em quando. Assim, acontece de eu dizer estupidezes todos os dias, como todo o mundo, mas eu me esforço para não falar muitas burrices, já que algumas delas causam muitos problemas. Ainda hoje, quando se diz que algumas categorias de seres humanos são diferentes de outras, isso é, ao mesmo tempo, uma burrice e uma estupidez, mas, sobretudo, burrice, porque sabemos que não é verdade. Alguém achar que o Sol é o maior astro do universo é uma estupidez, só isso, se for uma afirmativa baseada na ignorância. Se, no entanto, alguém sustenta a mesma coisa contra todas as evidências, aí temos a verdadeira burrice, que tende à estupidez substancial. Mas o que é mais surpreendente num estúpido é quando ele fala uma coisa inteligente. E isso pode acontecer...

A burrice é uma crença que deriva de um conhecimento?

Às vezes, sim. Não posso dizer que todas as pessoas que participaram de concílios religiosos para estabelecer "verdades" eram idiotas: elas tinham a inteligência do seu tempo e raciocinavam nos seus termos. Contudo, elas chegaram a expressões como "trindade unitária", o que é, de certa forma, bastante próximo da estupidez... A frase que representa a chave do meu *Dictionnaire de la bêtise* [Dicionário da burrice] foi pronunciada pelo monsenhor de Quélen, no início do século XIX, após a derrota de Napoleão. Ele pregava a todos os antigos emigrantes que regressavam com os Bourbon, então todos se reuniram na Catedral de Notre-Dame, em Paris, e ele disse: "Jesus Cristo não era apenas filho de Deus, mas era de ótima família por parte de mãe". Essa é uma frase que não poderia ser mais burra! Segundo Flaubert, "a burrice é aquela que sempre quer concluir". Dizer uma coisa definitiva que nunca mais poderá ser mudada. Vivemos num movimento perpétuo de conhecimentos, ideias, sentimentos, da nossa percepção de mundo e de nós mesmos, das nossas sensações... Então, querer fixar coisas de uma vez por todas, "é assim que é", seja qual for a pergunta, é uma burrice. Sem receio de errar. Porque tudo está sempre mudando.

Seria, portanto, a dúvida o antídoto para a burrice ou para a estupidez?

Ela é absolutamente indispensável. A ciência duvida sem parar: quando trabalho com cientistas, isso sempre passa pela minha cabeça; eles me dizem que uma verdade científica se beneficia de uma esperança de vida de dezenas de anos. Ao passo que a fé não duvida jamais. É exatamente isso o que a caracteriza: a dúvida de São Tomé é um pecado mortal! "Você aderiu ao grupo que crê nessa verdade. Se você tem o azar de duvidar, você será expulso." E, em vários casos, condenado à morte.

Esse é o Credo quia absurdum, "creio porque é absurdo"?

Isso é outra coisa. As verdades teológicas, por exemplo a trindade unitária (é preciso admitir que Deus é "um" E "três") é o mistério, é o absurdo. Nenhuma mente humana poderia ter inventado coisa parecida: porque é verdade e é absurdo aos nossos olhos, é divino. Mas as pessoas sempre se esquecem de que fomos nós que decidimos que isso era verdade... Hoje, é difícil admitir, mas conheci, na minha geração, comunistas tão convencidos da sua verdade que não estavam muito longe desse estado mental. Eles citavam frases de Karl Marx, Engels ou Lenin, e a verdade estava dita. Ver-se excluído de uma célula comunista por duvidar, nos anos 1950, era algo muito grave! Alguns sofreram muito, outros foram torturados e mortos ou se suicidaram. Eu vi isso... Era como ser excluído de uma seita gnóstica ou herética, assim como em tantos outros casos ao longo da história.

A estupidez apresentou algum denominador comum ao longo dos séculos e das culturas, ou as suas representações são variáveis?

Existe um tronco comum, mas sempre precisamos desconfiar quando falamos de estupidez ou de burrice, porque elas sempre estarão nos outros... Mas nós somos suscetíveis, você, eu, e todo o mundo, a todo instante, de falar uma burrice ou uma estupidez. Eu diria que elas estão à nossa disposição! Não é o tipo de coisa que uns têm e outros não: alguns têm mais do que outros. Estamos todos suscetíveis à burrice. Porém, alguns se deixam levar pelo seu caráter, seu temperamento, pelas circunstâncias, que os fez realizar extravagâncias quando outros ficaram mais desconfiados. Ocorreu-me falar de estupidezes, claro (talvez até hoje falemos dela!), mas a pior das burrices é se acreditar inteligente. Pensar que todos temos uma visão conjunta de mundo, de homens e mulheres, clara, distinta e bem organizada. "Analiso a situação de modo completamente convincente": essa é a verdadeira estupidez. Por outro lado, uma mente que admite constantemente estar sem foco, estar em dúvida, que não sabe, que não está vendo, pode acabar caindo no outro extremo, quase tão burro quanto o primeiro. Mas não exatamente...

Admitir a própria estupidez poderia limitar a estupidez, ou até fazê-la desaparecer?

Podemos torcer para isso, mas seria demasiado pretensioso! É preciso reconhecer a sua estupidez apesar de tudo, é o mínimo. Ficar teimando é mostrar-se ainda mais burro do que aquele que acabamos de descrever. A distância, o espírito crítico, o olhar sobre si mesmo, tudo isso que esperamos conservar o máximo de tempo possível proporciona uma calma interior que permite julgarmos melhor as coisas.

Por exemplo, a televisão está sem graça, não tem mais debates, nem mesmo sobre coisas ocorridas no próprio dia. Mas sempre procuro alguma coisa, diria até com certa audácia, certa temeridade! No 1º de maio de 2018, eu assisti às manifestações com os *cougalards*.* Pois bem, no mesmo dia, especialistas explicaram do que se tratava. Eu teria sido incapaz de debater: alguns insinuavam que eram grupos de extrema-esquerda, outros, grupos de extrema-direita, outros ainda, grupos nem de direita nem de esquerda, mas de baderneiros e anarquistas profissionais. É isso, engula essa! É muito difícil ter essa distância, particularmente quando se é um político e exigem de você uma decisão instantânea. Aperto o botão ou não?

Sempre existem argumentos contra e a favor. Os grandes políticos são aqueles que veem as coisas em perspectiva e escolhem o momento adequado, como quando o general De Gaulle, em relação à Argélia, pronunciou o termo "autodeterminação", o que *grosso modo* queria dizer "independência". Ele mantinha essa palavra na ponta da língua, mesmo depois de vários meses, e não a falava ao acaso, nem em qualquer lugar: foi fruto de longa reflexão e de uma decisão que ele já sabia, talvez não naquelas proporções, a que levaria entre os partidários e os adversários da Argélia francesa, como dizíamos na época.

---

* N. do T.: Le Cagoule era um grupo terrorista de tendências fascistas e anticomunistas que usou de violência para promover suas atividades entre 1935 e 1941.

O que mais mudou na burrice depois do seu Dictionnaire de 1965?

Sem dúvida, a informação. Eu sou como todo o mundo — de tempos em tempos, entro e não saio mais do YouTube, e vejo uma série de notícias: são falsas ou reais? Não faço a menor ideia. Eles explicam que tal mistério foi resolvido, que existem extraterrestres na América, que o governo americano ordenou a destruição das torres gêmeas em Manhattan... pense bem! Aquilo que quase não existia durante os séculos, a informação, hoje transborda e nos submerge. Sem querer ir muito longe, o meu avô, na minha cidade, não sabia o que estava acontecendo na Itália, e quase nunca soube falar direito de Mussolini. Hoje, sabemos tudo imediatamente, sem verificação nem comprovação. Isso é o que mais me espanta. E isso pode nos conduzir a burrices gigantescas. A vida dos políticos nunca foi tão difícil: pode reparar que eles estão sempre respondendo "sim, não".

Porque exigimos que eles respondam cada vez mais rápido!

O verdadeiro homem político é aquele que diria: "Dê-me um tempo para fazer umas consultas e refletir".

Quem ousaria dizer "eu não sei", "eu ainda não sei"?

Certamente eles dizem, de vez em quando. Em todo caso, estamos mergulhados numa massa de informações tão grande que não sabemos mais como filtrar tanta coisa. Com os famosos *Big Data* então, elas são reunidas e processadas para oferecer informações sobre nós mesmos, que nós mesmos não conhecemos mais! Na publicidade, o dinheiro se infiltra por todos os cantos; é preciso estar cada vez mais atento. Dito isso, quando jogam para mim "Parece que você disse isso, que você fez aquilo", e nada daquilo é verdade, eu respondo: "Mas você está fora da realidade! É bem pior!". Eu acrescento tantos outros elementos que fica parecendo inverossímil.

Essa profusão de estupidezes devido à informação não poderia, em última instância, nos tornar mais inteligentes, ao nos incitar justamente a duvidar a priori? De tanto sermos enganados pelas fake news, talvez possamos aprender a ser prudentes?

Quando você diz "nós", isso engloba qual parcela da população? Uma bastante pequena. Além do mais, uma população se renova sem parar. Eu tenho duas filhas, uma de 55 anos e a outra de 15 anos. São dois mundos! Elas não têm nada a ver uma com a outra em questão de hábitos de pensamento. O que digo a uma nem sempre digo à outra. Aliás, nenhuma delas me escuta!

Elas acham que o senhor só fala estupidezes...

Exato, ou que tal assunto não interessa a elas. É possível. Quando escrevo uma cena de diálogo, preciso fazer à mão, com flechas, palavras que se espalham por todos os lados, que se inserem ao contrário, que risco... Mas percebi que a escrita manual está desaparecendo. Não podemos mais indicar o caminho que orientou um escritor por um estilo a outro. Para um autor — como eu o sou de vez em quando —, há algo que o computador jamais poderá dar: a possibilidade do rascunho, do primeiro esboço, o que é muito precioso, porque ele vem do inconsciente. Mesmo que o esboço seja ridículo, é óbvio: o inconsciente nem sempre é inteligente.

Nós vivemos nos anos dourados da estupidez, ou ela está igual a si mesma?

Ela ainda alcançará o seu ápice, acredite em mim! Se concordarmos, como Luís Buñuel, que há 60% de pessoas más e 40% de pessoas boas na humanidade, a estupidez está progredindo, e a violência também. Mas se concordarmos que estamos, mais ou menos, num equilíbrio de 50-50, então, para limitar a estupidez, serão necessárias mudanças nas leis, nas regulamentações, no modo de vida, na organização do Estado, na sociedade. Essas questões são colocadas todos os dias, e nunca vamos conseguir respondê-las com uma palavra ou uma frase. Ouvi slogans do tipo "Fora, capitalismo": isso não significa nada! Estritamente, nada. Primeiro, é preciso definir as palavras, o que é muito complicado, porque ninguém define o "capitalismo" da mesma forma. Podemos citar milhares de exemplos desse tipo, e isso não data de hoje. Mas essas palavras de ordem são transmitidas com tamanha velocidade, com todos os aparelhinhos que enchem os nossos bolsos, que sim, isso mudou. Precisamos sempre refletir sobre o que existe por trás das palavras que ouvimos, por trás das coisas que vemos.

O mal e a estupidez são primos?

Seguramente. Mas os estúpidos podem ser muito bons e muito gentis. O mal hitleriano, sistemático, esse é a própria besta. É limitado, diz que um dia será destruído por um mal ainda maior que ele. Pretende dominar o mundo, excluir e exterminar uma parcela da população para impor um Terceiro Reich de 3 mil anos — é uma completa idiotice! É a verdadeira besta em ação. O grande drama é que as pessoas mais civilizadas sobre a Terra se deixam intoxicar por essa enorme estupidez. Temos sempre que manter a guarda elevada, sempre. Não deixe, por exemplo, que as pessoas liguem para você e fiquem fazendo perguntas...

— Conversa registrada por Jean-François Marmion

Viva em paz com as suas estupidezes

STACEY CALLAHAN

Professora de Psicologia Clínica e Psicopatologia na Universidade de Toulouse 2-Jean Jaurès, pesquisadora no Centro de Estudos e Pesquisas em Psicopatologia e Psicologia da Saúde (CERPPS).

> *"Contra a estupidez até os deuses lutam em vão."*
> — Friedrich von Schiller

A estupidez é inevitável, pois somos todos seres humanos. As nossas estupidezes são nossas próprias criações — e as nossas reações a elas também são.

Os sinônimos da palavra "estupidez" são muitos: burrice, babaquice, idiotice, inaptidão, besteira... No entanto, o denominador comum é o elemento inerente ao erro. Até a babaquice mais boba (uma piada, por exemplo) praticada contra outra pessoa, mas que não foi bem recebida por ela, é reconhecidamente um erro. Se o efeito humorístico pretendido não é alcançado, pode ser bem prejudicial, e, por fim, o ato acaba se revelando estúpido. Então, fica evidente que raras são as estupidezes realizadas que têm total conhecimento das consequências.

Em busca da aceitação incondicional de si mesmo

> *"Só existem duas coisas infinitas: o universo e a burrice humana... mas não tenho tanta certeza quanto ao universo."*
> — Albert Einstein

Como aceitar-se, apesar das imperfeições, limitações e, evidentemente, estupidezes? Na psicologia, a aceitação é um conceito muito na moda. Por exemplo, na meditação de plena consciência [*mindfulness*], na qual o indivíduo é convidado a simplesmente ponderar a sua vivência do momento, sem julgamento. Ou ainda na abordagem terapêutica da "aceitação e compromisso" (Terapia ACT): o terapeuta guia o paciente por um caminho de aceitação de elementos que lhe causam problemas (nele, nos outros, no seu ambiente), e o ajuda, pelo viés de diferentes estratégias, a adquirir uma maleabilidade psicológica máxima.

Em psicologia, a aceitação incondicional de si mesmo foi, sobretudo, salientada pelo americano Albert Ellis, na elaboração da sua psicoterapia racional-emocional-cognitiva (TREC), precursora de terapias cognitivas.[110] Ellis se inspirou em filósofos estoicos (Epiteto, Sêneca), que promoveram uma atitude de aceitação geral a fim de conduzir à felicidade. As suas observações clínicas mostraram-lhe que o ser humano possui uma tendência, ao mesmo tempo inata e sustentada pela educação (parental e outras), a se aceitar... desde que satisfaça algumas condições que se articulam, mais frequentemente, em torno da performance ou das ações conduzidas pelo indivíduo. Ora, um ser humano é muito mais do que a soma das suas ações: "fazer" não tem nenhuma equivalência com "ser". Albert Ellis demonstrou, então, que todo ser humano possui qualidades e defeitos (o que, às vezes, é difícil discernir), mas as ações e os processos de um indivíduo não podem prestar contas de maneira satisfatória para o seu "ser". O ser não é nem "bom" nem "mau"; ele simplesmente é.[111]

Partindo desse princípio, Albert Ellis pretende estabelecer a possibilidade de se aceitar de maneira incondicional e separar o ser das suas ações. As ações do indivíduo podem ser o objeto de uma valorização, certamente, mas não devem chegar ao valor do próprio indivíduo. Albert Ellis definiu essa noção de aceitação de si mesmo como autoaceitação incondicional (AAI).

Rumo à autocompaixão

"O gênio pode se confrontar com limites, mas a estupidez não conhece tal deficiência."
— Albert Einstein

Sendo assim, a AAI se baseia no valor que a pessoa sente pelo seu ser, sem analisar como as suas ações definem a sua identidade. Nessas condições, praticar uma estupidez, portanto, não equivale a ser um "estúpido". Significa que isso depende da nossa vivência, não da nossa identidade. Mesmo que possamos aceitar a ideia de que as nossas ações não nos definem enquanto pessoas, viver a experiência de ter praticado uma "estupidez" não é nada confortável. De todo modo, as estupidezes mais benignas desvanecem rapidamente e, na pior das hipóteses, experimentaremos um ligeiro desconforto após algum tempo. Na melhor das hipóteses, poderemos rir daquilo tudo...

Com o intuito de otimizar o processo, convém adotar uma atitude de compaixão em relação a nós mesmos, ou autocompaixão.[112] Embora sejamos mais inclinados a expressar compaixão pelos outros, a autocompaixão, assim como a AAI, revela-se um pouco difícil, pois falta um modelo autêntico na nossa educação.

Kristin Neff, que dá aulas de Psicologia da Educação na Universidade do Texas, em Austin, identificou três importantes componentes da autocompaixão.[113] A princípio, temos a plena consciência, um grande sucesso na psicologia atualmente: essa capacidade de se conscientizar da própria experiência, no momento presente, sem julgamentos, revela-se muito útil para atenuar estados de ansiedade. Ela abre caminho para a conscientização do nosso sofrimento, sempre deixando claro que ela será provisória. O segundo componente nos convida a reconhecer a nossa humanidade, assim como a conexão que temos com tantas outras pessoas que, sem dúvida, por aqui passaram. Tudo isso nos convida a expressar uma gentileza a nós mesmos, do mesmo modo que faríamos com um amigo ou familiar que estivesse passando por momentos difíceis.

Ao associarmos a AAI e a autocompaixão, chegamos, então, a dois elementos que consolidam a nossa resiliência em face da estupidez. Quando nos aceitamos sem reservas e sem condições, a autocompaixão se torna muito mais fácil de ser implementada na nossa vida cotidiana.

As virtudes das desculpas

"As desculpas são como um perfume sublime; elas podem transformar o momento mais desgostoso num presente maravilhoso."
Margaret Lee Runbeck

Todos sabem que o fato de se desculpar pode apaziguar uma situação tensa quando praticamos uma estupidez. Derrubamos vinho tinto no tapete branco do nosso anfitrião: eis aí uma estupidez genuína, pela qual podemos sentir um arrependimento profundo, que vai do incômodo à culpa. Porém, um pedido de desculpas imediato pode, desde já, acalmar os ânimos de todos no ambiente. Toda ação que salienta a burrice humana traz um alívio imenso para o viés das desculpas.

No entanto, pedir desculpas não é uma tarefa fácil, como nos explica a psicóloga americana Harriet Goldhor Lerner.[114] Ela exalta que pedir desculpas se mostra adequado quando nos arrependemos de algum ato, e que desejamos exprimir ao outro esse sentimento com sinceridade. Num nível relativamente fácil de viver, podemos, assim, pedir desculpas quando tivermos cometido uma burrice para com outro (dar um encontrão, falar de maneira ligeiramente descuidada, ou ainda causar danos materiais, como quebrar uma taça, derrubar um prato...). Nesse caso, as desculpas aliviam a situação: elas nos permitem não só viver a nossa aceitação de maneira autêntica, mas também mostrar aos outros o nosso arrependimento.

Mas a formulação de desculpas para erros mais graves é bem mais delicada. Por vezes, sentimo-nos inaptos a apresentar desculpas. Ou, ainda, elas parecem apresentar riscos à relação. No entanto, não as apresentar pode acabar sendo perigoso! De toda forma, pedir desculpas nos coloca numa trilha desconhecida e difícil de ser percorrida.

Porém, pelo fato de nos mantermos autênticos em face de nós mesmos, seremos capazes de encontrar o nosso caminho.

Quando as desculpas causam problemas

"O pedido de desculpas é a 'supercola' da vida. Ele pode reparar qualquer coisa."
— Lynn Johnston

Enfim, pode ser que as nossas desculpas não atinjam o seu objetivo: podemos formulá-la de maneira desajeitada, ou o nosso interlocutor pode recusá-la. Nessa última hipótese, a aceitação deve ser novamente implementada para nos conscientizarmos de que, não obstante seja uma realidade difícil de lidar, as nossas desculpas nem sempre serão aceitas.

No entanto, para que as nossas desculpas tenham todas as chances de atingir a sua meta, devemos evitar cair nas infindáveis armadilhas citadas por Harriet Goldhor Lerner.

Por exemplo, utilizar uma palavra qualificadora ("mas", "contudo" etc.) aumenta a possibilidade de as nossas desculpas não atingirem seu objetivo ("Desculpe ter derrubado vinho tinto no seu tapete, mas, para falar a verdade, um tapete branco não é muito indicado para uma festa"). No fim das contas, uma desculpa dessas não passa de uma advertência disfarçada de "desculpas", assim como a formulação "Lamento que o fato de eu ser desajeitado, derramando o vinho, seja tão difícil de compreender". Esse é o tipo de gente que acusa a outra pessoa de não lidar bem com sua estupidez!

Também podemos considerar as nossas desculpas inúteis quando o interlocutor hesita em aceitá-las, situação em que nos sentimos frustrados em relação a ele ("Já disse que sinto muito por ter derramado o vinho! Que mais posso fazer?"). Verdade que não há muito mais o que fazer num caso desses além de dar ao outro indivíduo o tempo necessário para que supere a sua decepção. Harriet Goldhor Lerner explora outras maneiras descuidadas de pedir desculpas, mas ela ressalta a coisa mais importante a se ter em mente: um pedido de desculpas deve ser dedicado ao outro. Se as desculpas estiverem focadas no nosso mal-estar, elas não alcançarão o objetivo.

Aceitar as nossas estupidezes nos permite não só superá-las como também aprender com elas: a nos aceitar, a conceder-nos autocompaixão em momentos dolorosos, a demonstrar a nossa autenticidade por meio de desculpas sinceras e com consideração pelos outros. Quem poderia imaginar que existem tantas vantagens ligadas à estupidez?

PARA ALÉM DA VERGONHA

"A estupidez faz parte dos dons de Deus, mas não precisa abusar."
Papa João Paulo II

Nos seus trabalhos sobre o poder da vulnerabilidade,[115] Brené Brown, da Universidade de Houston, aborda a diferença entre incômodo, culpabilidade e vergonha, reações típicas diante dos nossos atos de estupidez. Quando falamos de incômodo, já ressaltamos que ele é breve e transitório. Uma vez passado, transforma-se numa lembrança que, com muita frequência, nos estimula a rir da nossa própria estupidez.

A culpabilidade está relacionada a uma experiência um pouco mais difícil, tóxica e raramente superável, às vezes até traumática. A vergonha não é apenas muito difícil de sentir (em nível emocional, cognitivo e fisiológico), mas pode também causar verdadeiros prejuízos ao nosso amor-próprio. Em função dos seus aspectos negativos, ela se perpetua. Brené Brown, de toda forma, salienta que os indivíduos mais adaptados agem com "resiliência" diante da vergonha. Essa resiliência apresenta diversos elementos, sendo o mais importante conhecer-se bem para evitar a vergonha em certas situações (determinando os estopins pessoais da vergonha). Essa lucidez é somada à capacidade de aceitação: ao fazer frente à nossa vulnerabilidade pela vergonha, já estaremos no caminho da aceitação das nossas fraquezas e dos nossos erros.

— S. C.

A AUTOACEITAÇÃO INCONDICIONAL

A ideia de se aceitar de maneira incondicional pode bater de frente com as nossas crenças profundas, tamanha a nossa tendência a assimilar o valor das nossas performances e do nosso valor enquanto seres humanos. A propósito, a autoaceitação incondicional (AAI) de vez em quando é confundida por engano com a autoestima, que, na definição original, tem um forte vínculo com a noção de performance, e se revela muito instável com o tempo.[116] Apesar de todos os nossos esforços, a performance, um dia ou outro, pode acabar sendo insuficiente...

Além disso, a AAI pode também ser confundida com uma atitude de resignação, passividade, complacência, puro egoísmo ou, ainda, desânimo diante dos objetivos mais importantes. Contudo, a AAI não propõe negar as nossas deficiências, mas simplesmente aceitá-las, aprender com elas e tomar coragem para seguir em frente — enquanto mantém uma atitude benevolente de aceitação incondicional do seu *ser*.

— S. C.

A estupidez é o ruído de fundo do bom senso

ENTREVISTA COM TOBIE NATHAN
Professor emérito de Psicologia da
Universidade de Paris VIII Vincennes–Saint-Denis,
escritor e diplomata.

A estupidez varia de acordo com a cultura?

A cultura serve exatamente para preservar a estupidez, fornecendo-lhe um grande número de ideias complexas, numa espécie de filosofia compartilhada. Quanto mais culto você é, mais tem acesso a essas ideias complexas, mesmo que seja estúpido: você mesmo se protege da própria estupidez.

Mas podemos parecer estúpidos numa cultura, e em outra, não?

Disso eu não tenho tanta certeza. A estupidez é incontestável, seja numa discussão, seja quando algo é criado: um livro, uma ferramenta, uma música... É numa ação que fica estampada a insuficiência intelectual, e quanto mais as ações são organizadas culturalmente, menos chances você tem de mostrar a sua estupidez. Por exemplo, nas universidades, a maioria dos filósofos nunca cursa Filosofia, mas apenas História da Filosofia: "Platão disse isso, Descartes disse aquilo". Jamais dizem: "Eu digo tal coisa". Do contrário, eles revelariam a sua estupidez. A história da filosofia serve para dissimular a inaptidão intelectual deles.

Um estúpido tem como progredir mascarado se escondendo atrás da cultura alheia?

Ele só consegue progredir mascarado! Quanto mais estúpido, mais quer mostrar que não é, pois essa é uma questão de orgulho. Então ele sai à procura de ferramentas em todos os lugares. É apavorante. Lacan dizia que quando os estúpidos são expostos à psicanálise, eles se tornam maus, porque tomam consciência da própria deficiência. Essa é uma das raras opiniões de Lacan que acho precisa e interessante!

E os psicólogos dizem muitas coisas estúpidas?

Demais! Já tive a oportunidade de ouvir muitas delas, de vários psicólogos... Ainda quando era estudante, participei de uma pesquisa em que injetaram 5ml de álcool etílico direto na veia dos voluntários. Uma vez levemente embriagados, eles preferiam as mulheres de seios grandes. Pronto, a hipótese dos pesquisadores estava comprovada. Digo ainda que essa se tratou de uma pesquisa universitária publicada no *Bulletin de psychologie*. Esse é o tipo de estupidez que vem ocupando o tempo dos psicólogos nos últimos cinquenta anos e com o qual, até hoje, eles continuam obcecados: a paixão pelas medições. Como precisavam medir alguma coisa, mediram o apetite sexual dos homens pelas mulheres em função da absorção de álcool. Não é necessário fazer uma pesquisa para provar isso! Tenho a impressão de que nós todos saímos da faculdade com um pouco dessa estupidez, mas é assim mesmo. Ora, se não medíssemos nada, para que serviria a psicologia? Bem, esse é um problema... Porque, dessa forma, somos obrigados a ter ideias, e isso pode ser bem complicado, já que assim os outros vão ver que você é estúpido. Por trás das medições, dá para disfarçar melhor. É uma verdadeira maldição para a Psicologia!

As neurociências também sofrem com esse gênero de estupidez?

No início, elas trouxeram um pouco de inteligência e originalidade para dentro da Psicologia, quando prevalecia o materialismo mais absoluto, o que foi surpreendente. Teria sido necessário continuar por esse caminho, mas os cientistas não tiveram a audácia para tal. As neurociências se desintegraram, e caíram na mesma idiossincrasia da objetividade. Mas é sempre assim nas ciências: depois de uma grande descoberta que oferece uma dinâmica de dez ou vinte anos, mas perde o fôlego pela pressão dos chefes que querem resultados financeiros, acabou, não há mais criação. Enquanto a não estupidez é a criação. Quando foi a última criação em matéria de psicologia? Talvez uns setenta anos atrás.

-

De um modo geral, o senhor tem a impressão de que vivemos nos anos dourados da estupidez ou ela se manteve estável?

Se você faz desaparecer a possibilidade da erudição e de grandes pensamentos complexos como religiões, textos sagrados, rituais de povos tradicionais, então a estupidez começa a sobressair. Atualmente, ao renunciar às filosofias comuns, forçamos as pessoas a expor mais as suas estupidezes. Não é que haja mais estúpidos que antes, há até bem menos, mas está mais fácil identificá-los.

Sem erudição nem jargões, a estupidez é nua?

Essa frase é perfeita. Eu não saberia definir melhor!

Pois é, fizemos essa maiêutica juntos! Mas qual seria o melhor jeito de combater a estupidez?

Não existe! Por que você quer combater a estupidez? Só precisamos nos esconder dos estúpidos. Eu até já tentei algo parecido na universidade, onde a baboseira corre solta. Sou um ingênuo. É verdade! Diga-se de passagem, isso é meio óbvio... Eu achava que a universidade era, de fato, um lugar destinado à pesquisa e ao ensino. Portanto, resolvi me dedicar a ela. E vi quais foram as consequências: uma catástrofe. Se quiser ter uma chance mínima de continuar existindo dentro da universidade é preciso se esconder. Assim que você se destaca, você se torna um alvo. Os estúpidos não gostam dos que não são iguais a eles. Talvez eu até seja, mas como não me viam como tal, fizeram de tudo para pegar no meu pé.

Mesmo assim, o senhor escreve muitos livros. Essa não é uma boa maneira de se esconder?

Mas isso nem se compara a ter que acompanhar um conselho administrativo universitário, ou um conselho científico. Porque é apavorante o ambiente por lá: parece uma vila de caçadores, só que muito menos desenvolvida.

E o senhor chegou a fazer ou dizer coisas estúpidas das quais se arrependeu depois de algum tempo?

Erros, eu cometi. Mas será que isso é uma estupidez? Praticar uma estupidez é persistir no erro. Várias vezes tive que encarar críticas dos meus pares. Nesse caso, podemos reparar os nossos erros: "Eu me equivoquei. A psicanálise é a coisa mais genial que já inventaram. *Mea culpa* por ter dito isso". Mas é complicado, porque, de certa forma, é preciso baixar a cabeça. Ou então podemos persistir no erro... e, assim, agiremos como um estúpido. Alguns dos meus colegas mais velhos tentaram combinar psicanálise e marxismo. Hoje, se você insistir nisso, ainda que demonstre que a psicanálise não funciona e que o marxismo é uma catástrofe no plano político, ali dentro, podem chegar a dizer que você é estúpido. No meu caso, persisti no que acreditava, aprofundei-me na etnopsiquiatria. Ainda não sei se isso foi um erro.

Quais foram as coisas mais estúpidas pelas quais o senhor já foi criticado em relação à etnopsiquiatria?

Começo pelo meu orientador, Georges Devereux. Ele mesmo fez críticas ao meu interesse pelo xamanismo: "Os xamãs são todos psicóticos! Malucos da cabeça! Você não os conhece!". Eu tinha achado as técnicas deles muito interessantes, assim como a filosofia que utilizam para veiculá-las. Sempre considerei que poderíamos aprender com os terapeutas tradicionais por meio das técnicas deles. Já que são técnicas reais, por que não pegar emprestado algumas delas, trazer para a nossa realidade e, depois, as aplicarmos, com o intuito de compreendê-las? Fui extremamente criticado por isso. Não me disseram que eu estava sendo estúpido, mas que vinha agindo de forma perversa por manter as pessoas alienadas, como se essa fosse a minha intenção! Agora, ninguém mais me critica. Todos se deram conta de que esses conhecimentos que vêm de longe não precisam de nós para validá-los; eles estão muito bem por conta própria. Somos obrigados a viver num mundo onde as outras culturas não têm o nosso modo de pensar. É difícil aceitar, mas é necessário.

Atualmente, a estupidez tem encontrado terreno fértil em outros lugares?

Sempre fui um dos defensores mais entusiastas da democracia real, direta. Enfim, ela existe! São as redes sociais. O povo tem o benefício de falar de igual para igual, não importa qual for o assunto. Se estiver no Twitter, você terá exatamente o mesmo nível de intervenção que Emmanuel Macron, ainda que tenha menos seguidores. Você pode se dirigir a ele, e ele a você. Ele nunca falou comigo, mas, em tese, é possível. Jamais imaginamos que, com a implementação dessa democracia direta, tornaríamos visível a estupidez de três quartos dos seus usuários! É desolador ver o nível daquilo.

A democracia direta não expõe o potencial de inteligência das pessoas?

De jeito nenhum. É um verdadeiro problema. Agora é necessário voltar à estaca zero, educar, instruir, estimular a criatividade, apresentar conhecimentos complexos e inspirar os outros a buscarem ideias novas. Normalmente, essa é a função de um professor. Não é preciso dar-se por vencido nessa questão das redes sociais, muito pelo contrário!

E se, no fim das contas, as pessoas não quiserem ser inteligentes? Se elas quiserem apenas reagir depressa, emocionalmente, em relação a tudo, antes de fazer outra coisa?

Os psicólogos costumam endossar a preguiça, pois ela pode ajudar as pessoas a expressarem melhor as emoções. As emoções têm uma inteligência compacta. Quanto mais inteligente, mais capaz de ter emoções complexas. É preciso parar de opor emoção e inteligência. Quem estimula a própria inteligência experimenta emoções mais complexas do que aquele que não a estimula. Exercite a sua inteligência! Não estou dizendo isso para você... É só uma palavra de ordem.

Existe a chance de o senhor ser ouvido?

Nenhuma. É uma pena, porque, em outros tempos, existia um gosto pelo jogo de xadrez, um verdadeiro esporte intelectual, uma prática presente nos Jogos Olímpicos, que comprova que podemos treinar a inteligência como outro músculo qualquer. É o enfrentamento da morte: "mate", de "xeque-mate", significa "ele está morto", em árabe. Só a morte tinha o conhecimento pleno de todas as possibilidades do jogo. Infelizmente, na atualidade, os computadores também sabem. Se a morte não é mais a única que detém o conhecimento da verdade, o jogo perdeu a razão de ser. Durante muito tempo, nós o consideramos inesgotável, e agora não somos mais capazes de jogá-lo! Essa é uma catástrofe legada pelo século XX. Além disso, não somos nós os inteligentes, mas as ferramentas que fabricamos. Elas nos obrigam a pensar em coisas. Fabricamos uma linguagem que nos obriga a pensar: a linguagem é mais inteligente que nós. Não há inteligência abstrata, apesar do que dizem os cognitivistas. Isso é mentira, é uma bobagem! Aliás, eles mesmos são dependentes dos instrumentos que fabricam. Para medir… É natural, é lógico, que em dado momento, as nossas ferramentas se tornarão mais inteligentes que nós. A questão é quem vai competir com eles. É uma sina que nos persegue desde a aurora da humanidade. Ainda depende de nós, mas não sei quanto tempo ainda nos resta. Quando digo "nós", não me refiro aos franceses, mas aos seres humanos…

Podemos utilizar a estupidez a nosso favor? Como não podemos nos esconder dos estúpidos nem mudá-los, podemos reconhecer a existência deles e agradecê-los por alguma coisa? Afinal de contas, graças a eles, podemos aprender a ter bom senso: quando precisamos nos manter reservados, ser pacientes, indulgentes, tolerantes…

Concordo com tudo o que você disse. Dei aulas durante quarenta anos, até que me disseram que eu estava velho demais (na França, não temos o direito de dar aulas após uma certa idade, embora a sala de aula seja o único ambiente onde os velhos podem ser aproveitados). A princípio, você se vê diante de dois tipos de pessoas: aquelas que o veem como um guru (o que é uma catástrofe, pois parece que você já está enterrado) e aquelas que o contestam. Quando somos jovens, somos bastante dinâmicos, mas também impacientes, não reagimos bem quando os outros não nos compreendem. Ficamos nervosos, furiosos, tentamos convencer o outro, apesar de tudo. A verdade é que, com o passar do tempo, eu desenvolvi muita paciência, e até uma espécie de simpatia pela banalidade mundana. Sempre digo a mim mesmo que, na música, é preciso haver um fundo para que a melodia seja realçada. Do mesmo modo, a estupidez é apenas um ruído de fundo que nos permite adquirir um pouco de bom senso.

— Conversa registrada por Jean-François Marmion

CONTRIBUÍRAM COM ESTE TRABALHO

Dan Ariely

Titular da cátedra Alfred P. Sloan de Economia Comportamental no MIT (Cambridge, Massachusetts), Dan Ariely é autor de *C'est (vraiment?) moi qui décide* (Flammarion, 2008) e *Toute la vérité (ou presque) sur la malhonnêteté. Comment on ment à tout le monde, à commencer par soi-même* (Rue de l'Échiquier, 2017).

Brigitte Axelrad

É professora honorária de Filosofia e Psicossociologia. Ela é conhecida por ser a autora de *Les ravages des faux souvenirs ou la mémoire manipulée* (Book-e-book, 2010) e *The Ravages of False Memory* (British False Memory Society, abril de 2011). Ela é membro do Observatório Zetético de Grenoble e do comitê editorial da revista *Science et pseudosciences*, editada pela Associação Francesa para Informação Científica (AFIS, na sigla em francês), na qual ela escreve regularmente.

Laurent Bègue

Membro-sênior do Institut Universitaire de France e diretor da Maison des Sciences de l'Homme-Alpes, ficou famoso com a publicação das suas obras *Psychologie du bien et du mal* (Odile Jacob, 2011), *Traité de psychologie sociale* (De Boeck, 2013) e *L'agression humaine* (Dunod, 2015).

Claudie Bert

Jornalista científica especializada em Ciências Humanas.

Stacey Callahan

Professora de Psicologia Clínica e Psicopatologia na Universidade de Toulouse 2-Jean Jaurès, pesquisadora no Centro de Estudos e Pesquisas em Psicopatologia e Psicologia da Saúde (CERPPS, na sigla em francês), ela publicou as seguintes obras: *Les thérapies comportementales et cognitives. Fondements théoriques et applications cliniques* (Dunod, 2016), *Cessez de vous déprécier! Se libérer du syndrome de l'imposteur* (com K. Chassangre, Dunod, 2017) e *Mécanismes de défense et coping* (com H. Chabrol, 3ª ed., Dunod, 2018).

Jean-Claude Carrière

Escritor (*Le retour de Martin Guerre, A controvérsia, O círculo dos mentirosos, Croire* e outros), roteirista para Pierre Etaix, Louis Malle, Luís Buñuel, Milos Forman e outros, publicou ao lado de Guy Bechtel um *Dictionnaire de la bêtise et des erreurs de jugement* (1ª ed. Robert Laffont, 1965).

Serge Ciccotti

Doutor em Psicologia, psicólogo e pesquisador associado à Universidade da Bretanha do Sul. Ele é autor de diversas obras de divulgação e popularização da Psicologia, como *Quand tu nages dans le bonheur, y'a toujours un abruti pour te sortir de l'eau* (Dunod, 2018).

Jean Cottraux

Psiquiatra honorário dos Hospitais de Lyon, ex-docente na Universidade Lyon 1, membro fundador da Academia de Terapia Cognitiva da Filadélfia, publicou, entre outros trabalhos, *La répétition des scénarios de vie. À chacun sa créativité. Einstein, Mozart, Picasso... et nous*, ou ainda *Tous narcissiques* (Odile Jacob, 2001, 2010, 2017).

Boris Cyrulnik

Neuropsiquiatra e diretor pedagógico da Universidade de Toulon, publicou inúmeras obras, sendo as mais famosas *Un merveilleux malheur, Ivres paradis, bonheurs héroïques, Les Ames blessées* (Odile Jacob, 1999, 2014, 2016).

Antonio Damasio

Professor de Neurociências, Neurologia, Psicologia e Filosofia, diretor do Brain and Creativity Institute, na Universidade da Califórnia do Sul, em Los Angeles, publicou diversos trabalhos, como *O erro de Descartes* e *A estranha ordem das coisas*.

Sebastian Dieguez

Neuropsicólogo e pesquisador no Laboratory for Cognitive and Neurological Sciences, no Departamento de Medicina da Universidade de Fribourg, na Suíça, já publicou as obras *Maux d'artistes: ce que cachent les oeuvres* (Belin, 2010), e *Total bullshit! Aux sources de la postvérité* (Puf, 2018).

Jean-François Dortier

Fundador e diretor da revista *Sciences Humaines*.

Ewa Drozda-Senkowska

Professora de Psicologia Social na Universidade Paris Descartes, esteve à frente de vários trabalhos, como *Les Pièges du raisonnement. Comment nous nous trompons en croyant avoir raison* (Retz, 1997) e *Menaces sociales et environnementales: repenser la société des risques* (com V. Bonnot e S. Caillaud, PUR, 2017).

Pascal Engel

Filósofo e diretor pedagógico na Escola de Altos Estudos em Ciências Sociais, é autor, dentre outros, de *La norme du vrai, Philosophie et psychologie* (Gallimard, 1989 e 1996), *La dispute* (Minuit, 1997) e *Les lois de l'esprit. Julien Benda ou la raison* (Ithaque, 2012).

Howard Gardner

Professor de Cognição e Ciências da Educação na Harvard Graduate School of Education. Psicólogo do desenvolvimento, criou a teoria das inteligências múltiplas. Pela sua grande influência no âmbito da educação, ele recebeu o

Grawemeyer Award de 1990. Também publicou, em especial, os seguintes trabalhos: *Les cinq formes d'intelligence pour affronter l'avenir* (Odile Jacob, 2009) e *L'intelligence et l'école: la pensée de l'enfant et les visées de l'enseignement* (Retz, 2012).

Nicolas Gauvrit

Psicólogo e Matemático, dá aulas de Matemática no ESPE Lille-Nord-de-France e é membro institucional do laboratório universitário Cognitions Humaine et Artificielle (CHArt). Publicou, entre outros, *Les surdoués ordinaires* (Puf, 2014).

Alison Gopnik

Professora de Psicologia e Filosofia na Universidade da Califórnia, Berkeley, ela publicou *Le bébé philosophe* (Le Pommier, 2012), *Comment pensent les bébés?* (com A. Meltzoff e P. Kuhl) e *Anti-manuel d'éducation. L'enfance révélée par les sciences* (Le Pommier, 2012, 2016, 2017).

Ryan Holiday

Ex-diretor de marketing da empresa American Apparel, esse colunista do *New York Observer* já publicou, em 28 anos, três *best-sellers* sobre estratégia de marketing ou, ainda, inspirado pelo estoicismo, sobre desenvolvimento pessoal: *Growth Hacker Marketing* (Portfolio Penguin, 2014), *The Obstacle Is The Way* (Profile Books, 2014) e *Croyez-moi, je vous mens: confessions d'un manipulateur des médias* (Globe, 2015), nos quais ele explica com que facilidade criava buzz para os seus clientes.

Aaron James

Professor de Filosofia na Universidade da Califórnia do Sul, Irvine, tem vários livros publicados, como *Assholes: a Theory* (Doubleday, 2012) e *Assholes: a Theory of Donald Trump* (Doubleday/Penguin Random House, 2016).

François Jost

Professor emérito na Sorbonne nouvelle-Paris 3, fundador e diretor honorário do Centro de Estudos sobre Imagens e Sons Midiáticos. Publicou mais de

25 livros, dentre os quais: *L'empire du loft* (La Dispute éditeurs, 2002), *Le culte du banal* (CNRS éditions, 2007) e, ainda, *La méchanceté à l'ère numérique* (CNRS éditions, 2018).

Daniel Kahneman

Professor emérito de Psicologia na Universidade de Princeton, foi laureado com o Prêmio Nobel de Economia, em 2002, pelos seus trabalhos sobre julgamento e tomada de decisões, realizados na grande maioria em parceria com o seu colega Amos Tversky, e é autor do famoso *Système 1 / Système 2. Les deux vitesses de la pensée* (Flammarion, 2012).

Pierre Lemarquis

Neurologista e ensaísta. Publicou *Sérénade pour un cerveau musicien, L'empathie esthétique*, entre *Mozart et Michel-Ange* e *Portrait du cerveau en artiste* (Odile Jacob, 2009, 2015, 2014).

Jean-François Marmion

Psicólogo e redator-chefe da revista *Le Cercle Psy*.

Patrick Moreau

Professor de Literatura na Faculdade Ahuntsic de Montreal, redator-chefe da revista *Argument* e autor dos livros *Pourquoi nos enfants sortent-ils de l'école ignorants?* (Boréal, 2008) e *Ces mots qui pensent à notre place. Petits échantillons de cette novlangue qui nous aliène* (Liber, 2017).

Edgar Morin

Sociólogo e filósofo, ele é autor de inúmeras obras, sendo as mais recentes *Pour une crisologie* (L'Herne, 2016), *Ecologiser l'Homme* (Lemieux Editeur, 2016) e *Connaissance, ignorance, mystère* (Fayard, 2017).

Tobie Nathan

É professor emérito de Psicologia na Universidade Paris VIII Vincennes-Saint-Denis, principal figura da etnopsiquiatria, escritor e diplomata; publicou diversas obras, entre as quais *Ethno-roman* (Grasset, 2012), *La folie des autres* (Dunod, 2013) e *Les ames errantes* (L'Iconoclaste, 2017).

Delphine Oudiette

Pesquisadora no Institut du Cerveau et de la Moelle Épinière na equipe "Motivation, cerveau et comportement" [Motivação, cérebro e comportamento], ela estuda o papel do sono e dos sonhos nas grandes funções cognitivas, como a memória e a criatividade. Publicou *Comment dormons-nous?* (com I. Arnulf, Le Pommier, 2008).

Emmanuelle Piquet

É uma das representantes da terapia breve e estratégica proveniente da Escola de Palo Alto. Ela foi a primeira a reproduzir uma maneira de intervir no combate ao *bullying* escolar, aplicando as premissas dessa Escola. Criou os centros Chagrin Scolaire e À 180º (França, Suíça e Bélgica).

Pierre de Senarclens

Professor honorário de Relações Internacionais na Universidade de Lausanne, é autor de várias obras relacionadas à história das ideias, sobre história e a sociologia das relações internacionais contemporâneas, como os famosos *Mondialisation, souveraineté et théorie des relations internationales* (Armand Colin, 1998), *L'humanitaire en catastrophe* (Presses de Sciences Po, 1999), *Critique de la mondialisation* (Presses de Sciences Po, 2003) e ainda *Nations et nationalismes* (Sciences humaines, 2018).

Yves-Alexandre Thalmann

Doutor em Ciências Naturais, ele é professor de Psicologia na Faculdade Saint-Michel de Fribourg, na Suíça, e treinador profissional. É autor, entre outros, dos seguintes livros: *Pensée positive 2.0* (La Source Vive, 2015), *Apprenez à conduire votre cerveau* (Jouvence, 2016), *On a toujours une seconde chance d'être heureux* (Odile Jacob, 2018) e *Pourquoi les gents intelligents prennent-ils aussi des décisions stupides?* (Mardaga, 2018).

NOTAS

1 M. Sidoli, "Farting as a defence against unspeakable dread", *Journal of Analytical Psychology*, 41 (2), 165-78, 1996.
2 http://www.strikemag.org/bullshit-jobs/
3 R. C. Schank e R. P. Abelson, *Scripts, Plans, Goals and Understanding : an Inquiry into Human Knowledge Structures* (cap. 1-3), L. Erlbaum, Hillsdale, NJ, 1977.
4 D. J. Simons e D. T. Levin, "Failure to detect changes to people during a real-world interaction", *Psychonomic Bulletin & Review*, 5(4), 644-49, 1998.
5 E. J., Langer, "The illusion of control", *Journal of Personality and Social Psychology*, Vol. 32(2), 311-28, 1975.
6 L. Montada e M. J. Lerner, Préface, in L. Montada e M. J. Lerner (sob superv.), *Responses to Victimizations and Belief in a Just World*, (pp. vii–viii), Plenum Press, 1998.
7 Sciencesetavenirs.fr – «TRANSPORTS. Moto fantôme de l'A4: une Harley peut-elle rouler sans pilote sur plusieurs kilomètres?», F. Daninos em 21.06.2017 às 20h.
8 M. Zuckerman, J. Silberman, J. A. Hall. "The Relation Between Intelligence and Religiosity: A Meta-Analysis and Some Proposed Explanations", *Personality and Social Psychology Review*, 17(4):325-54, 2013.
9 S. T. Charles, M. Mather, L. L. Carstensen, "Aging and emotional memory: The forgettable nature of negative images for older adults", *Journal of Experimental Psychology: General*, 132(2), 310, 2003.
10 G. Brassens, «Le temps ne fait rien à l'affaire», 1961.
11 E. J. Langer, "The illusion of control", *Journal of Personality and Social Psychology*, 32(2), 311-28, 1975.
12 S. E. Taylor e J. D. Brown, "Illusion and well-being : A social psychological perspective on mental health", *Psychological Bulletin*, 103(2), 193–210, 1988.
13 F. Verlhiac, «L'effet de Faux Consensus: une revue empirique et théorique», *L'Année psychologique*, 100, 141-82, 2000.
14 D. T. Miller e M. Ross, "Self-serving biases in the attribution of causality. Fact or fiction?", *Psychological Bulletin*, 82, 213-25, 1975.
15 J. Kruger, D. Dunning, "Unskilled and Unaware of It: How Difficulties in Recognizing One's Own Incompetence Lead to Inflated Self-Assessments», *Journal of Personality and Social Psychology*. 77(6): 1121–34, 1999.
16 S. J. Heine, S. Kitayama e D. R. Lehman, "Cultural differences in self-evaluation: Japanese readily accept negative self-relevant information", *Journal of Cross-Cultural Psychology*, 32, 434-43, 2001.
17 E. R. Greenglass e J. Julkunen, "Cynical Distrust Scale", *Personality and Individual Differences*, 1989.

18 P. Rozin, E. B. Royzman, "Negativity bias, negativity dominance, and contagion", *Personality and Social Psychology review*, 5(4), 296–320, 2001.
19 L. Ross, "The intuitive psychologist and his shortcomings: Distortions in the attribution process", *Advances in Experimental Social Psychology*, vol.10, p. 173-220, 1977.
20 Entrevista para a *L'Obs*, 26 de agosto de 2016. https://www.nouvelobs.com/rue89/rue89-le-grand-entretien/20160826.RUE7684/gerard-berry-l-ordinateurest-completement-con.html
21 Robert Musil, *Uber die Dummheit*, 1937.
22 K. Mulligan, *Anatomie della Stoltezza*, Jouven Milano, 2016.
23 H. Frankfurt, *On Bullshit*, Princeton UP, 1992.
24 G. Picard, *De la connerie*, Corti, 1994.
25 A. Roger, *Bréviaire de la bêtise*, Gallimard, 2008.
26 H. Broch, «Quelques remarques sur le kitsch», in *Création littéraire et connaissance humaine*, Gallimard, 1985.
27 Eyrolles, 2012.
28 Flammarion, 2012.
29 S. Danziger, J. Levav e L. Avnaim-Pesso, *Extraneous factors in judicial decisions. Proceedings of the National Academy of Sciences*, 2011.
30 PUG, 2011.
31 Albin Michel, 1974.
32 Plon, 1993.
33 José Corti, 2004.
34 *De l'art de dire des conneries*, H. Frankfurt, Éditions 10/18, 2006 ; 2ª edição, Mazarine, 2017.
35 *Lettres de l'École Freudienne* nº 15, J. Lacan, Bulletin intérieur de l'École Freudienne de Paris, 1975.
36 R. J. Sternberg et al., *Why Smart People Can be So Stupid*, Yale University Press, 2003.
37 K. E. Stanovich, *What Intelligence Tests Miss: The Psychology of Rational Thought*, Yale University Press, 2009.
38 S. Brasseur e C. Cuche, *Le haut potentiel en questions*, Mardaga, 2017.
39 K. E. Stanovich, R. F. West e M. E Toplak., *The Rationality Quotient : Toward a Test of Rational Thinking*, MIT Press, 2016.
40 T. Sharot, *The Optimism Bias : A Tour of the Irrationally Positive Brain*, Vintage, 2012.
41 Puf, 2013, p. 296.
42 M. Zuckerman, J. Silberman, J. A. Hall, *Personality and social psychology review*, "The Relation Between Intelligence and Religiosity – A Meta-Analysis and Some Proposed Explanations", Universidade de Rochester, agosto de 2013.
43 H. A. Butler, "Why Do Smart People Do Foolish Things? Intelligence is not the same as critical thinking and the difference matters", *Scientific American*, 3 de outubro de 2017.
44 La Tronche en biais, *Les Lois de l'attraction mentale*, novembro de 2017.
45 J. Stachel, D. C. Cassidy, R. Schulmann (eds.), *Collected papers of Albert Einstein, the early years 1899-1902*, Princeton University Press, 1987.
46 *1984*, Gallimard, 1950, p. 405.
47 É. Chauvier, *Les Mots sans les choses*, Éditions Allia, 2014, p. 76.
48 C. Hagège, *L'homme de paroles*, Fayard, 1985, p. 202.
49 Cf. J. Dewitte, «La lignification de la langue», *Hermès, La Revue*, 2010/3, nº 58, p. 48-9.
50 *Où en est la psychologie de l'enfant?*, Denoël, 1983.
51 DSM-5, *Manuel Diagnostique et Statistique des Troubles Mentaux*, Masson, 2015.

52 J. Kay, "Toward a clinically more useful model for diagnosing narcissistic personality disorder" *in Am J Psychiatry*, 2008, 165, 11, 1379-82.

53 F.S. Stinson, D. A. Dawson, R. B. Goldstein *et al.*, "Prevalence, correlates, disability, and comorbidity of DSM-IV narcissistic personality disorder: results from the wave 2 National Epidemiologic Survey on Alcohol and Related Conditions" *in J Clin Psychiatry*, 2008; 69:1033-45.

54 J. M. Twenge e W. K. Campbell, *The Narcissism Epidemic*, Atria Paperback, 2009.

55 E. Russ, J. Shedler, R. Bradley, D. Westen, "Refining the construct of narcissistic personality disorder: diagnostic criteria and subtypes" *in Am J Psychiatry*, 2008, 165, 11, 1473-81.

56 C. Lasch, *The Culture of Narcissism*, Norton, 1979.

57 D. N. Jones, D. L. Paulhus, "Introducing the short Dark Triad (SD3): a brief measure of dark personality traits", *Assessment*, 2014, 21, 1, 28-41.

58 E. H. O'Boyle, D. R. Forsyth, G. C. Banks, M. A. McDaniel, "A meta-analysis of the Dark Triad and work behavior: a social exchange perspective" *in J Appl Psychol*, 2012; 97(3):557-79.

59 Extraído da obra referida de R. Sutton.

60 C. J. Carpenter: "Narcissism on Facebook: Self-promotional and anti-social behavior" *in Personality and Individual Differences*, 52, 2012, 482-86.

61 J. A. Lee e Y. Sung, "Hide-And-Seek:Narcissism And 'Selfie'-Related Behavior" *in Cyberpsychology, Behavior, and Social Networking*, DOI: 10.1089/Cyber.2015.0486.

62 S. Casale, G. Fioravanti, L. Rugai, "Grandiose and Vulnerable Narcissists: Who Is at Higher Risk for Social Networking Addiction?" *in Cyberpsychology, Behavior, and Social Networking*, 2016, 19, 8, 510-15.

63 Pew Research center, 22 de outubro de 2014, http://www.pewinternet.org/files/2014/10/PI_OnlineHarassment_102214_pdf1pdf

64 E. E. Buckels, P. D. Trapnell, D. L. Paulhus: "Trolls just want to have fun, Personality and Individual Differences", 2014, 67, 97-102.

65 CNRS Éditions, 2018.

66 La société du spectacle, Folio, 1996.

67 https://www.blogdumoderateur.com/twitter-images-engagement/

68 «Le philosophe masqué» (entrevista com C. Delacampagne, fevereiro de 1980), *Le Monde*, n° 10945, 6 de abril de 1980. *Dits et Écrits*, tome IV, col. «Quarto», Gallimard, texto n° 285.

69 https://www.youtube.com/watch?v=TwIuTLBmEkE, acessado em 24 de março de 2018.

70 https://www.youtube.com/watch?v=M7trhwLQ3QQ

71 *Le Bouc émissaire*, Le Livre de poche, 1982, p. 29.

72 *L'innocence et la méchanceté*, Flammarion, col. Champs, 1986.

73 A. Van Reth e Michaël Fossel, *La méchanceté*, Plon-France culture, 2014, p. 95.

74 *De l'art de dire des conneries*, 10/18, 2006, p. 32.

75 Odile Jacob, 2013.

76 Gosto não se discute.

77 A. Farrachi, *Le triomphe de la bêtise*, Actes Sud, 2018.

78 S. Dieguez, *Total Bullshit! Au cœur de la post-vérité*, Puf, 2018.

79 H. Frankfurt, *On Bullshit*, Princeton UP, 2005.

80 https://en.oxforddictionaries.com/word-of-the-year/word-of-the-year-2016

81 P. Engel, "The epistemology of stupidity", in M. A. *Fernández Vargas (ed.), Performance Epistemology: Foundations and Applications*, Oxford UP, pp. 196-223, 2016.

82 A. Roger, *Bréviaire de la bêtise*, Gallimard, 2008; ver também M. Adam, *Essai sur la bêtise*, La Table Ronde, 2004.

83   L. Penny, Your Call is Important to Us : the Truth About Bullshit, Three Rivers Press, 2005.

84   B. Cannone, La Bêtise s'améliore, Pocket, 2016.

85   R. Nickerson, «Confirmation bias : a ubiquitous phenomenon in many guises» *in Review of General Psychology*, 2, 175-220, 1998.

86   O. Hahl, M. Kim e E. W. Z. Sivan, "The authentic appeal of the lying demagogue: proclaiming the deeper truth about political illegitimacy" *in American Sociological Review*, 83, 1-33, 2018.

87   K. Stanovitch, "Rationality, intelligence, and levels of analysis in cognitive science: is dysrationalia possible?" *in* R. Sternberg (ed.), *Why smart people can be so stupid*, Yale UP, pp. 124-58, 2002.

88   B. Hofer e P. Pintrich (eds.), *Personal Epistemology: the Psychology of Beliefs about Knowledge and Knowing*, Lawrence Erlbaum Associates, 2002.

89   D. Dunning, «The Dunning-Kruger effect : on being ignorant of one's own ignorance» *in Advances in Experimental Social Psychology*, 44, 247- 296, 2011.

90   http://ordrespontane.blogspot.ch/2014/07/brandolinis-law.html

91   S. Dieguez, «Qu'est-ce que la bêtise?» *in Cerveau & Psycho*, 70, 84-90, 2015.

92   S. Blancke, M. Boudry, M. Pigliucci, "Why do irrational beliefs mimic science? The cultural evolution of pseudoscience" *in Theoria*, 83, 78-97, 2017.

93   A. Piper, "Pseudorationality", *in* B. McLaughlin e A. Rorty (eds.), *Perspectives on Self-Deception*, University of California Press, pp. 173-97, 1988.

94   R. Musil, *De la bêtise*, Allia, 1937.

95   J. Tosi e B. Warmke, "Moral grandstanding" *in Philosophy and Public Affairs*, 44, 197-217, 2016; Crockett, M., "Moral outrage in the digital age" *in Nature Human Behaviour*, 1, 769-71, 2017.

96   *The Myth of the State*, Yale UP, 1966, p. 3.

97   J.-P. Vernant, *Mythe & Société en Grèce ancienne*, La Découverte, p. 201.

98   P. de Senarclens, *Nations et nationalismes*, Sciences Humaines, 2018.

99   G. Devereux, «La psychanalyse appliquée à l'histoire de Sparte», *in Annales. Histoire, Sciences Sociales*, 20e Année, N°1 (jan.-fev., 1965), p. 31-2.

100 F. Hourmant, *Le désenchantement des clercs*, PUR, 1997; T. Wolton, *Histoire mondiale du communisme*, vol. 3, Les complices, Grasset, 2017.

101 *Les décisions absurdes*, Gallimard, 2002. Vieram em seguida, *Les décisions absurdes II. Comment les éviter*, Gallimard, 2012, e *Les décisions absurdes III. L'enfer des règles, les pièges relationnels*, Gallimard, 2018.

102 A. Jougla, *Profession: Animal de laboratoire*, Autrement, 2015.

103 Max Milo, 2017.

104 A. J. Bouglione, *Contre l'exploitation animale*, Tchou, 2018.

105 M. Bekoff, *Les émotions des animaux*, Payot, 2009.

106 Y. Christen, *L'animal est-il une personne?*, Flammarion, 2009.

107 F. Burgat, *L'animal dans les pratiques de consommation*, Puf, 1998.

108 M. Gibert, *Voir son steak comme un animal mort*, Lux, 2015.

109 R. Larue, *Le végétarisme et ses ennemis. Vingt-cinq siècles de débats*, Puf, 2015.

110 A. Ellis, *Reason and Emotion in Psychotherapy*, Citadel, 1994.

111 A. Ellis, R. A. Harper, *A Guide to Rational Living*, Wilshire Book Company, 1975.

112 C. Germer, *L'autocompassion*, Odile Jacob, 2013.

113 K. Neff, *S'aimer*, Belfond, 2013.

114 H. G. Lerner, *Why Won't You Apologize?: Healing Betrayals and Everyday Hurts*, Touchstone, 2017.

115 B. Brown, *Le pouvoir de la vulnérabilité*, Guy Trédaniel, 2015.

116 H. Chabrol, A. Rousseau, S. Callahan, *Preliminary results of a scale assessing instability of self-esteem*. Canadian Journal of Behavioural Science/Revue canadienne des sciences du comportement, 38 (2), 136-41, 2006.

ASSINE NOSSA NEWSLETTER E RECEBA INFORMAÇÕES DE TODOS OS LANÇAMENTOS

www.faroeditorial.com.br

CAMPANHA

Há um grande número de pessoas vivendo com HIV e hepatites virais que não se trata. Gratuito e sigiloso, fazer o teste de HIV e hepatite é mais rápido do que ler um livro.

FAÇA O TESTE. NÃO FIQUE NA DÚVIDA!

ESTA OBRA FOI IMPRESSA EM MARÇO DE 2021